集人文社科之思　刊专业学术之声

集 刊 名：形象史学
主办单位：中国社会科学院古代史研究所文化史研究室
主　　编：刘中玉

2019下半年

委员会（以姓氏笔画为序）

主 任　孙　晓（中国社会科学院古代史研究所）
编委

卜宪群（中国社会科学院古代史研究所）　　张先堂（敦煌研究院）
马　怡（中国社会科学院古代史研究所）　　陈支平（厦门大学）
王子今（中国人民大学）　　　　　　　　　陈星灿（中国社会科学院考古研究所）
王月清（南京大学）　　　　　　　　　　　尚永琪（宁波大学）
王亚蓉（中国社会科学院考古研究所）　　　罗世平（中央美术学院）
王彦辉（东北师范大学）　　　　　　　　　金秉骏（韩国首尔大学）
王震中（中国社会科学院古代史研究所）　　郑　岩（中央美术学院）
尹吉男（中央美术学院、广州美术学院）　　耿慧玲（台湾朝阳科技大学）
扬之水（中国社会科学院文学研究所）　　　柴剑虹（中华书局）
李　旻（美国洛杉矶加州大学）　　　　　　黄厚明（浙江大学）
李　零（北京大学）　　　　　　　　　　　韩丛耀（南京大学）
杨爱国（山东省石刻艺术博物馆）　　　　　臧知非（苏州大学）
沙武田（陕西师范大学）　　　　　　　　　池田知久（日本东方学会）
沈卫荣（清华大学）　　　　　　　　　　　渡边义浩（日本早稻田大学）

编辑部成员

王 艺　石 城　刘中玉　刘明杉　刘永霞　纪雪娟　安子毓　宋学立　杜艳茹　张沛林

杨宝玉　徐林平　常文相　翟金明

本辑执行编辑

纪雪娟　张沛林

总第十四辑

集刊序列号：PIJ-2017-202
中国集刊网：www.jikan.com.cn
集刊投约稿平台：www.iedol.cn

刘中玉 主编

形象史学

中国社会科学院古代史研究所文化史研究室　主办

【2019 下半年】

（总第十四辑）

社会科学文献出版社
SOCIAL SCIENCES ACADEMIC PRESS (CHINA)

目 录

一

理 论 与 评 述

从巫史到图史
——小议孔子时代图像功能的嬗变

■ 刘中玉（中国社会科学院古代史研究所）

一 引言

形象记忆是人类早期文明传承的主要方式之一，特别是在史前时代，在物质文化形成的最初阶段，出于对自然和生命神秘性的敬畏与崇拜，以图像为主要呈现方式的形象记忆自产生之初便被有意识地作为表达、传递情感与精神的媒介来制作和传播了。[1]《易传》有言："圣人有以见天下之赜，而拟诸其形容，象其物宜。"[2]此语不仅反映了上古先民对图像功能的朴素认知，同时也强调了具有这种认知并拥有这种能力的人为"圣人"。"圣"者，许慎《说文解字》曰："通也。从耳呈声。"[3]所谓圣人，即"圣通而先识"者（郑玄《周礼注》），简言之，即能够通达天地人神之人，而最初掌握这种能力和权力的人，正是我们通常所说的"巫"。《国语·楚语下·观射父论绝地天通》曰："古者民神不杂。民之精爽不携贰者，而又能齐肃衷正，其智能上下比义，其圣能光远宣朗，其明能光照之，其聪能听彻之，如是则明神降之，在男曰觋，在女曰巫。"[4]众多文献记载和考古发现均表明，早期人类社会的政权组织形态是巫王（圣）合一，王既是群巫之长，又是部落首领。而在这一政教合一的最初形态中，巫、史、祝、卜作为最早的文化阶层，往往相兼互通，故文献中多以巫史、祝史

1　雷吉斯·德布雷认为，三万年前，在旧石器时代的一无所有中，在技术发端和恐慌的交汇之处，涌现出了图像。〔法〕雷吉斯·德布雷：《图像的生与死——西方观图史》，黄迅余、黄建华译，华东师范大学出版社，2014，第20页。

2　《易·系辞上》，阮元刻《十三经注疏》本。

3　（汉）许慎著，（宋）徐铉等校定《说文解字》卷一二上，《丛书集成初编》本，中华书局，1985。

4　《国语》卷一八《楚语下·观射父论绝地天通》，上海古籍出版社，1978，第559页。

并称。[1] 可以说在文字产生以前，巫史演图并以图纪事的现象，使人类早期文明史的书写从一开始便带有"史以图传"的鲜明印记。

正如巫史是交通天地人神的媒介一样，图像作为巫术的媒介，在人类文明发展史上留下了深刻的印记。比如在西方的文字系统中，巫术（magie）与图像（image）二词均由相同的字母组成，这并非一种巧合，而是二者具有天然渊源的符号化呈现。法国思想家、媒介学家雷吉斯·德布雷（Regis Debray）认为，"图像是实实在在的生存手段，它能指引神力或超自然的力量，其形而上的功能使其具备实用性、可操作性。即作为一种媒介，利用占卜、防卫、迷惑、治疗、启蒙等手段，将个体吸收到宇宙的层次里，搭建起生与死、人与神、人与自然的和谐"。[2] 同样在中国早期的历史记忆系统中，巫史亦以图像为媒介，搭建起"生与死、人与神、人与自然的和谐"，其中刻符画卦便是最常见的表现形式。如学界对于裴李岗文化的"贾湖刻符"是否应断定为文字一直存有较大的争议（有学者将之称为"卦象文字"）[3]，我们不妨

暂且抛开其载言纪事的文字属性不论，仅仅从其一般功能性而言，这种刻画在龟甲上的"卦象"明显与辨吉凶、见变化的巫史相关，呈现"以通神明之德，以类万物之情"的特征。从这个层面来看，《周易》中关于"伏羲画卦"的记载并非荒诞不经的神话传说，而应是比较贴合早期人类社会发展的情实，其中"承天画卦"（《汉鲁相韩敕造孔庙礼器碑》）这一描述本身亦透露出伏羲的"巫王合一"特征。[4]

当然巫史要沟通天地人神，除了刻符画卦以卜筮祷祝之外，同时还必须借助大量的牺牲与牲器。《国语·楚语下·观射父论绝地天通》篇曾列举巫祝职责："……是使制神之处位次主，而为之牲器时服，而后使先圣之后之有光烈，而能知山川之号、高祖之主、宗庙之事、昭穆之世、齐敬之勤、礼节之宜、威仪之则、容貌之崇、忠信之质、禋洁之服，而敬恭明神者，以为之祝。使名姓之后，能知四时之生、牺牲之物、玉帛之类、采服之仪、彝器之量、次主之度、屏摄之位、坛场之所、上下之神、氏姓之出，而心率旧典者为之宗。于是乎有天地神民类物之官，是谓五官，各司其序，不相乱也。民

1　如《周易·下经》巽（卦五十七）："九二，巽在床下，用史巫纷若，吉，无咎。"详见陈梦家《商代的神话与巫术》，《燕京学报》第二〇期，第486~576页，以及陈梦家《殷墟卜辞综述》之"史官"，中华书局，1988，第517~522页；李泽厚《说巫史传统》，《己卯五说》，中国电影出版社，1999，第33~70页；王振红《帛书〈要〉篇"巫史说"及其思想价值》，《史学理论与史学史学刊》2014年卷，社会科学文献出版社，第41~54页。

2　详见〔法〕雷吉斯·德布雷《图像的生与死——西方观图史》，黄迅余、黄建华译，第5~17页。

3　贾湖龟甲刻符主要有"准古彝文说"和"汉字滥觞说"两种观点，可参见蔡运章《远古刻画符号与中国文字的起源》（《中原文物》2001年第4期），蔡运章、张居中《中华文明的曙光——论舞阳贾湖发现的卦象文字》（《中原文物》2003年第3期），刘志一《贾湖龟甲刻符考释及其他》（《中原文物》2003年第4期）等文。

4　伏羲氏"仰则观象于天，俯则观法于地，观鸟兽之文与地之宜，近取诸身，远取诸物，于是始作八卦，以通神明之德，以类万物之情"。（《周易·系辞下》）

是以能有忠信，神是以能有明德，民神异业，敬而不渎，故神降之嘉生，民以物享，祸灾不至，求用不匮。"[1]

引文中所提到的牲器、玉帛、采服、彝器之属，并非仅仅作为仪式摆设，刻铸织绘其上的饕餮纹、夔龙纹、蟠螭纹、凤鸟纹等图像也并非仅仅是装饰纹样，而是代表巫史们飞升的欲望，即希望能够借助饕餮、夔龙等灵异神兽，来接引冥想，传递意念，收到导引和沟通的效果。张光直先生曾说"商周时代以动物为助手或使者的巫师，的确干着'飞'往祖先或神灵世界的勾当"。[2]这些灵异神兽虽然在现实世界中并不存在，但是巫史们杂取鸟兽之形而图之，使之成为沟通天地人神的得力助手。可以说在巫史并称的时代，以卜筮祭祀为主线而形成的一系列涉及祭祀征伐、生产生活的图像构建了一个相对独立和完整的叙事系统——"巫史图像系统"，并且在相当长的一段时期与文字叙事系统并存并重。本文认为，对巫史图像系统的研究，对于梳理和考察人类文明生成、发展的演变史而言，其价值和意义不逊于文字叙事系统研究。[3]而在以往的研究中，特别是在

由巫祀事神之礼向王制治人之礼转变（即由经验向制度转变）的过程中图像所发挥的作用，以及在礼序形成之后对图像功能的重新界定等问题，似未给予足够的重视。而在这个转变过程中，以孔子为代表的先秦思想家对于巫史与《易》，以及图像（绘画）功能（如"绘事后素"问题）的态度，颇值得我们进一步关注与研究。

二 "同涂殊归"之《易》

相关史载与研究表明，至迟在战国以前，巫史之间的界限尚不明显，巫史除了借助图像来观天测地、卜筮祭祀、医治教育之外，书史传文亦是其重要的职责之一。[4]所谓"王前巫而后史"（《礼记·礼运》），巫史侍王左右（往往一人相兼互通），协助王敦教民众"信时日、敬鬼神、畏法令"（《礼记·曲礼上》）。中国历史上第一位见之于文献的史官——夏朝太史令终古便是巫史兼通。[5]至孔子生活的时代，仍然是巫史并称。据现有文献记载可知，孔子之于鬼神态度是明确的，"子不语怪力

---

1 《国语》卷一八《楚语下·观射父论绝地天通》，第559~560页。

2 〔美〕张光直：《美术、神话与祭祀》，郭净译，辽宁教育出版社，2002，第85页。

3 这也正是我们要考察从史前文化到商周文化的演变，选择从新石器时期的河姆渡文化、良渚文化、马家窑文化、齐家文化的陶玉到商周时期青铜器上的饕餮图像之间的渊源入手原因之所在。

4 郭沫若先生认为"史巫大概是执掌当时的教育的"，但教育只是其中一项职能。详见氏著《古代社会研究》第一篇第二节，载《郭沫若全集》（历史编第一卷），人民出版社，1982，第56页。

5 《吕氏春秋·先识》载："夏太史令终古，出其图法，执而泣之。"终古所掌管的"图法"，至少应包含传史纪事的图录、卜测吉凶的卦图和维护统治的法典三个部分。夏桀将亡，他深感无能为力，才有后来的携图法"奔商"之举。

乱神"（《论语·述而》），"敬鬼神而远之"（《论语·雍也》），主张"绝地天通"，即便是后来"沉迷"于《易》，也颇注意明辨界限。马王堆帛书《要》篇中保留了他与子贡关于巫筮的一段对答，孔子在答问时不仅强调了自己与巫史的异同，而且对巫史也进行了区分，其言曰："赞而不达于数，则其为之巫。数而不达于德，则其为之史。史巫之筮，□者而义行之耳。赞而不达于数，则其为之巫。数而不达于德，则其为之史。史巫之筮，乡之而未也，好之而非也。后世之士，疑丘者或以易乎。吾求其德而已。吾与史巫同涂而殊归者也。君之而未也，好之而非也。后世之士，疑丘者或以易乎。吾求其德而已。吾与史巫同涂而殊归者也。"[1]

孔子晚年好《易》，"居则在席，行则在橐"，并曾发出"加我数年，五十以学《易》，可以无大过矣"（《论语·述而》）的感慨。他之所以沉溺如此，用他自己的话说便是《易》中有"古之遗言"。李学勤先生认为，所谓"古之遗言"并不是泛指古代的话，而应"训为教或道，系指前世圣人的遗教"。[2]孔子曾说过："昔三代明王皆事天地之神明，无非卜筮之用，不敢以其私，亵事上帝。"（《礼记·表记》）可知他学《易》并非为了幽赞神明，而是看重卜筮所具有的"忠信"特征，即在神明面前不敢有私，

用他自己的话来说，"忠信，所以进德也"，这也正合乾卦九三之"君子终日乾乾，夕惕若，厉无咎"（《周易·上经》），所以他才说自己与巫史是"途同而殊归"。此其一。

其二，巫史善于"易六画而成卦"，"仰以观于天文，俯以察于地理，是故知幽明之故；原始反终，故知死生之说；精气为物，游魂为变，是故知鬼神之情状"（《周易·系辞上》），"幽赞于神明而生蓍，参天两地而倚数"（《周易·说卦》），即能够通过作图观图、舞蹈冥想来预测吉凶祸福、未来行止。而这种制作和解释图像的能力很自然地进一步转化为辅政和教化的权力，并利用转化将祭祀、祷祝过程中的神意、禁忌、程式等加以规范化、制度化，使之成为世俗的礼序，所谓"依鬼神以制仪"（《大戴礼记·五帝德》）。这也正是孔子认为《易》很重要的原因之一，他要宣教仁德，期望重回"郁郁乎文"的治世，便不能不从探源溯流入手。不过从上引文字中可以看出，他似乎怕后人误解，所以反复申明自己与巫史习《易》的目的不同，只是"吾求其德而已"，即"同涂而殊归"。

其三，从幽赞之巫到明数之史再到达德之君子，孔子想要强调的是"德"的重要性，而这个环节，巫史都无法做到，即他们无法使礼序"恢复旧常"，并使上下各

1　马王堆帛书《要》篇之第 17 行下、18 行上，详见〔日〕池田知久《马王堆汉墓帛书〈周易〉之〈要〉篇释文（下）》，牛建科译，《周易研究》1997 年第 3 期，第 6~19 页。

2　李学勤先生在《从帛书〈易传〉看孔子与〈易〉》一文中，对孔子好《易》的原因、目的等问题均有细致梳论。详见《中原文物》1989 年第 2 期，第 41~44 页。

得其序不相乱。虽然学界对于《要》篇之对答究竟是否为孔子原话意见不一[1]，不过其基本要义则代表了孔子时代及后嗣学者一脉相承的"巫史"观：作为载言主体的"士"自觉划分与巫史的界限，决心要改变"家为巫史，无有要质"[2]的礼崩乐坏的局面。可以说"使复旧常"是孔子所处时代不少士君子的内心呼声，而要达成夙愿，便需要通过内外兼修，以有别于巫史，来掌控话语权力。

众所周知，从卜筮祭祀到制礼作乐的发展，是神明威权人间化的重要一步，即在弱化原始巫术迷狂色彩的同时，实现了由神人共治时代向君权神授时代的过渡。礼乐在这一进程中起到了颇为关键的作用，也因此为统治阶层所垄断，上升为国家意志，成为"君之大柄"，即"所以别嫌明微，傧鬼神，考制度，别仁义，所以治政安君也"（《礼记·礼运》）。并且为了世代垄断这种特权，确保"礼不下庶人"（《礼记·曲礼上》），从周朝开始，国子（贵族）自幼便修习"礼、乐、射、御、书、数"六艺（《周礼·保氏》），是为"后进君子"之学[3]，国子修习六艺的目的在于通过内修来修外[4]，来"克明峻德"（《尚书·尧典》）。这是布政以德的重要手段，也即孔子所说的"修己以安百姓"（《论语·宪问》）。[5]换言之，即"成教化，助人伦"。六艺之中，礼乐为首，其他诸艺的修习皆围绕此而行，所以孔子反复强调要"博学于文，约之以礼"（《论语·颜渊》）。而六艺之中，书艺又分为象形、指事、会意、形声、转注、假借六个方面，即"六书"。其中的象形之学，即图画之学[6]，故而后世又有"六书首之以象形，象形乃绘事之权舆"之说。[7]虽然现存的文献资料鲜少有孔子关于绘画的

1　李学勤、廖名春等持肯定说，朱伯崑、梁韦弦、王振红等持在孔子言论的基础上逐渐建构说，然皆为推断，并无确凿实据。因与本文主题关涉不大，兹不一一具列。

2　《国语》卷一八《楚语下·观射父论绝地天通》，第562页。

3　《论语》先进篇第一章云：子曰："先进于礼乐，野人也；后进于礼乐，君子也。如用之，则吾从先进。"讲的便是这个道理。先进之学有四门：德行、言语、政事、文学。在四门之中，德行为首要。这也是后世学者所谓的孔门四学（见《论语·先进》第二章）。

4　《礼记·文王世子》云："凡三王教世子必以礼乐。乐，所以修内也；礼，所以修外也。礼乐交错于中，发形于外，是故其成也怿，恭敬而温文。"

5　《礼记·大学》中所总结的"大学之道，在明明德，在亲民，在止于至善"，便含有这层意思（所谓大学，即大人之学，也即前面所提到的后进君子之学）。

6　曹植所谓"画者，鸟书之流"。张彦远《叙画之源流》云："按字学之部，其体有六：一古文，二奇字，三篆书，四佐书，五缪篆，六鸟书。在幡信上书端象鸟头者，则画之流也。"

7　明宋濂《画原》谓："书与画非异道也，其初一致也。……且书以代结绳，功信伟矣。至于辨章服之有制，画衣冠以示警，饬车辂之等威，表族旗之后先，所以弸纶其治具，匡赞其政原者，又乌可以废之哉！画绘之事，统于冬官，而春官外史专掌书令；其意可见矣。况六书首之以象形，象形乃绘事之权舆。形不能尽象而后谐之以声，声不能尽谐而后会之以意，意不能尽会而后指之以事，事不能以尽指，而后转注假借之法与焉。书者所以济画之不足者也。使画可尽，则无事乎书矣。吾故曰：书与画非异道也，其初一致也。"

直接言论，不过从其以绘事解《诗》喻礼中可管窥其态度之一斑。

三 "绘事后素"之要旨

孔子"绘事后素"的言论见于他与弟子卜商子夏的一次谈话。《论语·八佾》篇："子夏问曰：'巧笑倩兮，美目盼兮，素以为绚兮。何谓也？'子曰：'绘事后素。'曰：'礼后乎？'子曰：'起予者商也，始可与言《诗》矣。'"对于这段对话，历代注疏争讼不已，问题主要集中在对"素"的释解上，而争论的焦点又在于如何理解孔子绘事后素之"素"与《考工记》之"素功"上。[1]大致而言，历代关于这一问题的主要观点可括纳为以素喻礼说、白采说、素功说、忠信说、礼后说等几种。

以素喻礼说上起孔安国，中经何晏、皇侃等人集解义疏，至清又为毛西龄、惠栋、戴震等人所承继。孔安国之注原本虽已佚，但其主要见解则存于何晏、皇侃《论语集解义疏》。孔安国原注："孔子言绘事后素，子夏闻而解，知以素喻礼，故曰礼后乎。"[2]白采说发端于郑玄，他注释"素"为"白采"，即为质，"绘画，文也"，即为礼，用他自己的话说，即"凡绘画先布众采，然后以素分其间，以成其文，喻美女虽有倩盼美质，亦须礼以成之也"。[3]概括来说，以孔、郑为代表的古注于《论语》"绘事后素"，在释义时正如清人范鹏向其师全祖望设问中所言，乃"引《考工》，不引《礼器》。其解《考工》，亦引《论语》"。[4]迨至北宋，程门四大弟子之一的杨时解《论语》始引《礼器》[5]，遂有后来《礼器》"甘受和，白受采"是一说，《考工》"绘画之事后素功"又是一说的分野。朱熹注《论语》时，虽然合《考工记》与《礼器》而引之，但其注"后素"为"后于素"，并以《考工记》之说为《礼器》之说。[6]其集注在明清时期被官方认定为标准本，不过其"素功说"颇受人非之，如前面提到的毛西龄。范鹏乃以此设问，请教其师当如何折中看待这一问题。

---

1 《周礼·考工记》曰："画绘之事。杂五色。东方谓之青，南方谓之赤，西方谓之白，北方谓之黑，天谓之玄，地谓之黄。青与白相次也，赤与黑相次也，玄与黄相次也。青与赤谓之文，赤与白谓之章，白与黑谓之黼，黑与青谓之黻，五采备谓之绣。土以黄，其象方，天时变，火以圜，山以章，水以龙，鸟、兽、蛇。杂四时五色之位以章之，谓之巧。凡画绘之事，后素功。"

2 （三国魏）何晏注，（南朝梁）皇侃疏《论语集解义疏》卷二，《丛书集成初编》本，商务印书馆，1937。

3 （三国魏）何晏注，（南朝梁）皇侃疏《论语集解义疏》卷二，《丛书集成初编》本。

4 （清）全祖望：《全祖望集汇校集注》，《经史问答卷六·论语问目答范鹏》，朱铸禹汇校集注，上海古籍出版社，2000，第1941~1942页。

5 《礼记·礼器》云："君子曰：甘受和，白受采，忠信之人可以学礼，苟无忠信之人，则礼不虚道。"

6 （宋）朱熹：《四书章句集注》，《论语集注》卷二《八佾第三》："绘事，绘画之事也。后素，后于素也。《考工记》曰：'凡绘画之事后素功。'谓先以粉地为质，而后施五采，犹人有美质，然后可加文饰。"（中华书局，1983，第63页）

对于这一问题，全氏的态度十分明确，他认为孔子借"绘事后素"的目的是来解《诗》，故其意与《考工记》不同，而是与《礼器》相合。在他看来，"《论语》之素，乃素地，非素功也，谓有其质而后可文也"，并进一步论证"素地"当解为"忠信"：

> 夫巧笑美目，是素地也，有此而后可加粉黛簪珥衣裳之饰，是犹之绘事也。所谓绚也，故曰绘事后于素也。而因之以悟礼，则忠信其素地也，节文度数之饰，是犹之绘事也，所谓绚也，岂不了了。若《考工》所云，则素功，非素地也，谓绘事五采，而素功乃其中之一，盖施粉之采也，粉易于污，故必俟诸采既施而加之，是之谓后，然则与《论语》绝不相蒙。夫巧笑美目，岂亦粉黛诸饰中之一乎？抑亦巧笑美目出于人工乎？且巧笑美目，反出于粉黛诸饰之后乎？此其说必不可通者也。而欲参其说于礼，则忠信亦节文中之一乎？忠信亦出于人为乎？且忠信反出节文之后乎？五尺童子，哑然笑矣。龟山知其非也，故别引《礼器》以释之，此乃真注疏也。朱子既是龟山之说，而仍兼引《考工》之文，则误矣。然朱子误解《考工》，却不误解《论语》，芟此一句，便可释然。若如古注，则误解《论语》矣。朱子之误，亦有所本，盖出于郑宗颜之解《考工》。宗颜又本之荆公（王安石），盖不知《论语》与《礼器》之为一说，《考工》之又别为一说也。若至毛西河（奇龄）喜攻朱子，哓哓强词，是则不足深诘也。[1]

参上引文可知，全氏认为朱子之所以误解"绘事后素"，是因为受了王安石、郑宗颜二人误解《考工记》的影响，并有"朱子误解《考工》，却不误解《论语》，芟此一句，便可释然""毛西河喜攻朱子，哓哓强词，是则不足深诘也"之语，显然有为朱子开脱之意。

礼后说出自凌廷堪，实际上是孔安国以素喻礼说的进一步阐发。凌氏不仅不认同郑玄的观点，而且对于朱子等人的批评也更为直接，其《论语礼后说》云："后郑（玄）注：'素，白采也。后布之，为其易渍污也。'郑司农（众）说以《论语》曰：'绘事后素。'《朱子集注》不用其说，以后素为后于素也。于《考工记》旧注亦反之，以'后素功'为先以粉地为质，而后施五采。近儒如萧山毛氏、元和惠氏、休宁戴氏皆知古训为不可易，而于'礼后'之旨，终不能会通而发明之，故学者终成疑义。"

1　（清）全祖望：《全祖望集汇校集注》，《经史问答卷六·论语问目答范鹏》，朱铸禹汇校集注，第 1941~1942 页。

他主张《诗》之意即《考工记》之意，应以"五性"来解之，方能申"以素喻礼"之义："盖人之有仁义礼智信五性，犹绘之有青黄赤白黑五色也。礼居五性之一，犹素为白采居五色之一也。……是智与信，皆所以由礼之具也。故《曲礼》曰'道德仁义，非礼不成'也。然则五性必待礼而后有节，犹之五色必待素而后成文，故曰'礼后乎'，本非深文奥义也。何氏《集解》云'以素喻礼'，但依文解之，而不能申言其义。毛氏、惠氏、戴氏虽知遵旧注，而解因素悟礼之处，不免格格不吐，皆坐不知礼为五性之节故也。"[1]

实际上让我们回归孔子与子夏谈论这一问题的原点便可发现，二人所谈论的并不是一个单纯的美学问题，重点也不在绘画与材料孰先孰后上。无论是子夏援引《诗经·卫风》中赞美卫姜之语作喻，还是孔子以绘事作答，二人采取的都是比兴手法，即当时诗歌中的"博依"之法[2]，其归结点都在论礼。这也是为什么这段讨论会放在"八佾"之中的缘故。素，质也；绘事，文也，礼乐源于德，忠信以进德，而忠信亦须礼乐以成之，换言之，即须要内外兼修方能达成其效——声教。孔子认为，子夏已意识到了"礼后"的问题，即已明

白礼乐声教的重要性。孔子所言："礼也者，理也。乐也者，节也。君子无理不动，无节不作。不能诗，于礼谬；不能乐，于礼素；薄于德，于礼虚。"（《礼记·仲尼燕居》）其所谓的"谬""素""虚"亦是针对品质与声教而言的，这与"绘事后素"其实是一个道理。对于子夏的反应，孔子很满意，称赞他已晓悟"博依"之道，知道了节奏的奥妙，能"感于物而后动"（《礼记·乐记》）[3]，所以说他可以言诗了（在孔门四学中，文学及门的便是子游和子夏）。从这个背景来看，全祖望从"素地"进一步将之阐发为"忠信"的说法，似更贴合孔子着眼于诗教的本意。

对于"绘事后素"这一公案，近人程树德集解诸家之言后亦认为全氏为持平之论，其言曰："朱子之失，在引《考工》不引《礼器》。曹寅谷《四书摭馀说》论之曰：'杨文靖公解《论语》始引《礼器》。朱子既是龟山之说，又兼引《考工》，以为即《礼器》之解，无怪乎攻朱者之未能释然也。然朱子之误亦有所本，盖出于郑宗颜之解《考工》。宗颜又本之荆公，盖不知《论语》与《礼器》之为一说，《考工》之又别为一说也。全谢山谓朱子误解《考工》，却不误解《论语》，若古注则误解

1　（清）凌廷堪：《校礼堂文集》卷一六《论语礼后说》，王文锦点校，中华书局，1998，第146~147页。

2　《礼记·学记》云："不学博依，不能安诗。"

3　子夏又曾问孔子何谓"五至"，孔子答曰："志之所至，诗亦至焉。诗之所至，礼亦至焉。礼之所至，乐亦至焉。乐之所至，哀亦至焉。"（《礼记·孔子闲居》）亦是这一道理。

《论语》矣。'可谓持平之论。"[1] 然今治美术史者，或囿于专业，或未能很好地审视清人对这一问题的集解之论，而仅从绘事本身出发进行阐释，实则偏离了问题研究的原点，与孔子之旨相去甚远。

小 结

结而言之，春秋之末礼崩乐坏，诸侯大夫甚至"八佾舞于庭"，此状犹《国语》中所言少皞之衰象："九黎乱德，民神杂糅，不可方物。夫人作享，家为巫史，无有要质。"[2] 以孔子为代表的诸子痛于时弊，一心以恢复旧常为己任，知天命之年犹系念于此，与巫史"同涂"，于《易》中寻求古圣遗言。在此背景之下，包括绘画作图在内的六艺之学都成为助其"绝地天通"即重建礼序的手段和工具。由是而言，子贡问孔子关于卜筮的看法便不是无由之谈，而是有意要明辨如何看待方法、态度与目的的问题。这也与子夏同孔子谈论"绘事后素"的出发点是一致的。可以说，孔子以"吾不与祭，如不祭"（《论语·八佾》）的态度，以巫史演《易》的忠信精神，于易辞中抉发"进德"之义理（即"乐其辞"），而非占卜求验之方法（即"非安其用"）。在这一以德为内核的思想之下，巫史"安其用"的图像系统被纳入礼序重构的轨道上来，强调"载言"高于"载笔"，强调"君子不器"，从而使相对独立的巫史图像系统被"载言"的文字系统瓦解，图像的功能也从幽赞神明转向"成教化，助人伦"了。[3]

1　程树德：《论语集释》卷五《八佾上》，程俊英、蒋见元点校，中华书局，1990，第158~159页。

2　《国语》卷一八《楚语下·观射父论绝地天通》，第562页。

3　绘事虽在六艺之中，有所可观者，但仍是"小道"，用子夏的话说，小道则"致远恐泥，是以君子不为也"（《论语·子张》）。孔子及其弟子的这一定调，使得"以德驭画"成为从原儒到宋明理学家所普遍秉持的标准，所谓"志于道，据于德，依于仁，游于艺"，《礼记》中"德成而上，艺成而下"（《礼记·乐记》）的思想便是据此而来。

从文化重新发现宗藩
——柯律格《藩屏：明代中国的皇家艺术与权力》的范式创新

■ 梁曼容（延安大学历史系、东北师范大学博士后）

英国牛津大学柯律格（Craig Clunas）新作《藩屏：明代中国的皇家艺术与权力》一书，于2013年在伦敦出版，于2016年在国内翻译出版（见图1、图2）。该书以明代藩国的艺术生产为中心，展开对明代藩王的书法、绘画、珠宝、青铜、庙宇、墓葬的考察，独具一格。海德堡大学东亚艺术史主任雷德侯（Lothar Ledderose）称赞柯律格将明代研究引入了"全新的境界"，多伦多大学裴珍妮（Jennifer Purtle）更将此书称为"一次特别的、雄心勃勃的尝试"和一本"开拓性的专著"。[1]时至今日，此书问世五年，为此书作评者若干，就笔者所及，主要来自美国学界，分别为：普林斯顿大学荣休教授韩书瑞（Susan Naquin）、卡尔顿学院教授赖恺玲（Kathleen M. Ryo）和宾夕法尼亚大学胡箫白；国内学界，仅见河南大学博士生徐进。[2]评论固然不少，但总体而言，似乎在学界反响平平。这与明代宗藩研究的历史与现状有关。本文从宗藩研究的理论反思谈起，进而深入评析《藩屏》一书的创新之处与问题所在，最后展开对明代宗藩研究的展望。

一 政治史视野下的明代宗藩研究及其困境

明代秦简王朱诚泳曾自题小像曰"非

---

* 本文系2017年延安大学博士科研启动项目"明代藩王研究"（项目号：YDBK2017-17）及2018年陕西省教育厅科研计划重点项目"明代勋贵陕北经略研究"（项目号：18JZ064）研究成果。

1 〔英〕柯律格：《藩屏：明代中国的皇家艺术与权力》，黄晓娟译，河南大学出版社，2016，封底；裴珍妮（Jennifer Purtle）一文为 Kathleen M.Ryor:Screen of Kings: Royal Art and Power in Ming China.By Craig Clunas,Journal of Chinese Studies,No.59, July 2014, pp.325-330。

2 韩书瑞：《〈藩屏：明代藩王及其艺术〉评述》，《美成在久》2015年第4期，原刊于 Orientations 英文版，2014年5月；胡箫白：《柯律格〈诸王之屏：明的皇家艺术与权力〉书评》，《中国社会史评论》第16卷下，天津古籍出版社，2015，因作者为宾夕法尼亚大学历史系博士生，故作美国学界论；徐进：《读〈藩屏：明代中国的皇家艺术与权力〉》，《中国史研究动态》2017年第6期。

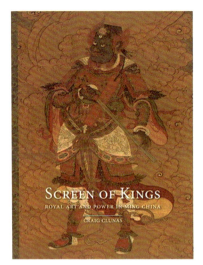

图 1 《藩屏》一书的英文书影

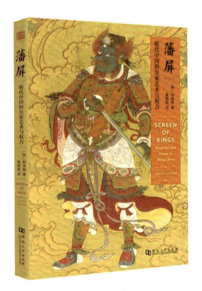

图 2 《藩屏》一书的中文书影

卿非相非道非僧"，这亦是有明一代宗室形象的生动写照。这种"四非"身份，在某种意义上也使得这个群体一直处在历史研究的从属地位。自 20 世纪初新史学以来，几种影响整个学界的重要理论和思潮，也在客观上使得明代宗藩和贵族问题沦为附庸。柯律格教授于此深有感触："20 世纪彻底独立的中国史学传统极大地低估了明代藩王们所扮演的角色"[1]，准确地说，这种情形直到今天依然如是。

第一，"东方专制主义"模式，这也是柯律格教授所极力批判的问题之一。"专制主义"说最早来自欧洲，是建立在对中国实际经验并不充分了解之上的一种论断。[2] 清末，随着西方坚船利炮引发的时代巨变和西学大规模引入，"专制"和"专制主义"成为以梁启超为代表的中国知识分子反省与批判中国传统政治的重要工具。该说遍及中外，影响之深，迄于今日。作为对中国古代政治制度性质的一种论断，专制说因具有巨大穿透力，成为诸多学者解读中国历史的核心概念。然而，专制说的高度概括性，使得"贵族体制"与"贵族群体"相关问题沦为附庸，甚至荡然无存，特别是在明代这个被认为君主高度集权、贵族政治格外孱弱的时代，"因为明代长期以来在西方和中国史学界心目中都是'专制主义'的绝佳范例，高度的皇权

1　〔英〕柯律格：《藩屏：明代中国的皇家艺术与权力》，黄晓娟译，第 18 页。

2　侯旭东：《中国古代专制说的知识考古》，《近代史研究》2008 年第 4 期，〔英〕柯律格：《藩屏：明代中国的皇家艺术与权力》，黄晓娟译，第 14 页。

统治覆及整个社会，除此之外都不值得一提"，"王"们便无法容身于专制主义的画面之中。[1] "专制主义"的解释力度一定程度上以牺牲贵族体制及其人群的复杂性为代价，在客观上造成了贵族相关问题的沦落。

第二，现代性视角与西方中心主义，这也是柯律格力图反思和超越的问题之一。现代性伴随着西欧现代化的进程发展而来，其诸多属性是以西欧历史为依据，基于西欧在16世纪以来的突飞猛进而成为世界的"典型"。现代性视角，将传统与现代划分开来，蕴含着直线向前，永不可逆的意识，以西方的例证来衡量非西方国家的历史，是一种历史分析中的西方中心主义。在现代性视角下，自启蒙时代起，"贵族"和"世袭"就被视为"现代性"的对立面。[2] 与此同时，中国古代的"封建"与西方政治概念"feudal"的对译，使"封建"被赋予了落后和压迫的意味。[3] 故而，任何关于追溯中国早期现代性的论述，相比于明代历史中的新异性因素，明代贵族和宗室问题都毫无例外地成为明史研究的注脚，并始终扮演着负面角色。

第三，"五种社会形态"理论，柯律格也有所论及，他所指出的对宗室的普遍"偏见"和"诋毁"现象，在这种论述中表现得最为突出。[4] 明代在中国历史的五形态分期中，被视为封建社会晚期或资本主义萌芽时期。在这种历史基调中，明代宗室的形象被刻画得分外鲜明。一是在"阶级"与"阶级斗争"的研究思路下，宗藩以"剥削者"的面目出现在相关历史研究中，与人民大众泾渭分明；二是在明后期封建社会落后性质的研究立场下，宗藩成为"腐朽者"的代言；三是在被视为20世纪史学情结的"资本主义萌芽问题"中，宗藩因为其经济特权，自然而然是诸多扼杀因素的"共犯"和"帮凶"。这种对明代宗藩和贵族制度的论述，将以明代宗藩问题为对象的研究转变为宗藩制度不合理性的论证，宗藩与贵族制的真正历史意蕴被彻底淹没在不同程度的理论预设和结论先行的历史写作之中。

总而言之，明代"贵族体制"及其代表人群"宗室"的研究在学界一直处于从属地位，仿佛是大历史的"装饰品"，显得十分薄弱；与研究现状的薄弱相伴生的，是对明代宗室历史评价的一边倒问题，即对宗室的"诋毁"性评价是学界基本达成的一致看法。而这些根深蒂固的看法可能不是主要基于事实梳理，而是来自写作者的理论、视角和方法，以及使用过的文本。

1　〔英〕柯律格：《藩屏：明代中国的皇家艺术与权力》，黄晓娟译，第14页。

2　〔英〕柯律格：《藩屏：明代中国的皇家艺术与权力》，黄晓娟译，第15页。

3　〔英〕柯律格：《藩屏：明代中国的皇家艺术与权力》，黄晓娟译，第2~3页。

4　〔英〕柯律格：《藩屏：明代中国的皇家艺术与权力》，黄晓娟译，第5页。

作为大历史"装饰品"的明代宗室在"小历史"的研究中同样际遇不佳。20世纪90年代以来，社会史和历史人类学的新理论、新方法与新视角的引入，并没有使宗藩研究被重新审视和挖掘，反而使之更为边缘化了。社会史、区域史、区域社会史、历史人类学都不曾将这个群体郑重其事地纳入研究视野，纵然这个群体曾经遍及明朝的8个布政司及近半百的府州县；这其中自然有资料所限、地域特色、研究旨趣和问题意识不同等原因，但很难想象这个庞大的群体不曾和地方发生密切的交往和关联；"从统计学的角度说，一位明代山西居民见到一位宗室成员的机会要比见到一位官员的机会大得多"。[1] 事实上，在21世纪的头十年，随着社会史和地方史的热潮，确实涌现一批试图从"地方社会"角度审视明代宗藩的学术论文。大概是一种偶然，这些论文绝大多数是以硕士论文的形式呈现，基本内容都是将20世纪的研究成果放入某一区域进行再观察，固然这些论文已经几乎没有"封建""阶级""剥削"这样意识形态化的字眼，并冠以"地方社会"的头衔，但其研究的内在路数、基本看法与20世纪的研究成果几乎没有太大差异。近年，有数篇从社会文化史角度切入的论文，展现了宗室在地方社会中不曾被注意的内容，使得该问题有所拓展，但寥寥几篇远远与该问题的重要性不成比例。[2]

二　文化史视野下明代宗藩研究的范式创新

正是基于上述研究现状，柯律格《藩屏》一书便极具开拓性意义。[3] 柯律格自言写作《藩屏》一书的目的是让该书成为一部有关明代中国的"修正主义历史学"作品。[4] 就本人所见，其重要的"修正"来自五个方面。

第一，研究视角的扭转，其中又分为三个方面。一是将研究人群从过去最受关注的士人转向一直被忽略的宗室，将藩王置于研究的中心。这不仅意味着将藩王作为研究对象，而是摆脱过去囿于常俗的将这一群体置于某一理论、结构或视野中附属地位的做法，在对"东方专制主义"、"现代性"和"马克思主义史学"进行反思的基础之上展开。二是将研究区域从一直作为焦点的江南转向更为广大的非江南地区。江南作为明后期中国经济最发达地区备受学界瞩目，既是明朝的"中心"，也是研究的"中心"。柯律格则把目光转向与江

1　〔英〕柯律格：《藩屏：明代中国的皇家艺术与权力》，黄晓娟译，第24页。

2　胡英泽：《晋藩与晋水：明代山西宗藩与地方水利》，《中国历史地理论丛》2014年第2期。吕双：《王府势力下的特殊宗教空间：明代山西王府香火院中的利益互动》，《史林》2018年第3期。梁曼容：《困顿与解脱：靖难后明代藩王精神探微》，《故宫学刊》第19辑，故宫出版社，2018。

3　有关此书的章节内容，前面诸位学者都有详尽的介绍，故不赘言。

4　〔英〕柯律格：《藩屏：明代中国的皇家艺术与权力》，黄晓娟译，第3页。

南不同的"外围地区"，着重考察了一南一北贫富不同的湖北和山西两个非常有价值的个案，从"外围"审视明代的中国。[1] 三是将研究领域从过去学界普遍关注的分封制度、庄田宗禄、法律犯罪等方面转向王府的艺术创作和文化生产。从艺术史的角度，重新审视明代的宗室、王府与帝国。

第二，跳出传统江南士人所作的文字史料，以王府艺术品和奢侈品这些"视觉和物质文化"为研究材料与写作文本，深入挖掘艺术、仪式与政治、权力之间的关系与内涵。目前，有关宗室的史料大多出自士人之手，而这些士人又以江南或者范围更大一点的长江下游地区为主。一个悖论是，在江南没有任何藩王，即使算上整个地理范围上的南方，藩王也算不得多数。这样一个事实带来的问题是，"藩王"是被另一个不同阶层、身份、地域、价值取向的群体所塑造和刻画出来的；所以，即使客观的史料所呈现的"意象"也很难说完全客观。凭借艺术史出身的专长，柯律格将目光聚焦于明代藩王自身的书法绘画等艺术创作、王府出资修建的庙宇墓葬等王室景观、宗室拥有的珠宝青铜器等奢侈品；全书共使用了91幅插图，首页为明太祖画像，末页为牛津波德雷安图书馆绘的明代地名分布图。其余89幅大致可分为书法绘画刻书40幅，庙宇墓葬碑刻32幅，珠宝器物17幅，恰如其分地构成艺术创作、王室景观和奢侈品三类，展示了一幅关于明代宗室的艺术、

礼仪与权力交织的历史画卷（见图3、图4、图5、图6、图7和图8）。

图3　明代王府九龙壁，山西省大同市
（图片来自原书）

图4　明代衡王府所在之处的石坊，山东省青州市
（图片来自原书）

图5　朱有燉（1379~1439），《东书堂集古法帖》第六首页
（图片来自原书）

1　〔英〕柯律格：《藩屏：明代中国的皇家艺术与权力》，黄晓娟译，第20页。

图6　朱芝垝（1511年卒），《时花蛱蝶》
（图片来自原书）

图7　潞王朱常淓（1608～1646）中和琴
（图片来自中国国家博物馆官方网站）

图8　金累丝镶宝石帽顶 出自梁庄王墓
（图片来自湖北省博物馆官方网站）

第三，引入"更广泛意义上的宫廷"与"典范中心"作为新的分析概念，重新审视藩王在地方秩序中的礼仪示范作用，进而探讨明代的政治文化格局。"典范中心"来自人类学家克利福德·格尔茨对巴厘的研究，指以宫廷为象征的王室是一个政治秩序的物化载体，它通过将自身作为模型、典范和完美无瑕的意象，而形塑周围的世界；王室的仪式生活，本身即是社会秩序的范例，而不仅仅是社会秩序的简单反映。[1] 随着宗室繁衍，亲疏和爵位的递减，这种示范作用也逐级衰落。藩王作为皇族子孙，是朝廷之于各地的"礼仪中心"，把整个国家都连在礼仪和朱姓家族的网络之中；王府常常又是各地文化的"典范中心"，改变并塑造了当地的文化和习俗。山西长治规模盛大的上党庙会就是15世纪由沈王所开启的；王府对于法帖的汇编比江南文人士子要早若干个世纪，并且对于书法经典诸如王羲之地位的确立起到核心作用；藩府大规模的刻书活动也远远先于长江中下游的文人士子（见图9）。这样就会弥补我们从前对藩府略显狭隘的看法，王府在某些文化领域，可能往往是新文化的"中心"，而后才被文人效仿。王府作为各地的中心，相对帝国中心，扮演了中转站的角色。藩王们作为帝国血脉的复制品，通过文本和图像来接收和传递皇家的权力，同时使王府成为地方治理社会的

1　〔美〕克利福德·格尔兹：《尼加拉：十九世纪巴厘剧场国家》，赵丙祥译，上海人民出版社，1999，第13页。〔英〕柯律格：《藩屏：明代中国的皇家艺术与权力》，黄晓娟译，第11页。

典范。[1] 与此同时，王府成为地方身份的中心，反而可以摆脱一种更为危险的地方主义的嫌疑。[2]

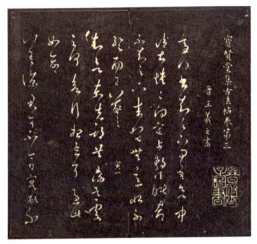

图 9　晋王府《宝贤堂集古法帖》中王羲之的书法
（图片来自原书）

第四，重新理解礼仪与权力的关系，柯律格深受格尔茨的影响。与"典范中心"概念一脉相承，格尔茨认为对于作为"典范中心"的王室而言，仪式才是宫廷政治的驱动力，而非权力；相反，权力为服务于仪式而存在。[3] 这一看法与明代宗室的情形确有契合之处。众所周知，靖难之役后明代宗室的政治和军事权力被削夺，而且

时刻受到来自皇帝的禁锢和官员的监视。但亲王在礼仪秩序中始终高于功臣和士大夫。这种现象挑战了将"礼仪"和"权力"看作形式和本质的通行看法。故而，柯律格说："我们必须注意避免某种简化的工具论，即认为皇室家族对于'文化'的承诺仅仅为了掩饰他们的统治，某种'工具理性的逻辑'，它的存在就是为了给'真实'的权力提供合法性。"[4] 于亲王而言，礼仪中的崇高地位并没有因为权力被阉割而骤然跌落，反而促使王府成为当地的"典范"和社会秩序的范例，从而形塑了环绕其周围的世界；随着藩王之国，具象化为书法和绘画形式的帝国"文化"权力，得以在整个帝国全境传递和强化。[5] 这也挑战过去对宗室从事文化活动的先验看法。宗室的文化行为通常被视作避免皇帝猜忌和嫌疑而做的一种逃避或者替代行为；柯律格的研究表明，宗室的文化活动更可能是藩王在地方和礼仪秩序之中心地位的自我确认。

第五，反思"贵族""世袭""封建"被视为"现代性"对立面而被赋予的负面色彩。在启蒙主义史学和现代性叙事中，"贵族"与"平民"，"贵族制度"与"公民社会"，"贵族文化"与"市民文化"就

1　〔英〕柯律格：《藩屏：明代中国的皇家艺术与权力》，黄晓娟译，第 135 页。

2　〔英〕柯律格：《藩屏：明代中国的皇家艺术与权力》，黄晓娟译，第 132 页。

3　〔美〕克利福德·格尔兹：《尼加拉：十九世纪巴厘剧场国家》，赵丙祥译，第 12 页。〔英〕柯律格：《藩屏：明代中国的皇家艺术与权力》，黄晓娟译，第 11、15 页。

4　〔英〕柯律格：《藩屏：明代中国的皇家艺术与权力》，黄晓娟译，第 89 页。

5　〔英〕柯律格：《藩屏：明代中国的皇家艺术与权力》，黄晓娟译，第 98 页。

以二元对立的方式作为彼此的对立面出现，前者往往意味着传统与落后，后者代表着现代与进步。柯律格受到杜赞奇的影响，主张摒弃线性进化的民族主义历史观，反对将欧洲现代性发生的单一模式，作为研究中国历史的参照。[1] 他引用杜赞奇对中国"封建"问题的看法。"封建"在儒家思想中一直是一种地方治理的理想。在新的启蒙历史的叙述结构中，方才被改造为"现代性"的他者。"当'封建'一词从明代'册封建立藩国'的原意变为'feudal'，在此过程中，它所携带的所有负面包袱，即'feudal'一词蕴含的落后含义，意味着明代藩王在现代历史研究中与'旧制度'最坏的方面联系在一起。"[2] 事实上，关于德国宫廷的研究表明，工业力量与仪式化的等级秩序并无必要矛盾，数量众多的大公国对于整个国家机器的运转有重要作用。[3] 甚至，"封建"话语在对抗皇权的意义上，具有与西方"市民社会"相同的地方自治因素，从明末清初的顾炎武、黄宗羲，到清末民初的康有为、梁启超，"封建"成为倡导社会自治、提高地方精英与公共舆论的思想资源。[4] "如果说地方上的藩王为抵

制当代中国官方文化话语同一化和集中化的倾向提供了资源，或许是言过其实，但他们确实提供了一种思考方式，使得这样的地方思路不具有争议，不会对官方话语造成威胁。"[5]

三 失之东隅，收之桑榆

柯律格的《藩屏》提出很多挑战过去学界对明代宗藩问题通行看法的理论和观点，令人耳目为之一新。但新概念、理论和视角的引入，也难免存在与宗藩实际情形扞格难通之处。

为了凸显藩王在地方秩序中的礼仪示范作用，《藩屏》一书不免过分拔高明代分封制的"礼仪"内涵。柯律格将明代分封制度视作周代秩序的重建与恢复，"我们所说的明代分封制度的先例却并非源于元代时期，亦非出自唐宋，而是可以追溯到更早的汉代时期，甚至更应该说是周代，最受推崇的社会、政治、文化典范的源头"。[6] 这种见解正呼应了"典范中心"概念的内在逻辑。不过，纵然明太祖将周代作为分

---

1 〔英〕柯律格：《藩屏：明代中国的皇家艺术与权力》，黄晓娟译，第 197 页。

2 〔英〕柯律格：《藩屏：明代中国的皇家艺术与权力》，黄晓娟译，第 196~197 页。

3 〔英〕柯律格：《藩屏：明代中国的皇家艺术与权力》，黄晓娟译，第 197 页。

4 〔美〕杜赞奇：《从民族国家拯救历史：民族主义话语与中国现代史研究》，王宪明译，社会科学文献出版社，2003，第 143~145 页。

5 〔英〕柯律格：《藩屏：明代中国的皇家艺术与权力》，黄晓娟译，第 195 页。

6 〔英〕柯律格：《藩屏：明代中国的皇家艺术与权力》，黄晓娟译，第 7 页。

封的合法性依据，但考诸史实，实际内容却并非来自周制。从周到明初，时代久远，分封制经历了跨越两千年的复杂的历史变迁，恢复周制不具任何可操作性；通过比照具体的制度细节，可以发现明代分封制的诸多内容深受元代家产制和宗王出镇制的影响；所以，明代分封制度，实际直接继承于元制，不过口头上标榜继承周制，并附会汉制；周、汉、元虽都称为"分封"，其间差别却很大。[1] 此外，《藩屏》一书还将"王"与儒家"王道"相提并论，来强调藩王作为政治和道德典范的象征意义，"'王'字从一开始就是一个具有强大神圣力量的词语，如果说这一光环到两千余年之后的明代时期已经完全失去意义，显然过于轻率"。[2] "王道"概念发端于孔子的思想，经孟子而得到明确阐释。孟子对"王道"的提倡，是建立在对"三代之治"的推崇之上，三代皆为圣王，以仁义治天下，故谓"王道"。"王道"的提出，乃针对诸侯王"霸道"而言；除了三代圣王，后世之王恰恰不符合"王道"，故而"王道"也成为后世数代儒家学者孜孜不倦的施政理想。自嬴政创"皇帝"，"王"从君主的称号，演变为爵位。"王"与"王道"也成为两个并无瓜葛的概念。很难说明代朱元璋子孙被冠以"王"的爵位封于各地，就是出于道德典范和秩序重建的用意。许

多研究已经表明，现实政治考虑才是太祖大行分封的动力。

"典范中心"概念与"礼仪与权力的倒置关系"是值得商榷的。明代宗室在何种意义上是礼仪和文化的"典范中心"似不能同一而论。明兴近三百年，明初到明末，宗室地位有显著差别。明初诸王尚能显赫一时，到明中后期，藩王之尊常常要仰官员之鼻息，将军以下的宗室处境更是落魄，没有基本的生活保障，很难说有何"典范"可言。此外，值得注意的是，"典范中心"概念是格尔茨从对一个被称之为"剧场国家"巴厘的研究而来，是基于一个特殊案例的本土化理论。据格尔茨自己所言，巴厘这个国家从未走向专制，也根本无力促使专制权力走向全面集权化。[3] 这与中国帝制时期的情况截然有别。暂不论"专制主义"背后的东方主义和历史叙述的问题；中国帝制时期的皇帝与中央集权是显而易见的特征。明代藩王不参政并且受到诸多限制，但并不等同于不具备重要且特殊的政治意义。一方面，宗室是皇帝的血缘亲属，具有其他任何人群不能替代的为皇位提供潜在合法继承人的重要功能；另一方面，皇位的稳固必须依赖宗室的力量，宗室的支持是皇位合法性不可缺少的构成内容；此外，在法律和经济领域，亲王一直是特权的存在，这些都与其礼仪中的崇高

1　赵现海:《明初分封制度渊源新探》,《中国史研究》2010 年第 2 期。

2　〔英〕柯律格:《藩屏:明代中国的皇家艺术与权力》,黄晓娟译,第 2 页。

3　〔美〕克利福德·格尔兹:《尼加拉:十九世纪巴厘剧场国家》,赵丙祥译,第 12 页。

地位相一致。用巴厘案例的发现来审视明代中国的分封制，确实引发不少思考，但难免会削足适履。

重新挖掘"封建"与"贵族"的意义是需要极为谨慎的。出于对启蒙史学和现代性的反思，柯律格认为不应当用现代的观念把中国的封建传统看成一种反动的复古的东西，更不应该看成压迫农民的东西，而应该把它看作一种对于皇权侵害地方的批评。这一看法的背后是杜赞奇将19世纪后期康梁变法时提倡保护地方自治权利的"封建"概念与西方"市民社会"相提并论的结果。明末清初，顾炎武提倡"寓封建之意于郡县之中"、黄宗羲主张恢复相对独立的封建制来克服郡县制的弊端，这成为清末民初康梁变法的思想资源。但此"封建"是为了克制极权君主制弊端，以"天下""大同"为根本旨归，因而强调地方自治和提高地方知识分子的自主权力。诸王"封建"则与之大相径庭。虽然，在中国历史上诸王分封往往导致贵族权力对皇权的威胁，但分封的意图却始终是维系一家一姓的政权，加强皇室对地方的管控。因此，明代的诸王分封既不等同于顾炎武、黄宗羲、康梁所追求的封建之治；更不能与西方的"公民社会"做比附。现代性视角固有其问题所在，但贵族和封建的价值与意义也不能过分夸大，分封于各地的明代藩王，因其"贵族"身份始终位于明代社会结构的上层，享受着普通臣民无法企及的

经济和法律特权，这是客观存在的事实，而非转换视角可以否认。

从民族国家拯救历史的后设观察，柯律格显然十分认同杜赞奇的观点，跳出"民族国家"的框架，试图立足位于"区域"中心的"藩王"，从多元化视角来重新审视中国。但问题是，这种似乎是"从民族国家拯救历史"的新方法和新立场，必然会过度夸大藩府的"自主性"，并附会出一个并不成立的藩府的"政权性"，"当'民族国家的崛起'这样一个宏伟的历史叙述似乎不再足以对应一个有多重的、互相重叠的君主政体的世界，在这一世界里，有些国家看似只有微不足道的权力，有些'非国家的主体'反而具有相当大的权力"。[1] 除了在明初的几十年，藩府曾一度凌驾于三司之上，显示出较强的地方行政权以外，靖难之役一直到明亡，藩府在地方任何干涉有司的行为都是被严格禁止的。这是不争的事实，也并不与藩府在地方的实际社会影响构成冲突。故而，柯律格不免是西方时尚理论的后设观察者。

结语　从政治到文化——明代宗藩研究的未来空间

于柯律格而言，《藩屏》一书最大的目的是将学术分析转移到藩王这个我们知之

1　〔英〕柯律格：《藩屏：明代中国的皇家艺术与权力》，黄晓娟译，第16页。

其少的人群；同时摒弃从前对宗室根深蒂固的偏见，从其他角度看待这一群体。应当说，柯律格确实达成了这一写作目标，《藩屏》一书也确实为我们展现出明代藩王研究的新契机。

从史料的挖掘和利用角度而言，柯律格对宗室书法、绘画、珠宝、青铜、庙宇、墓葬等器物性资料的精准把握和独到分析，给予我们很大启发。明代宗室多好文墨者，有数量不少的个人书法绘画等作品传世；王府遗迹遍于全国，大批量的墓志和随葬品也已经出土；这些都是研究明代宗藩最为直观的史料；当充分利用，发挥其史学研究价值。

从"小历史"的角度而言，柯律格以独到的艺术史切入，生动地再现了王府的艺术创作与文化生产，展现出藩王不为人知的诸多侧面，进而引申出许多新的问题，使得"宗藩"这项原本陈旧的话题变得饶有趣味。由于藩王的到来，地方的城址因王府的修建而不断扩大；旧有的水利秩序也因王庄的介入而发生改变；数量不等的私阉之人争相涌入王府；文人士子也乐此不疲地与藩王宴饮唱和。藩王往往是当地庙宇道观的重要资助者，甚至惠及犹太教和伊斯兰教；宗室还是学士文人著作的资助人和出版者。王府是绘画作品收藏、评论、产生和流通的场所，是高等奢侈工艺品制作中心，也是宗室和士大夫构建社会关系的一个场所。这些话题都有待继续展开。

从"大历史"的角度而言，柯律格通过对"现代性"和"民族国家"的反思，使得"封建""贵族"概念不再是被轻易摒弃的话题。中国与欧洲贵族封建相关问题的比较也变得十分必要；如何重新理解"封建"和"贵族"也有待更深入的探讨。

事实上，作为拥有一定政治、经济特权的各地藩王，与地方社会既具有一定差别，又呈现密切的联系。藩王之国以后，其所拥有的特殊身份、文化才识与语言风俗，都在很大程度上与地方社会迥然有别，从而形成一个相对独立的小社会。藩王由于政治上的限制，无法在其他领域施展才能，从而将精力大都应用于文化领域，不仅有思想、学术，乃至其他专门领域的深入钻研（其中最著名的便是朱载堉）；而且更多的是吸收了地方文化，将之与自身带来的京师文化相融合，从而推动了文化艺术的创新发展。因此，宗藩是未来明代文化史研究的重要领域与知识增长点。故而，未来的明代宗藩研究，应在政治史研究的传统视角之外，进一步从文化史的视角，深入挖掘。从政治到文化，将是沉寂已久、面临困境的明代宗藩研究发展的新契机。而这对于未来的明代文化史研究，无疑也具有不可忽视的意义。

二

考古与图像

史前琮、璧上的"鸟立高台"刻符

■ **刘文强**（四川大学历史文化学院）

一　刻符概况

"鸟立高台"刻符是我国新石器时代末期东方地区发现于若干玉琮、玉璧表面图案较为一致的一类刻画符号（见图1）。此类刻画符号上部为一侧面"立鸟"，下部多呈三阶高台状，因此可统称为"鸟立高台"刻符或图案（见图2）。此类刻符目前可知出土地点的仅见于昆山少卿山良渚文化晚期墓葬M7出土的一件残璧上[1]，其余刻符载体多为国内外博物馆里的藏品。如首都博物馆馆藏玉琮[2]、台北故宫博物院馆藏玉璧[3]、吉斯拉藏玉琮[4]、弗利尔博物馆馆藏玉璧[5]、上海博物馆馆藏玉璧[6]、良渚博物院征集玉璧[7]等。

就目前发现的9件"鸟立高台"刻符构图内容来讲，其中7件的"鸟立高台"图案造型较为一致（见图1-4；图2-1至2-6），差别只是有两件刻符没有立鸟下方的柱状造型（见图2-5、2-6），以及三件高台状刻画里面的形状与其他四件相对不同（见图1-4；图2-3、2-5）。另吉斯拉玉琮刻符上部的图案和别的侧面立鸟状图案有所差别，有点类似正面展翅的立鸟（见图2-7），因此也可暂归入"鸟立高台"刻符内。少卿山玉璧刻符虽然是分开

1　王华杰、左俊：《昆山少卿山遗址新发现的良渚玉璧刻符》，《东南文化》2009年第5期。

2　古方主编《中国传世玉器全集》第1册，科学出版社，2010，第35页。

3　邓淑萍：《故宫博物院藏·新石器时代玉器图录》，故宫博物院，1992，第218~219页。

4　〔美〕杨晓能：《另一种古史——青铜器纹饰、图形文字与图像铭文的释读》，唐际根、孙亚冰译，生活·读书·新知三联书店，2008，第128页。

5　朱莉亚·凯·默里、苏文：《新石器时代的中国玉器——谈美国佛里尔艺术馆玉器藏品》，《东南文化》1988年第2期。

6　参见张炳火《良渚文化刻画符号》，上海人民出版社，第700~701页。

7　良渚博物院：《瑶琨美玉——良渚博物院藏良渚文化玉器精粹》，文物出版社、众志美术出版社，2011，第364~365页。

1-2

1-1

1-3

1-4

图 1　刻符玉琮、玉璧及其细部符号

1-1 首都博物馆藏刻符玉琮　1-2 首都博物馆玉琮刻符图案　1-3 上海博物馆藏刻符玉璧　1-4 上海博物馆刻符玉璧图案

的，但也可以发现是简化的立鸟和高台刻画（见图2-8）。上述9件遗物表面的刻画符号，有较为一致的图案造型和十分鲜明的构图特点，因此也引起了学界的较多讨论。

二 既往研究

对于"鸟立高台"刻符所处位置，李学勤先生认为该类符号的刻画位置独特，如琮多在上端，璧多在一面近缘处，绝不和器物上的花纹相混。[1]

图2 "鸟立高台"刻符举例

2-1 首都博物馆馆藏玉琮刻符 2-2 台北故宫博物院馆藏玉璧刻符 2-3 弗利尔博物馆3号璧刻符 2-4 弗利尔博物馆2号璧刻符
2-5 弗利尔博物馆1号璧刻符 2-6 良渚博物院征集玉璧刻符 2-7 吉斯拉藏玉琮刻符 2-8 少卿山玉璧刻符（M7出土）

1 李学勤：《走出疑古时代》，长春出版社，2007，第63页。

关于刻画方式，邓淑萍先生指出，玉器上的符号是以很细很浅，断断续续的阴线刻成，虽处于玉器的主要部分，却由于刻画轻浅而难以被发现，所表达的是与纹饰不同的隐涩的神秘感。[1]

关于年代，由于少卿山有明确出土位置的玉璧发现，此类刻符的年代现几乎没有异议，均认为是良渚文化晚期作品，其年代下限约为距今4300年，年代上限朱乃诚先生认为不会超过距今4700年。[2]

关于文化归属，由于安溪[3]、少卿山、蒋庄[4]等刻符玉璧的出土，学界多认为此种刻符属于良渚文化；但也有学者持不同看法，如邓淑萍先生认为有此类刻符的玉器确实大多属良渚文化遗物，但也有一些有其他刻符（如日月纹刻符）的玉琮和玉镯，从玉质看可能为山东到苏北地区的史前遗物。[5]

关于刻符含义，杜金鹏先生在良渚文化祭坛发现后对比祭坛的形制和"鸟立高台"的图案后认为，"鸟立高台"刻符是"阳鸟祭坛图"，阳鸟是良渚文化先民崇拜的驮负太阳飞行的神鸟，它站在高杆上寓意沟通天、人信息，其下为祭坛，神鸟细部形态不同，可能是良渚人不同部族的标志。圆圈内填充卷云纹，下为火焰纹的变体，可能是太阳神徽[6]（见图2-5的台形刻画内部图案）。饶宗颐先生认为，"鸟立高台"为"有翼太阳"，太阳日轮带新月形，是"明神"的记号。[7]邓淑萍等先生看法与上也大同小异，或认为是"有翼太阳"，或认为是"阳鸟负日"。[8]李学勤先生对此类符号进行了尝试性的古文字解读，认为如图2-4刻画是五个符号的复合，最上是"鸟"，最下是"山"，"山"上叠有两个符号，靠上的一个呈冠形，靠下的一个很像简化兽面，释为"明"，"鸟"和"山"之间的串饰形，释为"珏"。[9]

1　邓淑萍：《中国新石器时代玉器上的神秘符号》，《故宫学术季刊》第10卷第3期。

2　朱乃诚：《良渚文化玉器刻符的若干问题》，《华夏考古》1997年第3期。

3　浙江考古研究所：《良渚遗址群》，文物出版社，2005，彩版43（4-6）。

4　南京博物院：《江苏兴化、东台市蒋庄遗址良渚文化遗存》，《考古》2016年第7期。

5　邓淑萍：《中国新石器时代玉器上的神秘符号》，《故宫学术季刊》第10卷第3期。

6　杜金鹏：《良渚神祇与祭坛》，《考古》1997年第2期。

7　饶宗颐：《有翼太阳与古代东方文明——良渚玉器刻符与大汶口陶文的再检讨》，载《饶宗颐二十世纪学术文集》第1卷，中国人民大学出版社，2009，第57~69页。

8　参见牛清波《中国早期刻画符号整理与研究》，博士学位论文，安徽大学，2013，第203~212页。

9　李学勤：《续谈吉斯拉玉琮》，载《四海寻珍》，清华大学出版社，1998，第186~187页。

三 符号分解与溯源

综观此类"鸟立高台"刻符，可发现它们其实可以主要分解为三个部分。

（1）高台形以上部分。主要为正、侧面的立鸟纹，有些立鸟足下还有串珠状的立柱形图案（见图 2–1 至 2–4）。

（2）高台部分。多为三阶状高台图案，或为无三层阶梯的简化高台（见图 2–8）。

（3）高台内部刻画。或为飞翅介形状刻画，类似于飞鸟图案（见图 2–1、2–2、2–4、2–6、2–7），也是最多的一类刻画。或为日月形刻画（见图 2–5），或为椭圆中有两条竖弦纹的刻画（见图 2–3、2–8）。

第一部分的图案，特别是侧面的立鸟纹，其实在良渚文化内有着渊源。此类立鸟形图案和良渚文化新地里 H11[1]（见图 3–1）、福泉山 M126[2]（见图 3–4）等出土的玉鸟形饰几乎一模一样，且良渚反山墓地也出土过鸟形玉饰（见图 3–2），反山玉钺上也有神人纹状徽与鸟纹徽共存的先例[3]（见图 3–3），赵陵山也出土有立鸟人面形的饰品[4]，台北故宫更是馆藏有良渚文化鸟立高柱形玉饰[5]（见图 3–5、3–6），因此立鸟纹应该是良渚文化根据其遗物传统所创造的刻画无疑。立鸟下的圆节柱状图案除了刻画图案外，目前仅在好川遗址中发现过相关实物[6]，此类物品（及刻画）的源流目前尚不清楚，含义也不明确，不过此类柱状图案并非每件刻画内均有，因此当对研究整体"鸟立高台"形制影响不是太大。

第二部分的三阶台形图案，整体的源流还是相对清楚。此类造型最早出现于陵阳河[7]及其周边遗址的大口尊刻符中，起初只是陶尊刻符的一部分（见图 4–1、4–2），并未独立出来，发展至约良渚文化中期偏晚阶段，从北阴阳营陶尊刻符[8]可见，此类台状刻符渐渐由原北阴阳营陶尊刻画的上部独立出来，表现为蒋庄[9]遗址玉璧刻符的出现（见图 4–3），以及陵阳河遗址三阶台

1　浙江省文物考古研究所、桐乡市文物管理委员会：《新地里》，文物出版社，2006，第 466~467 页。

2　上海市文物管理委员会：《福泉山——新石器时代遗址发掘报告》，文物出版社，2000，第 94~95 页。

3　浙江省文物考古研究所：《良渚遗址群考古报告之二——反山》，文物出版社，2000，第 65 页。

4　江苏省赵陵山考古队：《江苏赵陵山遗址第一、二次发掘简报》，载《东方文明之光——良渚文化发现 60 周年纪念文集》，海南国际新闻出版中心，1996，第 18~37 页。

5　参见王华杰、左俊《昆山少卿山遗址新发现的良渚玉璧刻符》，《东南文化》2009 年第 5 期。

6　方向明：《中国玉器通史：新石器时代南方卷》，海天出版社，2014，第 246~247 页。

7　山东省考古所、山东省博物馆等：《山东莒县陵阳河大汶口文化墓葬发掘简报》，《史前研究》1987 年第 3 期。

8　南京博物院：《北阴阳营——新石器时代及商周时期遗址发掘报告》，文物出版社，1993，第 88 页。

9　南京博物院：《江苏兴化、东台市蒋庄遗址良渚文化遗存》，《考古》2016 年第 7 期。

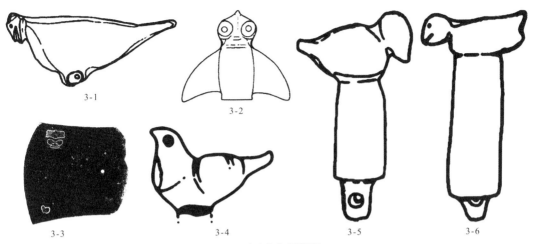

图 3　良渚文化的鸟形遗物

3-1 新地里 H11 玉鸟　3-2 反山玉鸟（M14：259）　3-3 反山 M12 玉钺拓片（M12：100，左下为鸟纹）

3-4 福泉山 M126 玉鸟　3-5、3-6 台北故宫征集玉鸟饰

状玉片[1]遗物的出土（见图 4-4）。之后此类台状造型便慢慢地转移到了玉璧组合图案上，即"鸟立高台"刻符中三阶台状图案的较多刻画。台状刻符或者造型类遗物的最后去向是在后良渚文化时代，目前发现的主要为好川[2]墓地及其周边老鼠山[3]等地的三阶台状玉片类遗物。

第三部分的三种图案较为复杂。其中飞翅介形图案也是在良渚中期偏晚阶段，与台形图案分流出来大体同时从原北阴阳营陶尊刻符的下部分渐渐独立出来并有所发展（见图 4-2），具体表现为北阴阳营陶尊刻符至金沙遗址所出十节玉琮[4]上部飞翅介形刻符的流变（见图 4-5），以及弗利尔馆藏玉镯形器[5]表面飞翅介形图案的基本定型（见图 4-6）。之后此类介形飞翅图案多出现在"鸟立高台"刻符的台状刻画内部。其后在龙山文化两城镇[6]等地的玉圭所刻图案上也有发现，最终的介形飞翅状造型应该是陶寺Ⅱ M22 大墓[7]以及石家

1　栾丰实：《大汶口和良渚》，载《玉润东方：大汶口—龙山·良渚玉器文化展》，文物出版社，2014，第 63~72 页。

2　浙江省文物考古研究所、遂昌县文物管理委员会：《好川墓地》，文物出版社，2001，第 95~99 页。

3　王海明等：《温州老鼠山遗址发现四千年前文化聚落》，《中国文物报》2003 年 5 月 28 日。

4　成都市文物考古研究所：《成都金沙遗址 I 区"梅苑"东北部地点发掘一期简报》，载《成都考古发现（2002）》，科学出版社，2004，第 96~177 页。

5　参见李学勤《论金沙长琮的符号》，《四川文物》2002 年第 5 期。

6　刘敦愿：《记两城镇遗址发现的两件石器》，《考古》1972 年第 4 期。

7　中国社会科学院考古研究所山西队、山西考古研究所、临汾市文物局：《陶寺城址发现陶寺文化中期墓葬》，《考古》2003 年第 9 期。

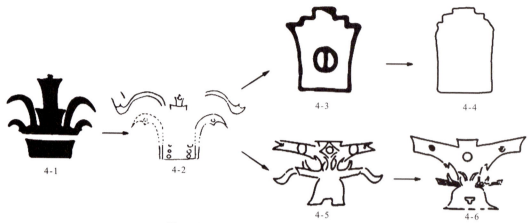

图 4 台形刻画及飞翅介形图案来源演变示意

4-1 陵阳河 M17 陶尊刻符　4-2 北阴阳营陶尊刻符　4-3 蒋庄玉璧 M36 : 1 刻符（依简报绘制）

4-4 陵阳河台形玉片　4-5 金沙玉琮 C61 刻符　4-6 弗利尔馆藏玉镯刻符

河文化区域[1]出土的飞翅介形兽面饰。日月纹刻符最初也是发现于陵阳河及其周边的大朱家村[2]等遗址的陶尊外表面上部（见图 5-1、5-2），之后西渐至皖北一带的尉迟寺附近[3]，南下至石家河文化区域。[4]并逐渐在玉镯形器、国博玉琮[5]等玉器上亦有发现（见图 5-3、5-4），其后也出现在了玉璧"鸟立高台"刻符中的台状刻画内部（见图 5-5），不过发现于"鸟立高台"刻符内的日月纹目前仅此一例。椭圆内有竖向弦纹的图案之前并不常见，从北阴阳营陶尊刻符的上部依稀可见台形中的圆圈纹，因此在分流初期蒋庄玉璧上的台形及其内部

图案似应为一个整体，单纯如陵阳河玉片等内部没有刻画的台状造型应该是其简化。因此，内部有竖弦纹圆圈的台阶状图案和单纯的台阶状图案目前似可以等同看待。

四　刻符性质及内涵

"鸟立高台"刻符既然可以分解开来，且其几个分解符号大多均能找到不同的源头，而史前的此类符号族群印迹很重，如日月纹，立鸟造型等均有不同的人群认知，而"鸟立高台"刻符正是由这几种不同人群

1　荆州地区博物馆、钟祥县博物馆：《钟祥六合遗址》，《江汉考古》1987 年第 2 期；湖北省荆州博物馆、湖北省文物考古研究所、北京大学考古学系：《天门石家河考古发掘报告之———肖家屋脊》，文物出版社，1999，第 327~330 页。

2　山东省文物考古研究所等：《莒县大朱家村大汶口文化墓葬》，《考古学报》1991 年第 2 期。

3　中国社会科学院考古研究所：《蒙城尉迟寺——皖北新石器时代聚落遗存的发掘与研究》，科学出版社，2001 年，第 255~256 页；中国社会科学院考古研究所等：《蒙城尉迟寺》第 2 部，科学出版社，2007，第 215 页。

4　湖北省荆州博物馆、湖北省文物考古研究所、北京大学考古学系：《天门石家河考古发掘报告之———肖家屋脊》，第 220~225 页。

5　石志廉：《最大最古的✿纹碧玉琮》，《中国文物报》1987 年 10 月 1 日。

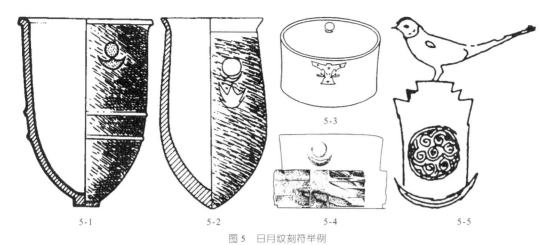

图 5　日月纹刻符举例

5-1 陵阳河采集　5-2 大朱家村采集　5-3 弗利尔馆藏玉镯形器　5-4 国博玉琮刻符　5-5 弗利尔博物馆 1 号璧刻符

的不同刻画符号组合而成（如图 6 所示）。那么不同族群的刻画符号组合在一个器物上成为一个新的复合图案代表什么意思呢？

本文认为，这类三种以上族群印迹类符号共刻于一器的形式，可以基本排除联姻、战利品标记等因素，应该是几个部族互相合作成为一个新的部落联盟的盟誓标记遗留。而恰巧长江下游地区史前文化在北阴阳营、凌家滩[1] 等文化时期就有了一种可以分开以及组合的合符璜，俞伟超先生认为此种合符璜或与部落之间的联盟、联姻等有关[2]，并得到了很多学者的认同。可见长江下游地区较早就有联盟合作的传统，因此"鸟立高台"刻符璧及刻符琮等是部族之间合作联盟的盟誓物品应该问题不大。

既然"鸟立高台"刻符物品有盟誓见证物的性质，那么再谈其具体的考古学文

化归属显然已经不合适了。从上文可见，玉琮、玉璧的形制属于良渚文化的范畴，立鸟图案应该有良渚文化的渊源，然而日月纹、台形符号、飞翅介形符号等均与大汶口文化有密切的关系，因此"鸟立高台"刻符物品见证的结盟方或是良渚文化以及大汶口文化分流出来的几支族群。非要给它一个文化归属的话，囿于良渚文化及大汶口文化的地域方位，则可称其为东方联盟集团盟誓类物品。

至于新的复合图案"鸟立高台"的具体含义，本文认为可以进行解读，但要综合刻符琮、刻符璧等的性质进行解读。如若确是结盟用的实用类物品，那么刻符所展示的写实意义必然大于祭祀类物品的象征意义。因此"鸟立高台"所描述的或与整个新的联盟的目标、愿望、远景类希冀

1　安徽省文物考古研究所：《凌家滩——田野考古发掘报告之一》，文物出版社，2006，第 100 页。

2　俞伟超：《凌家滩璜形玉器刍议》，载《凌家滩玉器》，文物出版社，2000，第 135~140 页；俞伟超：《凌家滩璜形玉器是结盟、联姻的信物》，载《凌家滩文化研究》，文物出版社，2006，第 8~13 页。

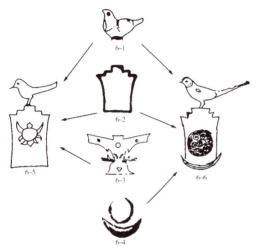

图 6 "鸟立高台"复合图案组合示意

6-1 福泉山玉鸟（M126：3） 6-2 分流出的台形图案 6-3 分流出的飞翅介字形图案 6-4 日月纹 6-5 组合图案一（良渚博物院征集玉璧组合图案） 6-6 组合图案二（弗利尔博物馆 1号璧组合图案）

图 7 石峁遗址立鸟陶器立于皇城台上的情境示意
（立鸟陶器据《2008~2017 陕西史前考古综述》图 13；皇城台照片据《陕西日报》刘强图）

有关。至于其具体的实际内涵，应该在进一步综合研究这个东方联盟的部族构成，联盟去向等问题之后再行谨慎分析。目前唯一的线索，便是陕北石峁遗址皇城台之

上出土了一批立鸟陶器[1]，这些陶器从形态、正侧面造型等各个方面都和"鸟立高台"的立鸟造型可以比较。而石峁遗址中，也确实发现了较多的良渚文化以及海岱形制的遗物。[2]因此，若"鸟立高台"是东方部落联盟的愿景描述的话，那么置立鸟陶器于目前国内最大城址中央的多阶高台皇城台之上（见图 7），或许便是当时东方联盟内至少一部分人进行联盟活动时理想中的未来场景。

结　语

综上所述，"鸟立高台"刻符实际上是一个由多个族群标记性符号组合而成的复合图案，应该是多支族群互相联盟合作的盟誓见证类刻画，盟誓的几方人群当主要为以立鸟图案为代表的良渚文化先民，有大汶口文化渊源的台形符号方族群，以及由大汶口文化分流而出的日月纹或飞翅介形刻画等几个族群。"鸟立高台"复合图案以及其载体遗物不属于任何文化，应该是整个联盟集团形成的见证物，其复合图案本身含义当与整个联盟的集体利益或愿望有关，此类刻符的去向或与石峁遗址的形成有某种联系。

1　陕西省考古研究院史前考古研究室：《2008~2017 陕西史前考古综述》，《考古与文物》2018 年第 5 期。

2　戴应新：《神木石峁龙山文化玉器》，《考古与文物》1988 年第 5、6 期；戴应新：《神木石峁龙山文化玉器探索》，《故宫文物月刊》1993 年第 5~10 期；王炜林、孙周勇：《石峁玉器的年代及相关问题》，《考古与文物》2011 年第 4 期；沙莎、刘强：《玉帛之城石峁·失落的文明密码》，《陕西日报》2019 年 3 月 21 日。

以考古实物形象补释毛公鼎"▢"字

■ **王一凡**（中国社会科学院大学研究生院）

毛公鼎是西周宣王时期的青铜重器，现藏于台北故宫博物院，其铭文记载了王册命毛公的史事，内容堪比一篇《尚书》。自道光二十三年（1843）出土以来，受到学界的广泛关注，目前已大致厘清了铭文内容、册命仪程、辞例套路，但对个别字词的考订仍存争议。"▢"字前代多位学者虽已有宏文论述，然尚有可深入发掘的空间，本文做一些补说，以求教于方家。

一　提出问题

为方便讨论，先将鼎铭中两次出现"▢"/"▢"字的地方隶写出来：

1. ……王曰：父厝今余唯申先王命，命汝极一方，▢我邦、我家，汝颢于政……

2. ……取征卅锊，赐汝秬鬯一卣、裸圭瓒宝、朱市、葱衡、玉环、玉琮、金车、贲較、朱鞹▢靳、虎冟熏里、右軛、画转、画輴、金箭、错衡、金踵、金轭……

"▢""▢"隶定为"𦥑"，繁体为"▢""▢""▢"等，隶定为"𩰤"。此二字形《说文》均未收，不明其义。从字形上观察，"▢""▢"并无差别，隶写出来应为一字，但"此与彼处义盖微异"。[1] 根据铭文上下内容可知：一作动词，一作册命后赏赐品为名词。

"▢我邦、我家"之"▢"是动词，学界目前的意见较为统一。可归结为将"▢"释为"𢎛"，与"宏"或"弘"通，训为

1　（清）孙诒让：《毛公鼎释文》，《籀庼述林》，中华书局，2010，第204~220页。

大，表示宏大之义，使我邦家宏大。先后提出或采用此观点的有吴式芬[1]、孙诒让[2]、吴大澂[3]、郭沫若[4]、高亨[5]、陈汉平[6]等。

"朱鞹■靳"之"■"，是赏赐品，作名词，学界目前主要有三种意见。

第一类观点是认为"■"与"鞃"通。■即古"鞃"字，《诗经·韩奕》载"鞹鞃浅幭"，在这里"朱鞹■"的意思是以朱鞹饰鞃。[7]鞃，车轼中把，从革，宏声。[8]采此观点的有孙诒让[9]、柯昌济[10]、郭沫若[11]、陶北溟[12]、高亨。[13]不过要注意的是，高亨虽将此字隶为"鞃"，但对于其义却说："鞹

鞃者革制之弓衣也"[14]，说明高亨在"■"字的隶定与字义的解释上是有犹豫的。以上也是目前学界的主流意见。

第二类观点是将"■"释为"韔"，认为是藏器之形或是弓衣。韔，弓衣也，从韦长声[15]。采此观点的有杨树达[16]、董珊。[17]

第三类观点是程邦雄提出的，他认为"■"是承弓之器，毛公鼎中"■"为"■""■""■"字简写，"■""■""■"字右上之形，正好符合盛弓之器具缄口处之符号形状。[18]

此外石帅帅对毛公鼎的铭文进行了集

1　（清）吴式芬：《攈古录金文》，《金文文献集成》第 11 册，线装书局，2005，第 410~416 页。

2　（清）孙诒让：《毛公鼎释文》，《籀庼述林》，第 211~215 页。

3　（清）吴大澂：《愙斋集古录》，《金文文献集成》第 12 册，线装书局，2005，第 200~202 页。

4　郭沫若：《两周金文辞大系图录考释》，《郭沫若全集·考古编·第八卷》，科学出版社，2017，第 62~64、135 页。

5　高亨：《毛公鼎铭笺注》，《文史述林》，清华大学出版社，2004，第 478 页。

6　陈汉平：《说弘、鞃、弘、宏》，《屠龙绝绪》，黑龙江教育出版社，1989，第 118 页。

7　（清）孙诒让：《古籀拾遗》，《金文文献集成》第 10 册，线装书局，2005，第 252~255 页。

8　（清）段玉裁：《说文解字注》，中华书局，2013，第 109 页。

9　（清）孙诒让：《古籀拾遗》，《金文文献集成》第 10 册，第 252~255 页。

10　柯昌济：《韡华阁集古录跋尾》，《金文文献集成》第 25 册，线装书局，2005，第 134~135 页。

11　郭沫若：《毛公鼎之年代》，《东方杂志》1931 年第 13 号，第 79~99 页。

12　陶北溟：《旧云盦金文释略》，《金文文献集成》第 27 册，线装书局，2005，第 406~408 页。

13　高亨：《毛公鼎铭笺注》，《文史述林》，清华大学出版社，2004，第 486~487 页。

14　高亨：《毛公鼎铭笺注》，《文史述林》，第 486 页。

15　（清）段玉裁：《说文解字注》，第 238 页。

16　杨树达：《彔白或簋三跋》，《积微居金文说》，上海古籍出版社，2013，第 425~426 页。

17　董珊：《略论西周单氏家族窖藏青铜器铭文》，《中国历史文物》2003 年第 4 期，第 40~50 页。

18　程邦雄：《释"橐"》，《古汉语研究》2003 年第 2 期，第 57~60 页。

释[1]，收集了截至2016年4月的绝大多数资料，是十分有益的。

在以上诸家观点中，我们认为程邦雄的说法值得重视的，下面结合金文材料、传世文献、考古出土实物，做一些补论。

二 用金文材料谈"🔲"为承弓器

（一）列举

查《殷周金文集成》[2]，"🔲"字共出现10次，9次作赏赐物名词、1次为动词。现将这些铭文列于下，以找寻其规律。

作为赏赐品：

1. 九年卫鼎（《集成》02831）：王大黹，矩取省车、靳贲🔲、虎幎、蔡鞃、画轉、鞭席鞎、帛缋乘、金镳鋞……襄🔲……（西周中期恭王）

2. 毛公鼎（《集成》02841）：……取征卅锊，赐汝秬鬯一卣、祼圭瓒宝、朱芾、葱衡、玉环、玉瑹、金车、贲较、朱鞹🔲靳、虎幎熏里、右厄、画轉、画轉、金簟、错衡、金踵、金厄……（西周宣王）

3. 彔伯弢簋盖（《集成》04302）：……余赐汝秬鬯一卣、

全车、贲幀较、贲🔲朱鞹靳、虎幎朱里、金簟、画轉、金厄、画轉、马四匹、鉴勒……（西周中期）

4. 三年师兑簋（《集成》04318）：……赐汝秬鬯一卣、金车、贲较、朱鞹🔲靳、虎幎纁里、右厄、画轉、画轉、金簟、马四匹、鉴勒……（西周晚期）

5. 番生簋盖（《集成》04326）：……赐朱芾、葱衡……车、电轸、贲绲较、朱鞹🔲靳、虎幎纁里、错衡、右厄、画轉、画轉、金踵、金厄、金簟茀、鱼箙、朱旂旜金芳二铃……（西周晚期）

6. 牧簋（《集成》04343）：……赐汝秬鬯一卣、金车、贲较、画轉、朱鞹🔲靳、虎幎纁里、旂、骍马四匹……（西周中期）

7. 师克盨／师克盨盖（《集成》04467/04468）：……赐汝秬鬯一卣、赤芾、五衡、赤舄、牙僰、驹车、贲较、朱鞹🔲靳、虎幎纁里、画轉、画轉、金簟、朱旂、马四匹、鉴勒、素钺……（西周晚期）

8. 𤸫盨（《集成》04469）：……赐汝秬鬯一卣、乃父芾、赤舄、驹车、贲较、朱鞹🔲靳、虎幎纁里、

---

1 石帅帅：《毛公鼎铭文集释》，硕士学位论文，吉林大学，2016。

2 中国社会科学院考古研究所编《殷周金文集成》（修订增补本），中华书局，2007。

画鞹、画鞍、全箮、马四匹、鋈勒……（西周晚期）

9. 吴方彝盖（《集成》09898）：……王乎史戊册命吴……全车、賁⬛朱鞹靳、虎冟縢里、賁較、画鞹、全箮、马四匹、鋈勒……（西周中期）

作为动词：

毛公鼎（《集成》02841）：……王曰：父厝今余唯申先王命，命汝极一方，⬛我邦、我家，汝顜于政……（西周宣王）

（二）讨论

"⬛"字作为赏赐品出现时，通过比较整理这九条铭文，可发现常伴随有赐"金车""賁較""虎冟熏里""右轭""画鞹"

"画鞍""金箮""马四匹""鋈勒"的行为。且赐"⬛"总是出现在赐"金车""賁較"之后，赐"虎冟熏里""右轭""画鞹""画鞍""金箮""马四匹""鋈勒"之前。金车指用青铜装饰的车。"較"，车骑上曲铜，从车交声。[1]钱玄提出的："车舆两旁稍后之横木曰較，較高出于车轼。較作为立乘者的把手"[2]是有道理的，并且在浚县辛村已有考古实物出土。[3]"賁"字则是指对于"較"的装饰[4]，"賁較"可理解为一种有装饰的车马器，可能是供立乘者扶持的。"虎冟熏里"是一种虎皮或动物皮革制作的覆车之物。[5]厄，即车轭，而右厄在册命赏赐中特别突出，陈汉平"驾驭马车时，车右职重要"之说可从。[6]鞹，即"鞹"字[7]，"画鞹"是缚牢车較与车舆的彩绘革带。[8]鞍，即"鞍"字。鞍，车伏兔下革。[9]张长寿提出画鞍是"用革带将伏兔缚在轴上，然后髹漆彩绘之"[10]的车马器是有

---

1 （清）段玉裁：《说文解字注》，第729页。

2 钱玄：《三礼通论》，南京师范大学出版社，1996，第191页。

3 郭宝钧：《浚县辛村》，科学出版社，1964，图版39·1。

4 关于"賁"是装饰的说法，可参见郭沫若《毛公鼎之年代》，《东方杂志》1931年第13号，第79~99页；孟蓬生：《释"奉"》，《古文字研究》（第二十五辑），中华书局，2004，第267页；雒萌萌：《西周金文中的车马与车马器研究》，硕士学位论文，安徽大学，2016。

5 参见雒萌萌《西周金文中的车马与车马器研究》，硕士学位论文，安徽大学，2016，第33~36页。雒萌萌对此问题已有较为充分的梳理，又因解释此类车马器具体为何物不是本文讨论的重点，故不加赘述。

6 陈汉平：《西周册命制度研究》，学林出版社，1986，第246页。

7 郭沫若：《两周金文辞大系图录考释》，《郭沫若全集·考古编·第八卷》，第64页。

8 马承源主编《商周青铜器铭文选》（三），文物出版社，1988，第118页。陈剑：《释西周金文中的"厷"字》，《甲骨金文考释论集》，线装书局，2007，第234~242页。

9 （清）段玉裁：《说文解字注》，第731页。

10 张长寿、张孝光：《说伏兔与画鞍》，《考古》1980年第4期，第361~364页。

道理的。"金箇"为车衡轭上之物。[1]"马四匹"即四匹马。"鍪勒"则是两种马头鞁具。[2]

那么"🔲"出现在以上几类明确属于车马器的物品之中，必定是归于车马器行列的，它应在车上出现，在车上使用。又因"🔲"从口从弓，应理解为一个包含有"弓"的马车上的囊状物品。遍审目前出土的车马器，仅有承弓器是将"弓"与"车"相组合配套的，故我们推测"🔲"即指承弓器。

三 从承弓器实物形象看"🔲"字含义

若此说成立，那么根据目前的铭文材料，至迟在西周中晚期就已经出现被称为"🔲"的承弓器。可是现在发掘出土的承弓器最早仅可上溯至春秋早期（见图1），它们中间的缺环是需要填补的。这个问题，承弓器在发展过程中形态材料上的演变为我们提供了较为合理的解释。

《国语·楚语下》载："又有薮曰云连徒洲，金、木、竹、箭之所生也，龟、珠、角、齿、皮、革、羽、毛，所以备赋以戒不虞者也。"韦昭注云："皮，虎豹皮也，所以为茵韇。"[3]韇，所以戢弓矢。[4]《左传·僖公二十三年》云："左执鞭弭，右属橐鞬。"杜注："橐以受箭，鞬以受弓。"[5]文献表明"鞬"的制作材料可以是虎豹等野兽的皮，用途是"戢弓矢""受弓"，也就是收纳、收敛之义，在这里解释为"盛放弓矢之物"亦无差。又《释名》云："（鞬）弓矢并建立于其中也。"[6]这与根据秦陵一号铜车马复原的战车承弓器所体现的弓矢关系几近相同（见图2）。由此，承弓器在早期的制作材料应是虎豹皮革，到了春秋时才出现我们所见的铜承弓器。这也解释了为何在金文中已经出现的"🔲"，在西周中期未发现铜承弓器了。

考古出土实物材料，也为我们提供了释读"🔲"字的信息。在此，先梳理目前发现的部分先秦两汉承弓器。

根据洛阳中州路战国车马坑与秦陵铜车马提供的信息，我们还可以复原"🔲"的安装及使用方式。承弓器对称前伸于车舆左侧前阑上，后端以凸出的子卯和车舆

1 参见雒萌萌《西周金文中的车马与车马器研究》，硕士学位论文，安徽大学，2016，第41页。

2 参见郭宝钧《殷周车器研究》，文物出版社，1998，第63页；杨英杰《先秦古车挽马部分鞁具与马饰考辨》，《文物》1988年第2期，第75~80页。

3 徐元诰：《国语集解》（修订本），王树民、沈长云点校，中华书局，2002，第526~527页。

4 （清）段玉裁：《说文解字注》，第111页。

5 （晋）杜预撰，（唐）陆德明音释《宋本春秋经传集解》，国家图书馆出版社，2017，第144页。

6 （汉）刘熙撰，（清）王先谦证补《释名疏证补》卷七，清光绪二十二年刊本。

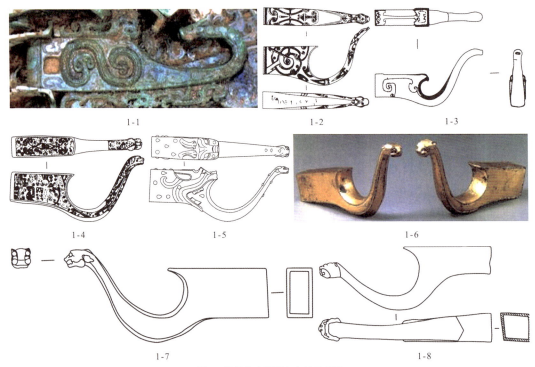

图 1　部分先秦两汉出土的承弓器

1-1 浙江衢州土墩墓（CCTV-10《探索·发现》2019 考古进行时第二季《衢州土墩墓瑰宝探奇》，2019 年 5 月 18 日）

1-2 洛阳中州路战国车马坑（洛阳博物馆：《洛阳中州路战国车马坑》，《考古》1974 年第 3 期，第 174 页）

1-3 秦始皇陵一号铜车马（陕西省秦俑考古队：《秦始皇陵一号铜车马清理简报》，《文物》1991 年第 1 期，第 12 页）

1-4、1-5 满城汉墓（中国社科院考古研究所，河北省文物管理处编《满城汉墓发掘报告·上》，文物出版社，1980，第 198 页）

1-6 长清双乳山 M1（于海广主编《山东大学文物精品选》，齐鲁书社，2002，第 83 页）

1-7 保安山二号墓 1 号陪葬坑（阎根齐主编《芒砀山西汉梁王墓地》，文物出版社，2001，第 61 页）

1-8 临淄金岭一号东汉墓（山东省文物考古研究所：《山东临淄金岭镇一号东汉墓》，《考古学报》1999 年第 1 期，第 111 页）

前阑桃木结合，承弓器前端弧形口含朝上，承弓器左侧阑板上，悬置盛放箭镞的箭箙（见图 3）。[1] 这种承弓器与箭箙并列摆放的方式，也说明此二者关系密切，与文献中"櫜以受箭，鞬以受弓"相合。故毛公鼎铭文中的"▨"即是承弓器。

在讨论了"▨"字作为赏赐物是指承弓器后，对于"▨"作为动词也就有了合理的解释。"▨"作动词时，后接伟大美好的事物，如："▨我邦、我家。而承弓器之"▨"有承托，托举，继承之义，在此处则可理解为承托我邦家，承担天命。

结　语

我们由梳理金文中"▨"前后赏赐物的性质，及其与"▨"的关系，初步将

1　参见刘占成《承弓器及其用法》，《文博》1988 年第 3 期，第 75~76 页。

图 2 秦陵一号铜车马侧视图

（图片采自陕西省秦俑考古队《秦始皇陵一号铜车马清理简报》，
《文物》1991 年第 1 期，第 3 页）

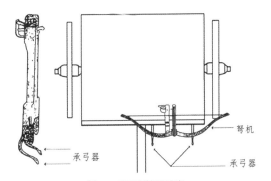

图 3 承弓器装配示意

（改绘自刘占成《承弓器及其用法》，《文博》1988 年第 3 期，第
75~76 页）

古出土实物材料佐证了"🔲"即为承弓器；
也用"🔲"有"承托，托举"这层含义，
释读出"🔲我邦、我家"，应是"承托我邦
家，承担天命"的意思。

综上，是我们结合金文、文献、考古
出土实物形象对毛公鼎铭文中"🔲"字做
的一点补释。

"🔲"定为承弓器；再根据文献中对于承
弓器有用皮革制造的记载，从其发展过程
中形态材料的演变上，为西周中期未发现
铜承弓器做了合理的解释；最后，通过考

先秦旗制流变考 [*]

■ **邓宽宇**（四川大学历史文化学院）

一　问题的提出

自毛氏传《诗》起，先秦礼制研究中有关旌旗使用的等级制度就一直未整理清楚。尤其是对"旆"与"旂"两种物名的理解问题，各家因解释的不同而延伸出不同的结论。九旗之名，明见于经文。《周礼·司常》："掌九旗之物名，各有属，以待国事。"[1] 至清儒孙诒让时，承贾、孔两家不辨"旆"与"旂"两旌关系之误，认为九旗之下尚有正幅与飘带饰相互异色的旌旗之说，继而以五行五色之说加上清代的正、镶异色之说，提出"五旗"[2] 以否定九旗。及至现代学者的研究，亦多见两种不同观点的论述。

赞成五旗说的意见，一种是郭沫若先生，在《金文余释·释朱旂旜金莽二铃》文中，例以毛公鼎之"朱旂二铃"，言："'朱旂旜'者即朱旂之缪斿同色者也，此可为孙说之一佳证"[3]，但同时也对孙氏"五方五色"的说法提出了怀疑，支持郑玄凡九旗之帛皆用绛的说法。邬可晶前辈赞同这种意见，并在吴红松前辈[4] 对金文赐物的整理上，进一步梳理提出，《周礼》所订"九旗"的构架，是编者（战国时人）根据材料加以理想化设计的产物。[5] 然而，似"朱旂旜"这样的说法仅见一例，这与孙说全以"某旜某""某物某"命名的"五旗说"，在数量上尚难以形成一致性。尤其值得注意的是，在番生簋盖的铭文记述中，

* 承蒙四川大学历史文化学院霍巍教授对本文的指导、彭邦本教授提出宝贵意见，谨致谢忱！

1　（汉）郑玄注，（唐）贾公彦疏《周礼注疏》卷三二《司常》，彭林整理，上海古籍出版社，2010，第1054页。

2　参见（清）孙诒让《九旗古谊述》，载《大戴礼记斠补》，齐鲁书社，1988，第263~310页。

3　郭沫若：《郭沫若全集》，考古编卷五，科学出版社，2003，第188页。

4　吴红松：《西周金文赏赐物品及其相关问题研究》，博士学位论文，安徽大学，2006，第100~106页。

5　邬可晶：《西周金文所见有关"九旗"的资料》，载《中国经学》第16辑，广西师范大学出版社，2015，第135~144页。

前文明确提到了王命"司公族、卿士、太史寮",可知是因其司公族故特赐"旂",爵卿士以建"旜",而毛公为周王叔父,公爵,故"朱旂二铃"而不云旜。这与《周礼·司常》"诸侯建旂,孤卿建旜"的说法并不矛盾。此外,旜特指周制九旗之"旜"一等的,并非孤见于《周礼》。《仪礼·聘礼》载诸侯相于久无事,使卿相问之礼,云:"君与卿图事"[1],明使者为卿,又云"使者载旜"[2],是为证。此外,《孟子·万章下》载:曰"敢问招虞人何以?"曰:"以皮冠。庶人以旃(旜),士以旂,大夫以旌。"[3]孤卿建旜,庶人,孤卿所治也,故以旜招。也说明旜独为一等的含义。再者,册封、特赐之旌旗不在等,其用无常。《巾车》云:"凡良车、散车不在等者,其用无常"[4],是为证。九旗之物,是常制,金文赐物中不易见到亦在情理之中。

一种是彭林、常金仓二位先生的意见,从孙说先定"三统循环,五德更生"的五方五色之旌之论的角度入手,分析先秦至汉初的天文认识等,赞同五旗之说。[5]然而《巾车》所云王之五路旌旗,经文中有明确提到不同的使用场合,如祭祀、田猎等,金仓、孙氏说此即五方之旌不确。五行说对旌旗的影响主要在战国时期方位认识方面,更为重要的是表军阵方位的旌旗上,"九旗"与行军、布阵的军旗系统之间有明显的差别,所以直接将军旗系统涵盖在表爵等的"九旗"之内来考察是值得商榷的。

钱玄先生也赞同五旗说,并绘有示意图。[6]吴土法先生虽然详细考察了《周礼》中出现的一千多处数词全为实指,证实了《周礼》在语言表述上的严肃性,但认为"九旗"与"五旗",是经义与史实的区别,经义上九旗说是,而史实上孙说是。[7]

赞同九旗说的意见,杨英杰先生最早从考古实物图像的视角对先秦旌旗的一般结构、文献记载各级差异进行了研究,绘制了示意图。[8]但应当注意到,《考工记·辀人》云:"弧旌枉矢,以象弧也"[9],说明先秦时期的旌旗主要以帛垂于杠正中(见

1　(汉)郑玄注,(唐)贾公彦疏《仪礼注疏》卷一九《聘礼》,王辉整理,上海古籍出版社,2008,第574页。

2　(汉)郑玄注,(唐)贾公彦疏《仪礼注疏》卷一九《聘礼》,王辉整理,第582页。

3　(清)焦循:《孟子正义》卷二一《万章下》,沈文倬点校,中华书局,1987,第721页。

4　(汉)郑玄注,(唐)贾公彦疏《周礼注疏》卷三二《巾车》,彭林整理,第1047页。

5　参见彭林《〈周礼〉主体思想与成书年代研究》,中国社会科学出版社,1991,第50页;常金仓《周代礼俗研究》,台北文津出版社,1993,第132~138页。

6　钱玄:《三礼通论》,南京师范大学出版社,1996,第242~247页。

7　吴土法:《"九旗"郑、孙说平议》,《文史》2004年第2期。

8　杨英杰:《先秦旗帜考释》,《文物》1986年第2期。

9　(汉)郑玄注,(唐)贾公彦疏《周礼注疏》卷四七《辀人》,彭林整理,第1579页。

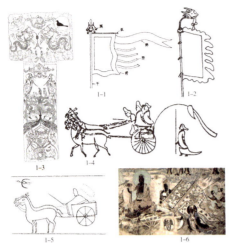

图1　1-1 杨英杰先生示意　1-2 钱玄先生示意　1-3 马王堆一号墓T形帛画　1-4 包山楚墓漆奁画（局部）　1-5 枣阳九连墩楚墓出土的漆木弩彩画（局部）　1-6 莫高窟第61窟炽盛光佛经变相（局部）

考古实物升龙的纹样入手，也有进一步的考证。[4]

本文旨在前人研究的基础上，结合早期旗制的开端、发展和演变的过程，与文献记载直接相关的更多出土实物、器纹、帛画，以及文献本身，分析自毛氏传《诗经》起，所引发的各种误解，试厘清先秦时期旌旗制度的流变与周制旌旗制度的基本框架。

图1-3至1-5），而非挂于侧面（见图1-1、1-2），与晚近的情况存在不同（见图1-6）。王厚宇先生也从考古学的角度研究，赞同九旗的说法，并从陈梦家先生说[1]，举证奚方鼎（《殷周金文集成》02729，以下简称《集成》）铭文"遂毛两"之"遂"即为九旗之"旞"，指出孙说直接否定旞、旌二旗的说法是错误的。[2]其后，扬之水先生认为"九旗之说，尤其难以证实……但孙说仍多无法沟通之处"，其文《诗之旗》，结合考古实物，对《诗经》提到的旂、旐、旆、旌、旄、旟六类做考证，颇具启发性。[3]其后，冯时先生从

二　周时丧旌制度与《周礼》巾车、司常两篇所见旌旗制度

由于论述过程中，需反复印证辨识，故此处简单说明周时丧用旌旗，并制表1、表2，仅归纳《司常》《巾车》两篇与郑玄注解所见，周制王之五路与大阅时所见的九旗之物于文首。

丧用旌旗的制作，是以生时表身份等级的旌旗为基础的，二者的关系密不可分，可互为推导材料。周时丧礼所用旌旗凡五种：铭旌、乘车之旌、庢车之旌、复礼用旌与御柩之旌。铭旌以生时旌旗为基，丧时所建，书铭，表墓主神明，葬则入圹。乘车之旌是生时所建之旌，葬不入圹。意

1　陈梦家：《西周铜器断代》（二），载《考古学报》第10册，1955，第107~109页。

2　参见王厚宇、谷玲《战国时代的羽旌》，《社会科学战线》1997年第5期；王厚宇《考古资料中的东周旗帜》，《中国典籍与文化》1999年第4期。

3　参见扬之水《诗经名物新证》，人民美术出版社，2016，第371~378页。

4　冯时：《文明以止：上古的天文、思想与制度》，中国社会科学出版社，2018，第357~408页。

表 1 《司常》与郑玄注所见周制大阅时九旗制度

<table>
<tr><th>爵等</th><th>旗</th><th>经文</th><th>郑玄注</th><th>爵等 / 职</th><th>仪仗旌 / 军旗</th><th>经文</th><th colspan="2">郑玄注</th></tr>
<tr><td rowspan="2">王</td><td rowspan="2">大常</td><td rowspan="2">日月为常;《仪礼》：天子乘龙，载大旆，象日月、升龙、降龙 *</td><td rowspan="2">大常，九旗之画日月者，正幅为縿，斿则属焉</td><td rowspan="2">王</td><td>旞</td><td>道车载旞；全羽为旞</td><td rowspan="2">全羽、析羽皆五采，系之于旞旌之上，所谓注旄于干首也</td><td rowspan="10">凡九旗之帛皆用绛 *</td></tr>
<tr><td>旌</td><td>斿车载旌；析羽为旌</td></tr>
<tr><td>诸侯</td><td>旂</td><td>交龙为旂</td><td>诸侯画交龙，一象其升朝，一象其下复也</td><td>诸侯</td><td>旌</td><td>不具（去羽以示尊王，详后）</td><td>不具</td></tr>
<tr><td rowspan="2">孤卿</td><td rowspan="2">旜</td><td rowspan="2">通帛为旜</td><td rowspan="2">通帛谓大赤，从周正色，无饰；孤卿不画，言奉王之政教而已</td><td colspan="3">经文不具</td><td>不具</td></tr>
<tr><td>乡大夫（卿）</td><td rowspan="2">旗</td><td rowspan="2">熊虎为旗</td><td rowspan="2">师都，六乡六遂大夫也，画熊虎者，乡遂出军赋，象其守猛，莫敢犯也</td></tr>
<tr><td>大夫</td><td rowspan="5">物</td><td rowspan="5">杂帛为物</td><td rowspan="5">以帛素饰其侧。白，殷之正色；大夫、士杂帛，言以先王正道佐职也</td><td>遂大夫</td></tr>
<tr><td rowspan="4">士</td><td>州</td><td rowspan="2">旟</td><td rowspan="2">鸟隼为旟</td><td rowspan="2">鸟隼，象其勇捷也</td></tr>
<tr><td>里</td></tr>
<tr><td>县</td><td rowspan="2">旐</td><td rowspan="2">龟蛇为旐</td><td rowspan="2">龟蛇，象其扞难辟害也</td></tr>
<tr><td>鄙</td></tr>
</table>

注：*（汉）郑玄注，（唐）贾公彦疏《仪礼注疏》卷二七《觐礼》，王辉整理，第 847 页。

资料来源：（汉）郑玄注，（唐）贾公彦疏《周礼注疏》卷三一《巾车》、卷三二《司常》。

“送形而往，迎精而反也”。[1] 大夫以上，又有廞车之旌，明器，葬时随廞车入圹，以象生时所有。此三旌在丧礼中的不同作用，前人注疏亦多有涉及。

三　商以前

《明堂位》言鲁兼用四代之旌时有云：

> “有虞氏之旂，夏后氏之绥，殷之大白，周之大赤。”郑注：“绥当为‘緌’，读如‘冠蕤’之蕤。有虞氏当言‘緌’，夏后氏当言‘旂’，此盖错误也。緌，谓注旄牛尾于杠首，所谓大麾。”[2]

孔氏引之以疏《礼记》孔子之丧用三代礼，云：

> 案郑注《名堂位》云：“有虞氏当言緌，夏后氏当言旂。”以此

1 （汉）郑玄注，（唐）孔颖达正义《礼记正义》卷六四《问丧》，吕友仁整理，上海古籍出版社，2008，第 2154 页。

2 （汉）郑玄注，（唐）孔颖达正义《礼记正义》卷四一《明堂位》，吕友仁整理，第 1266 页。

表2 《巾车》见王之五路旌				
玉路	**金路**	**象路**	**革路**	**木路**
建大常十有二斿，以祀	建大旂，以宾，同姓以封	建大赤，以朝，异姓以封	建大白，以即戎，以封四卫	建大麾，以田，以封藩国

资料来源：《周礼注疏》卷三一《巾车》。

差之，古代尚质，有虞氏但注旄杆首，未有缯帛，故云绥也。夏家渐文，故有素锦绸杠，又垂八尺之旒，故夏云旐也。旐是大古名，非交龙之旂。[1]

所谓的有虞氏其实是指夏以前的极古时，其人质朴，还没有缯帛，故以旄牛尾制旗。郑玄辨经文前后之序是没有问题的，因《明堂位》随后又载："有虞氏之绥，夏后氏之绸练，殷之崇牙，周之璧翣"[2]，讲鲁用四代与柩相关之礼，首即言"有虞氏之绥"[3]，说明极古时"绥"就与柩的关系十分密切。

夏时，随着社会物质水平的发展，则以素锦绸杠，垂八尺称为"旐"以作铭旌

（如孔疏，此古名，非周制九旗之旐）。《檀弓》又有云："孔子之丧，公西赤为志焉。饰棺墙，置翣，设披，周也；设崇，殷也；绸练设旐，夏也。"[4] 是为证。而郑氏注云："绸练设旐"为"葬乘车所建也"实为误。[5] 因此，按经文本意，可知夏时铭旌[6]称为"旐"，夏后氏尚黑，故以缁整幅，色黑，长八尺著于杠为制。《尔雅》云"缁广充幅长寻曰旐，继旐曰旆"[7] 是为证。夏时旌旗已有帛，或因可象于其上，于丧礼中表柩（墓主神明）的作用凸显出来。《礼》文讲孔子之丧行三代王礼，说夏设"旐"，可证丧礼中使用铭旌的习俗最晚始于夏，称"旐"。若极古时"绥"已具有铭旌之用，则于此时，一分为二演进开来。

而"继旐曰旆"中"旆"的本意，可

1　（汉）郑玄注，（唐）孔颖达正义《礼记正义》卷一〇《檀弓上》，吕友仁整理，第286页。

2　（汉）郑玄注，（唐）孔颖达正义《礼记正义》卷四一《明堂位》，吕友仁整理，第1268页。

3　由此知前引经文是误。此外，先有以动物皮毛所制旌，后才有以帛制之旌，这符合一般的社会物质发展先后逻辑。

4　（汉）郑玄注，（唐）孔颖达正义《礼记正义》卷一〇《檀弓上》，吕友仁整理，第284页。

5　关于这段"绸练设旐"的注解问题，马雍、马怡两位前辈有不同意见。马雍先生提出郑注此处有误，认为先秦时期，随茵入圹之旌除了称"铭旌"外已别称"旐"，但未详细说明。马怡前辈认为汉以前"铭"与"徽识"同制；乘车之旌是为"旐"，或是"旐"与"游"的结合，入圹。到汉末以后"旐"可能与"铭"合二为一。而笔者认为，郑玄此误因不解周制不命之士铭旌而起，详见本文第五部分。参见马雍《论长沙马王堆一号汉墓出土帛画的名称和作用》，《考古》1973年第2期；马怡《武威汉墓之旌——墓葬幡物的名称、特征与沿革》，《中国史研究》2011年第4期。

6　周制中称"铭旌"的丧礼用旌旗，其名称在先秦时期，随三代更替有演进变化，汉末以后，按照马怡先生的整理，"铭旌"一称曾弃之不用，复又称"旐"，及至后世经多次演进，逐渐固定为"铭旌"。本文行文中通称皆用"铭旌"。

7　《尔雅注疏》卷六《释天·旌旗》，上海古籍出版社，2010，第313页。

于出土简文中见到，如：

> "一殳，二筛，屯八翼之翱，
> 旗贴。"（曾简第3、20、40、82、
> 102-103简）；
> "一晋殳，二筛，屯八翼之
> 翱。"（曾简第14、33、37、68简）；
> "一晋殳，二筛，屯八翼之
> 翱，旗贴。"（曾简第17、30、
> 84、91简）。

曾简整理者认为所谓的殳、晋殳是有刃与无刃的殳，即故宫藏宴乐渔猎攻战纹铜壶、成都百花潭水陆攻战纹铜壶、汲县山彪镇出土战国铜鉴图像上，杠顶有两条左右对羽状之物（见图2），可从。[1] 简文所记载、戈等武器上也有对羽之翱，行文结构为"一载，三果，一翼之翱"（如15简）、"二戈，屯一翼之翱"（如17简）。对比可知"筛"就是单个一整条（组）旄羽之物的称呼，不同的是曾简中载上的每组羽旄不称"筛"而称"果"，戈因仅"一翼"而无殊称。包山2号墓遣册则将载上旄羽之组记为"筛"，如"车载，侵羽一就，其筛，术（束？）五就"（第269简），则知是同物异名，从图像上来看都是指成

组的旄羽之物。简文称呼与文献不同的时间差异，应当是掌握文字的上层社会与专事制造的下层工匠之间的地位差异，形成不同知识体系传承的时间轴所影响。曾简明确注明"旗贴"，说明归类为旌旗。这类旄羽之物与绥的关系很明显。《左传》文公十二年："乃皆出战，交绥。"[2] 以绥为旄羽之名，以交绥代指武器交击，是为证。进而由"继旐曰筛"的说法，知夏时的"绥"不仅单独演进，而羽、旄材料亦用于装饰"旒"，即后来周制旌旗中普遍采用的注首装饰。故《尔雅·释天》当中一整句，实为对夏时"旒"颜色、尺寸、装饰三个方面的完整描述，此处"筛"特指"夏旌"旌首的旄羽装饰，与殷、周时的情况不同。[3]

此外，按前说"有虞氏之旂，夏后氏

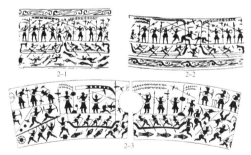

图2　2-1故宫藏宴乐渔猎攻战纹铜壶　2-2成都百花潭M10出土水陆攻战纹铜壶　2-3河南汲县山彪镇出土战国铜鉴

1　湖北省博物馆编《曾侯乙墓》，文物出版社，1989，第505页。

2　（周）左丘明传，（晋）杜预注，（唐）孔颖达正义《春秋左传正义》卷一九《文公十二年》，北京大学出版社，1999，第542页。

3　李家浩先生注意到了曾简中"筛"的记载与《尔雅》文的联系，然而忽视了殳的情况，断载、戈为筛的旗杆，所本经学家注解的燕尾，亦实为何休不解毛氏传《诗经》之误所引出；任慧峰在此基础上，断曾简的翱（攻战纹中的对羽）为析羽，又断"筛"为接于帛上的部件，可随时取下，亦值得商榷。参见李家浩《包山楚简的旌筛及其他》，《著名中年语言学家自选集·李家浩卷》，安徽教育出版社，2002，第258~271页；任慧峰《先秦旌筛考》，《中华文史论丛》2010年第2期。

之绥",或知夏时生丧之旌已分称,生用旌旗称"旐",铭旌则称"旆"。

四 殷商

(一)辨旐之称

殷时,"旐"(俗"旐")演进为代指旄羽之旌,即极古时的"绥"。《商颂·长发》云:"武王载旆,有虔秉钺"[1],《尚书·牧誓》云:"王左杖黄钺,右秉白旄,以麾。"[2]是证旆即指白旄之"绥"。由殷入周,整合继承为革路大白,以帛制,用以武事,"白旆"开始与"白旐"的用法混淆,指周时大白。后人不辨二者之别。故太史公云:"武王持大白旗以麾诸侯"[3]"周武王遂斩纣

头,县之大白旗。"[4]经学家亦不解,对《尔雅》"继旐曰旆"的说法引申出多种意见(见表3)。

由毛氏起,就以《尔雅》文解"白旆"为周制九旗"旐"下续接的部分。自此经学家多不辨早期殷旐"旆"与周制时的关系。何休注《春秋公羊传》释《尔雅》文以注,解为加燕尾饰,但未言明"旆"是旗的正幅还是续接部分。郑玄释"旆"为,周制不命之士所建铭旌正幅下续接的"桱末"部,引申"旆"为旌旗正幅下部接驳的部分。刘熙仍不辨毛氏之误,《释名》云:"白旆,殷旐也,以帛继旐末也"[5],解释比较笼统,未言明"旆"为殷之旐,还是继"旐"末之帛。郭璞注《尔雅》,兼采三家之意,云:"帛续旐末,为燕尾者"[6],释

表3 毛、何、郑三家解"旆"

经学家	经文	注解
毛传*	织文鸟章,白旆央央	传云:鸟章,错革鸟为章也;白旆,继旐者也
何休**	庄王亲自手旌,左右拊军,退舍七里	注云:自以手持旌也。缁广充幅长寻曰旐,继旐如燕尾曰旆,加文章曰旒,错革鸟曰旟,注旄首曰旌
郑玄***	亡则以缁,长半幅,桱末,长终幅,广三寸。书铭于末,曰:"某氏某之柩"	注云:今文"末"为"旆"也

*(清)马瑞辰:《毛诗传笺通释》卷一八《小雅·六月》,陈金生点校,中华书局,1989,第542~543页;**(汉)何休注,(唐)徐彦疏《春秋公羊传注疏》卷一六《宣公十二年》,刁小龙整理,上海古籍出版社,2014,第665页;***(汉)郑玄注,(唐)贾公彦疏《仪礼注疏》卷三五《士丧礼》,王辉整理,第1055页。

1 (汉)毛亨传,(汉)郑玄笺,(唐)孔颖达疏,(唐)陆德明音释《毛诗注疏》卷二〇《商颂·长发》,上海古籍出版社,2013,第2147页。

2 (清)孙星衍:《尚书今古文注疏》卷一一《牧誓》,陈抗、盛冬铃点校,中华书局,1986,第283页。

3 (汉)司马迁撰,(南朝宋)裴骃集解,(唐)司马贞索隐,张守节正义《史记》卷四《周本纪》,中华书局,2013,第160~161页。

4 (汉)司马迁撰,(南朝宋)裴骃集解,(唐)司马贞索隐,张守节正义《史记》卷三《殷本纪》,第139页。

5 (东汉)刘熙撰,(清)毕沅疏,王先谦补《释名疏证补》卷七《释兵》,中华书局,2008,第245页。

6 《尔雅注疏》卷六《释天》,第313页。

"斿"为正幅下部接驳的燕尾饰。后《说文》又释"斿"为:"继旒之旗也,沛然而垂。"[1]终至不辨"斿"究竟是殷制还是周制;是旗,还是旗之末续部分。及后,误解弥多。[2]

经学家的误解,自毛氏解《小雅·六月》所载的"白斿"为"继旒者"始。此诗是歌颂吉甫随王北伐猃狁凯旋的诗歌。兮甲盘(《集成》10174)金文载有宣王对他的赏赐:"王赐兮甲马四匹,驹车。"

由表4可见,除吉甫与寅簋外,凡受赐"驹车"者,皆为承袭先祖爵位。由所赐用物可知,受赐者皆受礼如上公。但伯晨鼎记受赐"斿五斿",吉甫受赐之旗未载,同时如毛公鼎(《集成》02841)、吴方彝盖(《集成》09898)所载赐"金车"的铭文中,亦见到赐物中有"朱韠",说明特赐之旗与车名多有不确定的情况。《巾车》云:"凡良车、散车不在等者,其用无常"[3],即为此。此外,特赐的车、旌旗称呼异于王之所御,是分尊卑的回避制度。《觐礼》载:"偏驾,不入王门"[4],是为证。

以此再考察《小雅·六月》。文有云:"六月栖栖,戎车既饬。四牡骙骙,载是常

表4 赐封"驹车"的金文一览

器	伯晨鼎	师克盨、师克盨盖	寅簋	兮甲盘	四十三年逨鼎(甲一癸)
职或爵	侯	师左右虎臣	不明	尹	虞官
受赐原因	册封:嗣乃祖考侯于䣄	册封:乃先祖考有爵于周邦	不明	战功:王初格伐猃狁……兮甲从王,折首执讯,休亡愍	册封:乃先圣祖考,夹绍先王,闻勤大命,奠周邦
部分赐物摘录	玄衮衣、斿五斿、彤弓、驹车	朱韠、赤舄、朱斿、驹车、马四匹	朱韠、赤舄、驹车、马四匹	驹车、马四匹	玄衮衣、赤舄、驹车、马四匹
出处	《集成》02816	《集成》04467、04468、《新收》1907	《集成》04469	《集成》10174	《商周青铜器铭文暨图像集成》02503–02512

1　(汉)许慎撰,(宋)徐铉等校定《说文解字》卷七㫃部,上海古籍出版社,1981,第219页。

2　孙炎改《诗》文"白斿"为"帛斿",云:"帛续旒末亦长寻",见于徐彦疏《春秋公羊传》所引;唐石经"央央"刻为"中央",故贾公彦引《左传》解之,云:"'白斿中央'即左氏定公四年传云:'分康叔以大路、少帛、綪茷、旃旌。'是旌斿色异也",认为是正幅与飘带相互异色的旌旗;孙诒让承袭氏说,并加以清代旗帜正镶尊卑之论,以正幅与旒同色为尊异色为卑,以五旗否九旗;朱骏声云"续旒又有斿,斿帛用绛,亦长八尺,故旒独长也"。及至现代学者的研究,仍在此误基础上寻找先秦时期对旌旗正幅接驳的证据(或继以燕尾的证据)而不得。杨英杰先生提出:"其实不仅继旒曰斿,继接各种旗的附帛都叫做斿";王厚宇先生认为:"斿和斿一样,都是附缀于縿的飘带……斿不具燕尾,而斿独具",又承朱骏声说,引《说文通训定声》解为八尺"斿"上接八尺燕尾飘带。参见(汉)何休注,(唐)徐彦疏《春秋公羊传注疏》卷一六《宣公十二年》,刁小龙整理,第665页;(汉)郑玄注,(唐)贾公彦疏《周礼注疏》卷三二《司常》,彭林整理,第1055~1056页;《九旗古谊述》,第292~295页;(清)朱骏声《说文通训定声》小部第七,中华书局,1984年影印本,第333页;杨英杰《先秦旗帜考释》,《文物》1986年第2期;王厚宇《考古资料中的东周旗帜》,《中国典籍与文化》1999年第4期。

3　(汉)郑玄注,(唐)贾公彦疏《周礼注疏》卷三一《巾车》,彭林整理,第1047页。

4　(汉)郑玄注,(唐)贾公彦疏《仪礼注疏》卷二七《觐礼》,王辉整理,第852页。

服"，郑氏注"戎车，革辂之等也"[1]，可证戎车即是革路之车。吉甫是因北伐猃狁一战受赐，金文载赐其"马四匹"，诗文反复以"四骐""四牡""戎车""服"（或可知其亦受赐玄衮服）作句，正是彰其受礼上公，以示荣耀。诗文言战事，可知文中的"白旆"，即指革路"大白"，殷之正色，经学家皆失之。

望山 2 号墓简册有"隼旌，白市，翡翠之首；彤关，黄末，翠胸，翡赢，冢毛之首"（第 13 简）的说法。前半句记一面旌旗，整理者延续了前述经学家"白旆"之误，仍解白旆为正幅下所接的一段旗，对读推测"黄末"为郑玄所误"末尾续接的异色书铭之末"（郑误后详），并释关为旙，旌旗的正幅。[2] 实际上，结合曾简、包山简对旌旗的记述结构可知，"旌"是泛称，隼旌即指称整个旌旗。而若彤关为正幅的话，则仅为一个部分，这与目前所见简牍材料中有关旌旗的句式不合。旆在遣册中的用法，前文已疏，为以旌旗泛称代车名或成组的旄羽之物两种，并非接续之旗。望山 2 号墓为中型墓，整体与下大夫等级相称，墓主为女性[3]，则无论是以夫之旌为代，还是降一等使用（已知为夫妻关系的楚墓中女性墓葬等级均低一等），都与九旗的鸟隼之旟一等吻合。因此，即使此处"市"读作"旆"，亦当如曾简、包山简中的旆一样解为杠首的旄羽之物，翠首则为鸟羽，这与包山简"朱旌，百条四十条，翠之首（包山）269"、曾简"凫斿，翠首，貂定之颈（曾侯乙 89）"的总称、分述情况是一致的。

此外，长安张家坡 M138 西周洞室墓曾出土伯唐父鼎（《新收》698）[4] 一件，其铭文有记载王亲自"临牵白旂"的字样，并有牲用"白鹿""白狐"的记载，学界多认为此礼殷时已有。[5] 同时，有学者提到，此礼中周穆王先对"白旂"行祓祭，后射牲，是为"诅射犬戎"的"厌胜"巫术。[6] 此为戎事前所行，殷人尚武，则"白旂"为殷之正旗的说法是可靠的。

（二）殷旌之形

殷时旌旗最大的变化是设崇牙饰，即齿状饰。前引《明堂位》"殷之崇牙"，郑注为："夏绸其杠……殷又刻缯为重牙，以饰其侧"，是为证，（如图 3-1 金文从"㫃"

---

1 （汉）毛亨传，（汉）郑玄笺，（唐）孔颖达疏，（唐）陆德明音释《毛诗注疏》卷一〇，第 904 页。

2 湖北省文物考古研究所、北京大学中文系编《望山楚简》，中华书局，1995，第 121 页。

3 湖北省文物考古研究所编《江陵望山沙冢楚墓》，文物出版社，1996，第 215、230 页。

4 中国社会科学院考古研究所沣西发掘队：《长安张家坡 M183 西周洞室墓发掘简报》，《考古》1989 年第 6 期。

5 参见唐兰《论周昭王时代的铜器铭刻》，载《古文字研究》第二辑，中华书局，1981；刘雨《伯唐父鼎的铭文与时代》，《考古》1990 年第 8 期；袁俊杰《伯唐父鼎铭通释补证》，《文物》2011 年第 6 期；此外，强运开、郭沫若、陈梦家等前辈在其专著中均有论及。

6 王海、张利军：《伯唐父鼎与周穆王治理荒服犬戎》，《东北师大学报》（哲学社会科学版）2014 年第 1 期。

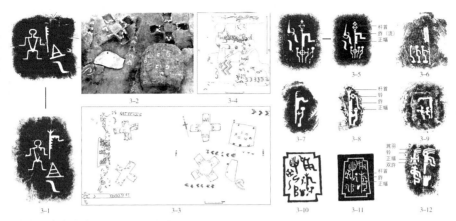

图3 3-1 斿且乙卣铭文（上盖下器《集成》4890）；3-2、3-3 殷墟王陵区 M1217 西墓道鼓、架出土情况与线图；3-4 殷墟王陵区 M1500 西墓道木器遗迹线图；3-5 牵旂父乙卣（《集成》0506.1、2）；3-6 至 3-9 旅觚（《集成》06535、06532、06533、06536）；3-10 亚若癸觚（《集成》07308）；3-11 亚若癸方觚（《集成》07309）；3-12 妇嫙簋（《欧洲所藏中国青铜器遗珠》14）
注：以上所引铜器时代除牵旂父乙卣为西周早期外，均为商代。

字上的齿状饰）。《诗·周颂·有瞽》描述周人的宫廷礼乐时，又有载："有瞽有瞽，在周之庭。设业设虡，崇牙树羽"，毛传："业，大板也，所以饰枹为县也，捷业如锯齿。"[1] 知西周的乐架装饰继承了商代的"崇牙"饰（如图 3-2 至 3-4 乐器架上蚌片组成的三角形）。过去学者对甲骨文材料和金文材料的观察，没有注意到甲骨文为了明晰表达含义，在三维实物与二维图像转化上的问题，未解斿垂下的正幅与顶侧飘出的斿之关系，从郑玄不辨斿旗正幅与斿（旒）之误（详后），将顶侧之斿与斿混淆。误"斿"为燕尾者，始于何休。徐彦疏《春秋公羊传》，已对"燕尾饰"的说

法提出疑问，疏云："或何氏润色之。"[2]《司常》云："杂帛为物"，郑氏注言"杂帛者，以帛素饰其侧。白，殷之正色"[3]；而《释名》又说："杂帛为物，以杂色缀其边为燕尾。"[4] 知何氏润色燕尾之误，或来源于刻缯饰斿旗侧的方式。然而正如图 1-3 至 1-5 所示，先秦的旗帜是以帛垂于杠正中，铭文中同样有所体现（见图 3-6）。若进一步细观一些可以成组的从"斿"字的铭文材料，可见原本连在一起的正幅分别又有清楚的正幅缪和飘带斿分开的表达（见图 3-5、3-8、3-11），以及双飘带的情况（见图 3-12）。

由此可知，斿是系于杠首颈部，正幅

1 （清）王先谦：《诗三家义集疏》卷二五《有瞽》，吴格点校，中华书局，1987，第 1026 页。

2 （汉）何休注，（唐）徐彦疏《春秋公羊传注疏》卷一六《宣公十二年》，刁小龙整理，第 665 页。

3 （汉）郑玄注，（唐）贾公彦疏《周礼注疏》卷三二《司常》，彭林整理，第 1055 页。

4 （东汉）刘熙撰，（清）毕沅疏，王先谦补《释名疏证补》卷七《释兵》，第 244 页。

之上。《尔雅》讲"继旐曰旆",经学家解旆为继旐之帛是为误。从早期的情况来看,"旆"是讲夏时"旗"上的羽旄饰,其时很有可能已经取代了旄羽之"绥"的称谓。至商,旆代指白旄所制之"绥"的情况已经明见于前引《商颂·长发》,可与《尚书》《史记》文相互对照。周时,这种用法在文献中已近不见。《左传》定公四年云:"晋人假羽旄于郑,郑人与之。明日,或旆以会。晋于是乎失诸侯。"[1]讲晋人借羽旄于郑,次日,自用以参加会面,以旆代指羽旄,当是此例。周时礼制整体继承前代,并有发展,与"绥"有关的旌旗,除用以复礼的"绥旌"仍冠以古名"绥"外,其余演进出来的多种旌旗已各有其名(详后);而白旄之"旆"于王之"革路"中保留,演变为以帛制,用以武事,称"白旆""白旂""大白"。由于"白旆""白旂"在这一时间段的短暂重合,故后世文献中"旆"的使用,有与"旂"发生混用的情况。如前举太史公以大白旗代旆,又如《觐礼》云:"天子乘龙,载大旆,

象日月、升龙、降龙,出,拜日于东门之外"[2],以大旆代指大常。又曾简见:"右令建所乘●大旆"(第1简),因所配旌"大旆",而记车名为"大旆",亦是此例。至清人孙希旦撰《礼记集解》,其《月令》一篇,则"白旆""旆""旂"三者使用见表5。

此外,殷时帛制旌旗很有可能沿用了夏制,生时帛旌仍称"旆",丧时仍称为"旗",因无异称,故经文不具。

(三)殷路祭天

三礼文对鲁行四代礼有详载,可勾勒出大路(殷路)祭天的情况,见表6。

《明堂位》经文已经明确有载,大路是为殷路。而杜预注《左传》释大路有两解,表6引桓公二年注为玉路;赐晋文公[3]、赐鲁公,均注为金路[4];赐郑子蟜[5]、叔孙豹[6],注为天子所赐车之总名。

实际上,文献中的赐路与旌旗并不与周制矛盾,"大路"(殷制)是对鲁公、康叔、唐叔功绩的特殊封赐,非常制。《左

表5 《月令》所见"白旆""旆""旂"

所配路	鸾路	朱路	大路	戎路、白骆		玄路、铁骊	
旌称	青旂	赤旂	黄旂	白旂	白旆	玄旆	玄旂

资料来源:(清)孙希旦:《礼记集解》卷一五,沈啸寰、王星贤点校,中华书局,1989,第399~505页。

1　(周)左丘明传,(晋)杜预注,(唐)孔颖达正义《春秋左传正义》卷五四《定公四年》,第1542~1543页。

2　黄刊严本、徐本同。《仪礼注疏》卷二七《觐礼》,第847页。

3　(周)左丘明传,(晋)杜预注,(唐)孔颖达正义《春秋左传正义》卷一六《僖公二十八年》,第450页。

4　(周)左丘明传,(晋)杜预注,(唐)孔颖达正义《春秋左传正义》卷五四《定公四年》,1545页。

5　(周)左丘明传,(晋)杜预注,(唐)孔颖达正义《春秋左传正义》卷三四《襄公十九年》,第960页。

6　(周)左丘明传,(晋)杜预注,(唐)孔颖达正义《春秋左传正义》卷三五《襄公二十四年》,第1008页。

路、旗 出处		鸾车	钩车（金路）	大路	乘路（玉路）
		绥	旂（交龙之旂）	大白（大路殷制）	周之大赤（大常）
《明堂位》	经文	鸾车，有虞氏之路也（1）、有虞氏之绥（从郑注校）（2）	钩车，夏后氏之路也（3）、夏后氏之旂（从郑注校）（4）	命鲁公世世祀周公以天子之礼乐。孟春乘大路，载弧韣，旂十有二旒，日月之章，祀帝于郊，配以后稷，天子之礼也。（5）、大路，殷也（6）、殷之大白（7）	乘路，周路也（8）、周之大赤（9）
	郑注	鸾，有鸾、和也。（10）	钩，有曲与舆者也（11）	大路，殷之祭天车也（12）、汉祭天乘殷之路也，今谓之桑根车也（13）	乘路，玉路也（14）
《巾车》	经文	不具	金路，钩……建大旂，以宾，同姓以封（15）	不具	玉路，锡……建大常十有二旒（16）
	郑注	不具	金路，以金饰诸末。钩，娄颔之钩也。金路无锡有钩，亦以金为之……大旂，九旗之画交龙者（17）	不具	玉路，以玉饰诸末。锡，马面当卢刻金为之，所谓镂锡也……大常，九旗之画日月者（18）
《郊特牲》	经文	不具	不具	祭之日，王被衮以象天；戴冕璪十有二旒，则天数也，车，贵其质也；旂十有二旒，龙章而设日月，以象天也（19）	不具
	郑注	不具	不具	素车，殷路也。鲁公之郊，用殷礼也（20）	不具
《礼器》	经文	不具	不具	有以素为贵者。至敬无文……大路素而越席……此以素为贵也（21）	不具
	郑注	不具	不具	《明堂位》曰：大路，殷路也（22）	不具
《左传》	经文	不具	不具	是以清庙茅屋，大路越席，大羹不致，粢食不凿，昭其俭也（23）	不具

注：（1）（3）（6）：（汉）郑玄注，（唐）孔颖达正义《礼记正义》卷四一《明堂位》，吕友仁整理，第1265页；（2）（4）（7）（8）（9）（10）（11）（13）（14）：（汉）郑玄注，（唐）孔颖达正义《礼记正义》卷四一《明堂位》，吕友仁整理，第1266页；（5）：（汉）郑玄注，（唐）孔颖达正义《礼记正义》卷四一《明堂位》，吕友仁整理，第1263~1264页；（12）：《礼记正义》卷四一《明堂位》，吕友仁整理，第1264页；（15）（17）：（汉）郑玄注，（唐）贾公彦疏《周礼注疏》卷三一《巾车》，彭林整理，第1030页；（16）（18）：（汉）郑玄注，（唐）贾公彦疏《周礼注疏》卷三一《巾车》，彭林整理，第1029页；（19）（20）：（汉）郑玄注，（唐）孔颖达正义《礼记正义》卷三五《郊特牲》，第1068页；（21）（22）：（汉）郑玄注，（唐）孔颖达正义《礼记正义》卷三二《礼器》，吕友仁整理，第975页；（23）：（周）左丘明传，（晋）杜预注，（唐）孔颖达正义《春秋左传正义》卷五《桓公二年》，第139页。

传》云："三者皆叔也，而有令德，故昭之以分物"[1]，是为证。文献所载受赐"玉路"天子礼的，唯鲁公。这与表6引"命鲁公世世祀周公以天子之礼乐"的记载是吻合的。赐大路以祀，是对特殊功绩的一种奖赏。这其中，鲁公虽受赐玉路，仍以大路（殷路）祀，就已经充分说明了这是对"天子乘玉路以祀"权力的一种回避制度，是为分尊卑故。而春秋以后，王室衰微，则关于赏赐大路的记载开始增多。依郑玄注文，则可知祀天的大路之车，及至汉时仍然沿用质朴的装饰原则，称为桑根车。

1　（周）左丘明传，（晋）杜预注，（唐）孔颖达正义《春秋左传正义》卷五四《定公四年》，第1550页。

表7　郑玄注夏"旐"与《巾车》所载铭旌

	经文	郑氏注	备注
《檀弓》*	孔子之丧，公西赤为志焉。饰棺墙，置翣，设披，周也；设崇，殷也；绸练设旐，夏也	注"绸练设旐"之"旐"，云：是旌，葬乘车所建也。旌之旐，缁广充幅，长寻，曰旐	解夏"旐"为"乘车之旌"，以缁作，色黑
《明堂位》**	有虞氏之绥，夏后氏之绸练，殷之崇牙，周之璧翣	夏绸其杠，以练为之旐……此旐及翣，皆丧葬之饰。《周礼》：大丧葬，巾车"执盖从车，持旐"……旐从遣车……孔子之丧，公西赤为志，亦用此焉。《尔雅》说旌旗曰：'素锦绸杠，纁帛緣，素升龙于缘，练旐九	引《巾车》解夏"旐"为"遣车之旌"，以纁帛作，色赤
《巾车》***	及葬，执盖从车，持旐	持盖与旐者，王平生时车建旐……所执者铭旌	解《明堂位》时所引经文，又解为铭旌，旐从乘车

*（汉）郑玄注，（唐）孔颖达正义《礼记正义》卷一〇《檀弓》，吕友仁整理，第284~285页；**（汉）郑玄注，（唐）孔颖达正义《礼记正义》卷四一《明堂位》，吕友仁整理，第1268页；***（汉）郑玄注，（唐）贾公彦疏《周礼注疏》卷三二《巾车》，第1048页。

五　周

到周代，礼制大备，整合前代旗制，演进出七个系统。其一，是生时表身份爵级的旌旗，亦为丧时铭旌的形制基础；其二，是王之五路所配旌旗的系统；其三，是复礼所用之"绥旌"；其四，射礼时的获旌；其五，是田猎旌旗的系统；其六，是御柩用旌的系统；其七，是战旗的系统。表1已列举了《司常》与郑玄注所见周时九旗制度的基本框架。进一步厘清周时旗制的情况与经学家注文的一些失误，还需从以下几个方面的问题来加以辨识。

（一）对《士丧礼》载不命之士铭旌形制的理解

前文已提到，郑玄误释为"旆"，周制不命之士所建铭旌正幅下续接的"赪末"部分，引申"旆"为旌旗正幅下部接驳的部分。此误使得郑氏在解三代丧旌时，进一步误夏制"旐"为乘车之巾；不辨"旆"与"旐"（斿），误旌旗正幅为"旐"。梳理如表7所示。

由表7可见，《檀弓》与《明堂位》所云旐，是夏旐。而郑玄对此二处作注，旌旗的称谓、颜色与所从之车皆发生了变化，前后矛盾非常明显。是因郑玄不解周制不命之士所建铭旌，正幅以"赪"接驳"缁"的描述之故。

《士丧礼》载："为铭，各以其物。亡则以缁，长半幅，赪末，长终幅，广三寸。书铭于末，曰：'某氏某之柩'。"[1]

1　（汉）郑玄注，（唐）贾公彦疏《仪礼注疏》卷三五《士丧礼》，王辉整理，第1055页。

凡三礼所载之旌旗，不见他例旌旗的正幅是以接驳而成（旌饰不属于正幅）。仅前引《尔雅》有"继旒曰旆"的描述。前文已证，经学家皆不辨"旆"之义，郑以《尔雅》似见接续之语，注"桱末"为："今文'末'为'旆'也。"[1] 这就将旆与周制不命之士所建铭旌正幅下接的"桱末"部相误。

按郑意理解，"旆"所继者，"旐"也。三礼之文仅《檀弓》言孔子行三代礼时，明文所见夏制之"旐"是丧用之旌。故郑玄又以《尔雅》文注《檀弓》之"旐"，云："旌之旒，缁广充幅，长寻，曰旐。"按此注解，此旌自然无"旆"。郑前注《士丧礼》"铭"是书于"旆"的。此旌无"旆"，则自然不能是铭旌，进而误此旌为乘车之旌。

此注又将"旒"误为旌旗的正幅。"旒"古同"斿"，本义为下垂饰物，以数量多寡以示等级。可指冕上下垂玉珠，如《郊特牲》云："戴冕璪十有二旒"[2]；亦可指旌旗上的垂饰，如《巾车》云："建大常十有二斿。"[3] 郑不辨"旆"与"旒"，《诗》郑笺云："旆旆，旒垂貌"[4]，亦为证。[5]

据此按郑注所云《明堂位》"夏绸其杠，以练为之旒"文之意，此"旒"为旌之正幅。又以郑引《尔雅》所注《檀弓》之语解之，此旒当为缁，色黑，宽整幅，长八尺，这与周制色赤矛盾。于是，郑《明堂位》注文中紧接着又说《尔雅》说旌旗曰：'素锦绸杠，纁帛縿，素升龙于縿，练旒九。'"[6] 又说缁，色黑，又说纁，色赤，是郑欲以"纁"附"桱末"之色故。故此处郑不似注《巾车》一样明言断为铭旌，而是十分迂回地把《巾车》之文引注到这里。

以上，是郑玄不辨"旆"与周制不命之士铭旌的形制，以至于对夏旐与周时铭旌的三次注解，制异、色异、所从车异，自相矛盾。

"桱末"的问题，实当以发展的历史观考察。周时，整合前代礼制以成周制，铭旌已不仅只有一制，士以上皆用其生时表等级的旌旗为铭旌的制作基础。而不命之士的铭旌，则是在前代"旐"的基础上演化而来。前文已说明，铭旌的起源，最晚始于夏，称"旐"。"旐"以缁布为之，色黑，长八尺，殷增齿状饰。周制不命之士

1　（汉）郑玄注，（唐）贾公彦疏《仪礼注疏》卷三五《士丧礼》，王辉整理，第 1055 页。

2　（汉）郑玄注，（唐）孔颖达正义《礼记正义》卷三五《郊特牲》，吕友仁整理，第 1068 页。

3　（汉）郑玄注，（唐）贾公彦疏《周礼注疏》卷三一《巾车》，彭林整理，第 1029 页。

4　（汉）毛亨传，（汉）郑玄笺，（唐）孔颖达疏，（唐）陆德明音释《毛诗注疏》卷九《小雅·出车》，第 849 页。

5　经学家多有由此而误者，如：杜预注《左传》说："旆，游也"；郭璞：注《尔雅》："画交龙于旒"；孙诒让："正章必画于縿，附章或有画于斿者"。参见（汉）何休注，（唐）徐彦疏《春秋左传正义》卷四六《昭公十三年》，刁小龙整理，第 1325 页；《尔雅注疏》卷六《释天·旌旗》，第 313 页；《九旗古谊述》，第 291 页。

6　（汉）郑玄注，（唐）孔颖达正义《礼记正义》卷四一《明堂位》，吕友仁整理，第 1268 页。

铭旌，旌首半幅为缁，色黑，这与古制同，可证殷时沿用，无大变化。周人尚赤，表身份的九旗之物皆以绛色，丧时铭旌亦绛色，这从马王堆 T 形帛画，更晚的武威铭旌上都可以见到。故不命之士铭旌又续终幅经末以书铭。此旌独成一制，不命之士丧时所用，无对应生时用旌。《乡射礼》云："旌，各以其物，无物则以白羽与朱羽糅"；"以翿旌获，白羽与朱羽糅"；郑氏注："谓小国之州长也。"[1] 证此士是特指不命之士，无生时表身份爵等之旌，故射礼中特以翿旌获。[2]

（二）"绥"的流变

早期语言文字的发展，单一文字符号的演变常表现为符号本身不变，而随着社会的复杂化，衍生出多种所指概念。随后又在语言文字的复杂化进程中，出现其一种甚至多种所指概念与符号本身联系的分离，由其他符号代替的情况。文献中，以"绥"为名的旌旗就是这种情况。绥最早指羽旄所制之旌，夏时或冠以"旆"，兼指"旐"上的羽旄饰；殷时以"旆"指白

旄之旌；周时，以"白旆"指殷旌与革路大白，而旆的使用与"旐"发生混用的情况。"旆"特指羽旄饰的用法于文献中已近不见，仅出土遣册中工匠记作旆。而"绥"的称谓，则随着极古时主要以其践行的礼制的复杂化，遗留在周礼的多个方面，礼异物异但称谓均冠以"绥"。因此，整理文献中周时"绥"的多种情况，可复推与"绥"相关旌旗、礼制的源流关系。

前引《明堂位》云鲁用四代之旌，其后郑氏注云："绥，当为緌……谓注旄牛尾于杠首，所谓大麾"。极古时人质，以旄牛尾制"绥"，是其形态。[3] 马王堆三号汉墓出土帛画《车马仪仗图》一幅，其画面左侧中下部，可见以旄牛尾制的"绥旌"[4] 的形态（见图 4），其"杠"与下垂飘逸的旄牛尾正面与侧面的形态都非常清楚。场景中有一鼓。左右各一人，右边一人已残，左边一人双手各持一长条状物，作击鼓状。结合帛画的出土位置、画面的场面与此击鼓的场景来看，此即"始崩"或送葬时，大仆击鼓传于四方的场景。《周礼·夏官》说："大仆，下大夫二人"[5]；《大仆》载：

1　（汉）郑玄注，（唐）贾公彦疏《仪礼注疏》卷一三《乡射礼》，王辉整理，第 371、381、383 页。

2　贾公彦疏《司常》，云"或解以为旜旌之下，亦有旄旒而用绛帛也。其旒之下，旆似不用绛"。是欲调和各家误解之说；孙诒让承此意，认为：《士丧》不命之士无物，其旌为旆，则旒当为不命之士所建。盖不命则无物，而在军领众又不可无义为之表识，故儗旒物而小变之，因谓之"旆"，解"旆"为不命之士生时旌，是为误。经文已经明确不命之士生时无旌旗。若有，则当以其旌获，何须再"翿旌以获"。参见（汉）郑玄注，（唐）贾公彦疏《周礼注疏》卷三二，彭林整理，第 1055 页；《九旗古谊述》，第 296 页。

3　郑玄讲"绥"就是"大麾"，实不妥。详后。

4　本文之"绥旌"，特指行复礼时所用旌旗。周制于"绥"基础上整合演进出的他种旌旗，在论述清楚其与"绥"的关系之后，皆用文献所见周制名称。此外，周时冠以绥的，除本文整理与旌旗、丧礼相关之物外，亦有头冠垂饰、援车之物与引申出的抽象含义"使安心"等，因与本文主旨无关，故略去。

5　（汉）郑玄注，（唐）贾公彦疏《周礼注疏》卷三三《周礼·夏官》，彭林整理，第 1085 页。

"大丧，始崩，戒鼓，传达于四方，窆亦如之"，郑玄引郑司农，注云："窆谓葬下棺也"[1]，是为证。过去对此帛画的场景有争论。[2] 而"绥旌"形象的确认，则可进一步考察"绥"与丧礼的关系。

图 4　"绥旌"，《车马仪仗图》（局部）

丧礼中"绥"的作用有两种，其一体现在始崩之时，以"绥旌"行复礼。《檀弓》云："君复于小寝、大寝、小祖、大祖、库门、四郊"[3]，又《夏采》云："掌大丧，以冕服复于大祖，以乘车建绥，复于四郊"[4]，是为证。《杂记》有云："诸侯行而死于馆……如于道，则升其乘车之左毂，以其绥复"，又云："大夫士死于道，则升其乘车之左毂，以其绥复。"[5] 行而死于道，是自诸侯以下，使用绥旌的前提，因此，

诸侯、大夫、士之绥旌，可能与引道旌的功能有关，故亦引魂复。这与王制不同，不论王死于何处，都要"建绥"复，知非生时备。图 4 中王制绥旌，有旄无羽别之于生，可推测诸侯、大夫、士可能是半道去旌旗之注羽而存旄，以为绥旌行复礼。

此外，文献所用"绥"字与复礼的关系，不仅是初死时盼逝者复生，甚至包含于葬之后所行虞礼中。《士虞礼》中，有说到以逝者孙辈为"尸"，代表死者受祭的一系列程序。若将此与乘车之旌"迎精而返"的作用相理解，则不难理解"逝者精复于尸以受祭"这样一个概念。尤为值得注意的是，《士虞礼》载："无尸，则礼及荐馔皆如初……不绥祭，无泰羹湆、胾、从献"，郑氏注云："事尸之礼，始于绥祭，终于从献，绥当为堕。"即指若无"尸"，则取消一系列名为"绥"，即"尸"代逝者受享的祭祀程序。

丧礼中"绥"的另一作用，是其与"柩"之间的密切关系。周礼中，源于"绥"发展出来的"仅以旄羽为之，无正副"的旌旗，又以旄、羽之间交错的搭配关系与不同用色演变出多种旌旗。这其中，生时旌旗多为引道仪仗之旌，详后；

1　（汉）郑玄注，（唐）贾公彦疏《周礼注疏》卷三七《大仆》，彭林整理，第 1211 页。

2　参见金维诺《谈马王堆三号汉墓帛画》，《文物》1974 年第 11 期；何介钧、张维明《马王堆汉墓》，文物出版社，1982；陈松长《马王堆三号汉墓"车马仪仗图"帛画试说》，载湖南博物馆编《湖南博物馆文集》，岳麓书社，1991，第 82~87 页。

3　（汉）郑玄注，（唐）孔颖达正义《礼记正义》卷一一《檀弓》，吕友仁整理，第 330 页。

4　（汉）郑玄注，（唐）贾公彦疏《周礼注疏》卷八《夏采》，彭林整理，第 296 页。

5　（汉）郑玄注，（唐）孔颖达正义《礼记正义》卷五〇《杂记》，吕友仁整理，第 15~75 页。

而丧时旌旗则是御枢正道之旌，依爵等不同，依次为王"蠢"、诸侯"羽葆"、大夫"茅"。《乡师》云："大丧……及葬，执蠢以与匠师御匶而治役"，郑注："乡师主役，匠师主众匠，共主葬引"[1]，《杂记》又云："升正枢，诸侯……匠人执羽葆[2]御枢。大夫之丧……御枢以茅"[3]，是为证。

而周时文献所用"绥"字与表墓主神明之物的关系，还有更复杂的层面。《既夕礼》讲铭旌在入圹之前，曾移动两次，一次"取铭置于重"，一次因"重"不入圹，又"祝取铭置于茵"。[4]两物皆为与墓主神明密切相关之物。而《既夕礼》又云："茵著用荼，实绥泽焉"，郑氏注云："绥，廉姜也。泽，泽兰也。"[5]即茵内并非只用茅秀，还有称为"绥""泽"的香料。

表8 "绥"在周制丧礼中的两方面演进

与复礼观念有关的	复礼用"绥旌"	虞礼中为"尸"行的绥祭
与枢有关的	以旄牛尾制的引枢旌旗	茵内名为"绥"的香料

如表8所示，若将以上讨论"绥"字所指的几个方面概念作为树冠状演进的分枝来反推的话。极古之时，"绥"就与枢、墓主神明及复礼联系在一起。则不难理解，极古时的"绥"兼具后世行复礼之"绥旌"，以及表逝者神明的铭旌两方面的作用。及至夏时"旃"在表示逝者神明方面的作用凸显，二者开始分化，"绥"则随着丧礼的复杂化演进，遗留在后世丧仪中的各个方面。"绥旌"于丧礼中主要用以行复礼，帛画所见场景有太仆击鼓、"绥旌"，亦见车马送葬之场景，则说明及葬之时，亦备"绥旌"，引太仆之鼓。而以旄羽为之的御枢引道之旌当是"绥"表神明的作用让位于铭旌的结果。

（三）注羽、旄饰的问题

《鄘风·干旄》，郑笺："周礼，孤卿建旐，大夫建物，首皆注旄焉"[6]，说九旗皆注旄。《司常》经文明确以羽制旌的，有"旞""旌"二旌（见表1）。前引郑注云"全羽、析羽，皆五采，系之于旞旌之上，所谓注旄于干首也"，明旄羽皆注。所谓"五采"，郑玄认为《禹贡》所云徐州贡夏

1　（汉）郑玄注，（唐）贾公彦疏《周礼注疏》卷一二《乡师》，彭林整理，第408页。

2　校勘记云：唐石经作"羽葆"，各本同。然而郑玄引《杂记》注《乡师》，"羽葆"作"翿"。臧琳认为"羽葆幢"为"翿"之义，今本误训为经，孙诒让从此说。

3　（汉）郑玄注，（唐）孔颖达正义《礼记正义》卷五二《杂记》，吕友仁整理，第1669页。

4　（汉）郑玄注，（唐）贾公彦疏《仪礼注疏》卷三八《既夕礼》，王辉整理，第1151、1172页。

5　（汉）郑玄注，（唐）贾公彦疏《仪礼注疏》卷四一《既夕礼》，王辉整理，第1254页。

6　（清）王先谦：《诗三家义集疏》卷三《鄘风·干旄》，吴格点校，第251页。

翟之羽，是其总称，注《染人》云："染夏者，染五色……其毛羽五色皆备成章"[1]、又注《考工记》"钟氏染羽"，云："羽所以饰旌旗及王后之车。"[2]

郑氏以五彩羽为王之"旞"旌的说法，可从。而周制其余旌旗的羽、旄饰制度，情况则非常复杂，尚不能得出注羽旄饰比较完整的制度。首先，羽饰不一定全以五彩羽：有单色羽、旄，如曾简第79简所记"玄罜（羽）之首"；有超出一般认为的五色（黑白青黄赤）之外的羽色存在，如曾简记有"翠（翠）首，紫羊须之縂，紫罜（羽）之常"（第6简）；有双色羽，如《乡射礼》提到的翿是"白羽与朱羽糅"。[3]再者，所注之旄亦有不同颜色的情况：如曾简记有"白敥之首"（第9、68简）、"墨毛之首"（第46简）、"朱毛之首"（第86简）。

（四）旄羽之旌："旞""旌""翿""旇""翳""羽葆""葆"

"旞"与"旌"的区别，经文讲是"全羽""析羽"。全羽是五彩羽，而经学家

对于析羽概念的误解，尤其见于同样以羽旄制作的舞蹈道具之注。《乐师》云："有帗舞，有羽舞，有皇舞，有旄舞"，先郑云："帗舞者，全羽；羽舞者，析羽……旄舞者，牦牛之尾"，郑玄破帗舞为五彩缯，羽舞析羽从先郑，又破皇舞为如凤凰色的五彩羽。[4]《国风·君子阳阳》有云："君子陶陶，左执翿，右招我由敖"，毛传："翿，纛也，翳也"，彻底混淆三者；郑玄不辨此，故笺："翳，舞者所持，谓羽舞也"[5]，以附会经文之"翿"与析羽。

经学家之误，盖因这类旌旗皆以旄、羽为之，且都有引道仪仗的作用。"翳"原意指遮蔽之物，如《管子》云："甲不解垒，兵不解翳"，注云："翳所以蔽兵，谓胁盾之属"[6]；《庄子》云："螳蜋执翳而搏之"，疏云："执木叶以自翳于蝉"[7]；《月令》云："田猎罝罘、罗罔、毕翳、喂兽之药，毋出九门"，郑注："翳，射者所以自隐也"[8]，是为证。毛氏之误，很有可能因这类旌旗都有类似华盖的遮蔽之用，而引申"翳"为总称。故《说文》解翳为："华盖

---

1 （汉）郑玄注，（唐）贾公彦疏《周礼注疏》卷八《染人》，彭林整理，第286页。

2 （汉）郑玄注，（唐）贾公彦疏《周礼注疏》卷四七《钟氏》，彭林整理，第1608页。

3 （汉）郑玄注，（唐）贾公彦疏《仪礼注疏》卷一三《乡射礼》，王辉整理，第381页

4 （汉）郑玄注，（唐）贾公彦疏《周礼注疏》卷二六《乐师》，彭林整理，第863页。

5 （汉）毛亨传，（汉）郑玄笺，（唐）孔颖达疏，（唐）陆德明音释《毛诗注疏》卷四《国风·王风·君子阳阳》，第352页。

6 黎翔凤撰，梁运华整理《管子校注》卷八《小匡》，中华书局，2004，第425页。

7 （清）郭庆藩：《庄子集释》卷七，王孝鱼点校，中华书局，1961，第695~696页。

8 （汉）郑玄注，（唐）孔颖达正义《礼记正义》卷二三《月令》，吕友仁整理，第648页。

图 5 "旌"，马王堆三号汉墓 T 形帛画（局部）

也。"[1] 郑玄附会"翿"与"旌"之析羽，然而《乡射礼》说诸侯射于国中、郊，分别以"翿""旌"为获旌，并讲翿是用白羽与朱羽糅，两名共见一文，知郑氏误。马王堆三号墓 T 形帛画上，所见到的引道仪仗之旌的形象，亦非以双色杂糅（见图 5）。画面天门处属于至上神仪仗的四个以白羽、赤旄、革三种材料为之，无正幅帛，形似华盖的引道之旌，则当从天子之"旌"来考察。[2]

由此，"析羽"的理解，图像形态方面，可见羽毛为孔雀羽的形态，其前段干部的羽毛成丝状，与一般鸟羽连成面的情况不同，呈自然舒展、有间隔状。孔颖达解全羽、析羽，猜测"盖有全取其翅，或析取其翿"[3]，也是从形态上的一种猜测。羽染色白，这与前引《考工记》钟氏染鸟羽的说法是能合上的。此外，析羽、白羽的关系，文献中本有迹可循。《左传》昭公十八年载："楚子使王子胜迁许于析，实白羽。"[4] 讲楚平王将许国迁至"析"，并解释说"析"就是原来的"白羽"。而白羽城的存在，已由前辈的考古工作与研究两方面证实。[5] 由此可以推测，白羽很有可能因此地物产（产、加工两方面）而得名。《左传》中有诸侯国之间借羽旄不还而触怒对

1　（汉）许慎撰，（宋）徐铉校定《说文解字》卷四羽部，第 111 页。

2　马王堆 T 形帛画场景与旌旗的关系，笔者有另文详论。

3　（周）左丘明传，（晋）杜预注，（唐）孔颖达正义《春秋左传正义》卷三二《襄公十四年》，第 931 页。

4　（周）左丘明传，（晋）杜预注，（唐）孔颖达正义《春秋左传正义》卷四八《昭公十八年》，第 1379 页。

5　参见韩维周、王儒林《河南西峡县及南阳市两古城调查记》，《考古通讯》1956 年第 2 期；陈振裕《东周楚城的类型初析》，《江汉考古》1992 年第 1 期；陈昌远《许国始封地望及其迁徙的历史地理问题》，《中国历史地理论丛》1993 年第 4 期。

方的记载。襄公十四年:"范宣子假羽毛于齐而弗归,齐人始贰。"[1]前引定公四年:"晋人假羽旄于郑,郑人与之。明日,或旆以会。晋于是失乎诸侯。"足以说明用于旌旗的鸟羽因产地、加工的不同而有精美的高下之论。此外,由"白羽"更名"析"的记载,或可推测早期殷制整合入周礼的时候,依然染羽为白色(殷人尚白);而后才发展为五彩,那么全羽是为五彩,析羽则当指加工后的孔雀羽(周时或不只为白色)。

葬时御枢之旌,"纛""羽葆""茅"三者,早期文献的记载已不足考证其具体形制。但经学家的混淆以及其引道的作用,说明其和生时引道仪仗旌旗的联系是比较紧密的,名称不同说明存在生丧之别。"纛"自然和王"藩"或"旌"对应。经文"羽葆"郑玄引作"翿",由经学家对这几种旌旗的混淆来看,臧琳、孙诒让据郑玄引文以改经原文并不十分可靠,何况射礼中不命之士才用翿。此外,由于诸侯的旌旗制作中存在旄、羽用材不同的情况,很可能形制、用色也存在一定区别,因故总称"羽葆"是可能的。而"茅"或即以旄为之。

(五)田猎用旌

礼文特别说明用以田猎的旌旗有三:

图6 去羽后的"旌",马王堆三号汉墓 T 形帛画(局部)

大麾、旗、旌。《王制》讲田事时,云:"天子、诸侯无事,则岁三田……天子杀则下大绥,诸侯杀则下小绥,大夫杀则止佐车。佐车止,则百姓田猎"[2];《车攻》讲宣王与诸侯行田,毛氏传为:"天子发,抗大绥。诸侯发,抗小绥。"[3]所言"绥"明显不是复礼绥旌。其次,卿大夫可以置"旗",文不云大夫有绥,故不是旗。再者,每岁三田,都是练兵或大阅之后,木路大麾是为偏驾,天子行田时,诸侯并不能以为乘,故亦非大麾。而《大司马》讲中冬教大阅:"遂以狩田,以旌为左右和之门。"[4]似乎又讲旌是立以为门的。其实不然,此处的"旌"是为泛称。《穀梁传》昭公八年讲鲁行秋田,云:"置旃以为辕门。"[5]由旌、旃之用法,则知是泛称。《管子》又载桓公受

1 (周)左丘明传,(晋)杜预注,(唐)孔颖达正义《春秋左传正义》卷三二《襄公十四年》,第931页。

2 (汉)郑玄注,(唐)孔颖达正义《礼记正义》卷一七《王制》,吕友仁整理,第505页。

3 (汉)毛亨传,(汉)郑玄笺,(唐)孔颖达疏,(唐)陆德明音释《毛诗注疏》卷一〇《小雅·车攻》,第928页。

4 (汉)郑玄注,(唐)贾公彦疏《周礼注疏》卷三四《大司马》,彭林整理,第1129页。

5 (清)钟文烝:《春秋穀梁经传补注》卷二一《昭公八年》,骈宇骞、郝淑慧点校,中华书局,1996,第614页。

赐："渠门赤旃"[1]，渠门即辕门，可见特指与泛称之别。《大司马》又云："帅以门名"，郑玄注："以门名者，所被徽识如其在门所树者。"[2]说明为门之旌旗是有帛象名的，证是泛称。再者，九旗之"旌"无帛，唯以旄羽为之，与"绥"的关系更直接。而所谓的天子、诸侯"杀"，则以"绥"示意，这与射礼中，射者中，则以获旌示意的情况几乎一致。而《乡射礼》讲诸侯射于郊，是以"旌"为获旌的，那么经文所言"绥"则当为"旌"。进而，所谓的"大""小"则更加清楚了，因为马王堆三号汉墓T形帛画欲求觐见至上神的墓主仪仗旌已经很清楚了，去羽以示尊卑（见图6）。

（六）九旗、军阵之旌的并举

战时用旌实则包括了表爵等旌旗与军旗系统两个方面。《大司马》讲中秋治兵，辨旗物之用："王载大常，诸侯载旂，军吏载旗，师都载旟，乡遂载物，郊野载旐，百官载旆"[3]，证爵等旌旗战时并举。这其中，"军吏载旗，师都载旟"需要说明一下。《周礼》云："军将皆命卿。"[4]因此载旟是没有问题的。"军吏载旗"，看似矛盾，实则"旗"并不是由主将所执，是由军吏所执。《大司马》讲"群吏作旗……群吏弊

旗"，是为证，而旗的方位与作用："旗居卒间以分地"，郑玄注："调其部曲疏数。"[5]同理，"百官载旆"与《司常》中的"州里建旟"也是这种关系，只是对调了一种表述。这里需要加以旌旗上徽识的整理来分析。

表9 旌旗上的事、名号

出处	事	名号	
司常*	官府各象其事	州里各象其名	家各象其号
大司马**	百官各象其事	帅以门名；县鄙各象其名；乡以州名；野以邑名	家以号名

*（汉）郑玄注，（唐）贾公彦疏《周礼注疏》卷三二《司常》，彭林整理，第1057页；**（汉）郑玄注，（唐）贾公彦疏《周礼注疏》卷三三《大司马》，彭林整理，第1117页。

结合表9与周朝的行政划分，可知所谓的"事名号"，是非常明确的一套由上而下表示战斗序列及其士兵归属的识别体系。自乡遂以下，各行政单位虽然有高下之别，然而所设各级士在军的职务互有上下，所以《司常》云州里县鄙，实际上是对一种比较复杂情况的简述。《司常》说"县鄙建旟"、《大司马》又说"郊野载旐"即是此理。郑玄注《司常》云："互约言之"是为证。因此，《大司马》中所谓的百官载旆，实际仍然指的是各州里单位，只不过是分

---

1 黎翔凤撰，梁运华整理《管子校注》卷八《小匡》，第426页。

2 （汉）郑玄注，（唐）贾公彦疏《周礼注疏》卷三三《大司马》，彭林整理，第1117页。

3 （汉）郑玄注，（唐）贾公彦疏《周礼注疏》卷三四《大司马》，彭林整理，第1121页。

4 （汉）郑玄注，（唐）贾公彦疏《周礼注疏》卷三三《夏官司马》，彭林整理，第1074页。

5 （汉）郑玄注，（唐）贾公彦疏《周礼注疏》卷三四《大司马》，彭林整理，第1126、1129页。

属不同的上级而已。因为这里的目的开篇就讲了是"辨旗物之用",使各战斗阵列明确自己的归属。

军阵之旌,每军一旌。《周礼·夏官》载:"王六军,大国三军,次国二军,小国一军。"[1] 曾简中可见有"大旆"(第 1、142

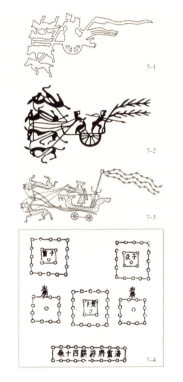

图 7 7-1 并载阵旌、殳(战国车马田猎纹铜钫);7-2、7-3 载殳(战国刻纹铜鉴、淮阴高庄刻纹铜器);7-4 晋楚战于邲《楚国荆尸阵》图

简)、"左旆"(第 16、144、145 简)、"右旆"(第 36、146、147 简)三种车名。整理者认为其名因所载之旌而得之[2],可从。知曾侯随葬车马行三军之制,故有军阵之旌三。此外,《左传》晋楚战于邲,载楚子之军"其君之戎分为二广",杜氏注云:"君之亲兵。"[3]《重刊续武经总要》绘此战楚子军阵之图(见图 7-4),云:"二广以为亲戎。"[4] 若然,则曾简中所见"左彤旆"(第 25 简)、"右彤旆"(第 32 简),当是其左右亲戎军阵之旌。此外,战车之上皆载殳,载军阵旌之车并载阵旌、殳。这从很多出土器纹上都可以见到(见图 7-1 至 7-3)[5],同时曾简左、右、大旆之车的记述都有所配殳的详细描述。《左传》僖公二十八年载:"城濮之战,晋中军风于泽,亡大旆之左旆",大旆之车遇风亡左旆,则知大旆张于左而殳置于右,又载:"楚右师溃。狐毛设二旆而退之"[6],则说明殳与军阵旌都有聚兵作战之用。

又有以五行五方观念为基准,表军阵方位之旌旗。《曲礼》云:"行,前朱雀而后玄武,左青龙而右白虎,招摇在上,急缮其怒。进退有度,左右有局,各

1 (汉)郑玄注,(唐)贾公彦疏《周礼注疏》卷三三,彭林整理,第 1074 页。

2 《曾侯乙墓》,第 502 页。

3 (周)左丘明传,(晋)杜预注,(唐)孔颖达正义《春秋左传正义》卷二三《宣公十二年》,第 644 页。

4 (明)赵本学、俞大猷:《重刊续武经总要》卷二《楚国荆尸阵记》,载《续修四库全书》第 959 册,子部 兵家类,上海古籍出版社,2001,第 345 页下栏。

5 扬之水先生亦提到,马鞍家楚墓出土的车,车厢后侧左右两边各缚一插旗筒。参见《诗经名物新证》,第 373 页。

6 (周)左丘明传,(晋)杜预注,(唐)孔颖达正义《春秋左传正义》卷一六《僖公二十八年》,第 448~455 页。

表10　行军之旌

出处		前	后	左	右
《辀人》	经文	鸟旟七斿，以象鹑火也	龟蛇四斿，以象营室也	龙旂九斿，以象大火也	熊旗六斿，以象伐也
	郑注	鹑火，朱鸟宿之柳……星七星	营室，玄武宿，与东壁连体而四星	大火，苍龙宿之心……尾九星	伐属白虎宿，与参连体而六星

资料来源：（汉）郑玄注，（唐）贾公彦疏《周礼注疏》卷四七《辀人》，彭林整理，第1577~1578页。

司其局。”[1] 而其所分别对应的旌旗，《考工记·辀人》讲得很清楚，见表10。

表方位的旗帜，郑玄以九旗斿数为考，故多认为其上所绘为九旗所云图形。若然，则军阵之中方位旌旗与相应九旗之物必然混淆不可辨，失去表方位的作用。比对图2，可知旌旗中所绘圆孔实为星象，可证方位旌旗的系统相对独立于九旗之外。因此注文的星数，是附会旌旗之斿数，不可作为依据。结合天文星数的考察，可以进一步说明这个情况。

鸟旟象“鹑火”。《尔雅·释天》云：“柳，鹑火也。”[2] 柳宿八星，则可知故宫壶所张旌为鸟隼之旟。而后军龟蛇之旐的情况很复杂，这与这一时期天文学中北宫之象尚未最终确定有关。据冯时先生考证，战国以前，北宫之象原本是一只神鹿（后发展为麒麟），可与之印证的考古图像证据，由公元前9世纪中叶至前7世纪中叶的虢国墓出土铜镜一直到新疆民丰尼雅遗址M8出土的汉代锦质护膊，一直存在[3]；而玄武则由战国开始出现，与神鹿的星象并行发展，龟的形象逐渐确定为危、虚两宿，并在更晚的时间与螣蛇结合。《辀人》讲龟蛇以象营室，《释天》云：“营室谓之定。娵觜之口，营室东壁也。”[4] 则知为室、壁二宿，四星，那么成都壶上的四星之旌则是龟蛇之旐。而汲县鉴，则与玄武龟象最终强调的危、虚两宿相同，五星。这就与玄武形象从《考工记》所述的室、壁二宿到最终确定的危、虚两宿的发展过程不谋而合。而汲县鉴上的阴阳刻情况，可能就是古人星象认识过程中的表现，而非拆解《尔雅》文后的所谓“继旐曰旆”的图像证据。

“招摇在上”的说法，孙诒让引金鹗之说：“然则日月为常，即招摇在上矣……金氏又以招摇为大常画北斗”[5]，可从。曾简记

1　（汉）郑玄注，（唐）孔颖达正义《礼记正义》卷四《曲礼》，吕友仁整理，第105页。

2　《尔雅注疏》卷六《释天》，第303页。

3　参见冯时《中国天文考古学》，社会科学文献出版社，2001，第426~432页。

4　《尔雅注疏》卷六《释天》，第302页。

5　转引自（清）孙诒让《九旗古谊述》，第269页。

为"紫羽之常"(第6简),羽饰色紫,北斗亦别名紫微,是为证。另《巾车》王后五路无旌,知妇人不建旗。《穆天子传》载盛姬卒于途,特命行王后之制,以天子之制作铭旌,云:"大匠御棺,日月之旗,七星之文"[1],知招摇为七星。此外,龙旂象大火,大火为心宿二,星三星;熊旗象伐,伐亦三星。而七星是为大常,则熊旗不可取参宿七星。以此推测,或熊旗为三星,龙旂取尾宿九星以别。

此外,尚有行军作战之旌见于《礼记·曲礼》《管子·兵法》《墨子·旗帜》《清华简·晋文公入于晋》等各篇,战国时期军事发展迅速,行军作战的特殊旗名所见较多,限于篇幅,本文不做讨论。

总　结

先秦旗制的流变,主要的线性逻辑是随着物质社会的发展而发展的。早期的研究,多专于具体旌旗的物、名、用等判断,失于对体系的把握。两汉先贤对三代旌旗的演进变化判断不足,遗留下了不少未解、误解之处,并与《左传》等文献中的旌旗异称、战时军旗的记载出现一定程度的混淆。

然而《司常》在记述九旗之后,尚载:"凡祭祀,各建其旗。会同、宾客,亦如之,置旌门。大丧,共铭旌,建廞车之旌,及葬,亦如之。凡军事,建旌旗;及致民,置旗,弊之。甸,亦如之。凡射,共获旌。"[2]此说明九旗制度本身就纳入了生时"祀、爵、车、觐、射、阅、兵、田",丧时"复、铭、御枢、随葬"等多个方面,除大阅时表爵等外,还包括了祭祀旌、觐礼用旌、引道仪仗旌、战时职事旌、射礼获旌、田猎用旌、丧用旌旗等多种实际场合的使用制度。宏观地把握这一体系,则可知所谓九旗的关键并不是大阅中使用的九种旌旗名称,而是表上下尊卑之别的一整个旌旗体系。尤其是在王、诸侯两级,因使用场合的不同,存在同等级间多种旌旗换用的情况,这与九旗制度本身并不矛盾。

同时,战时军旗的军阵与指令旌的系统虽然与九旗的章物有一定联系,却又因战争的需要不断地复杂化,是相对独立于九旗系统之外的。而东、西周的时间跨度很长,前后的情况亦有不同的变化。全文虽经笔者反复思虑印证,然笔力有限,难免有疏误之处。谨做表11以代总结。

1　(晋)郭璞注《穆天子传》卷六,载《景印文渊阁四库全书》第1042册,子部三四八,台湾商务印书馆,2008,第262页下。

2　(汉)郑玄注,(唐)贾公彦疏《周礼注疏》卷三二《司常》,彭林整理,第1059~1060页。

表11 先秦旗制的演变

周以前

时代＼旗用	表身份、爵位	武事	丧
极古时"夏"	柜 ?	绥	
殷商	柜 ?	绥	
经文"夏"	旂（黑，加旄羽饰）		旂（黑，加旄羽饰"旆"）
殷商	旂（白，崇牙饰，殷路祭天）		旂（黑，崇牙饰）

周九旗制

爵位＼旗用	表身份、爵位 — 柜	爵	车旗	旆	射礼（获旌） — 燕射	大射	宾射	乡射	武事 — 大阅	兵	田猎	引道	御柩	复礼	铭旌	乘车之旌	贰车之旌
天子	殷路（大路）旂	大常	大常、大旂、大白、大赤、大麾	大常		旂	经文不具		大常	旜	大常、大麾，以旌获	*旞、*旌	*纛	*绥旌		各如生前乘车之旌	各如生前乘车之旌
诸侯 同姓		大常（唯鲁公）、旂	大常、大白、大旂、大麾	旂		*翿	诸侯举行大射 *旌		王举行田事以旂，之旌举获；诸侯举行田事行田事以大麾，以旌获	旜、旗		*旞（所制鸟羽旌或羽旞或各有不同）	*茅	*绥旌（与王绥旌不同，各以引道旌去羽以为之）	各以爵等之旌，旗书铭以为之	前乘车之旌	前乘车之旌
诸侯 异姓	旂	旂	大赤、大白、大麾	旂													
孤卿				旗		旗			旜								
乡大夫									旜、旗								
遂大夫									物		经文不具；推测大夫或士或以戈之旞为之						
大夫				物					物								
命士									旗		戈之旞为之						
士有 州									旐								
士有 里																	
士有 县																	
士有 鄙						*翿											
不命	无								不具，或以翿获				无		以赪缁续书铭以为之	无	无
军职									旝								

* 由旂"绥"演进而来的或旄或羽或旄羽之旌旗，未入表格的尚有版式所用爻。

试论汉代的陶水榭

■ 庞　政（四川大学历史文化学院）

汉代墓葬中出土了大量的陶质明器，陶水榭是其中的一类，学界对这类器物十分重视，进行了十分有益的探索。1955年河南陕县刘家渠汉墓出土了一批陶水榭，报告对其进行了类型学分析，总结了结构和建筑工艺上的变化规律，认为此类明器防御森严，是阶级斗争的产物。[1]1962年胡肇椿发文提出，"反映在意识形态上，楼橹模型就是权力的象征，故用作随葬。西汉墓葬中不见有楼橹模型，而大量出现于东汉，也反映了两汉在地方政权上中央势力与豪强势力的消长，及中央政权在封建统治的盛衰"。[2]1966年孙传贤、张静安公布了河南淅川县出土的一件陶水榭，认为陶水榭反映了当时豪强贵族的生活面貌，展现了高超的建筑成就，对探索汉代建筑技术意义重大。[3]1972年河南灵宝张湾汉墓出土两件陶水榭，报告认为水榭是"武士守卫的水上堡垒"，是阶级矛盾激化的反映，显示了汉代的建筑技术成就。[4]1982年王泽庆从汉代百戏和建筑艺术的角度对山西运城出土的一件陶水榭进行了分析，提出"通过舞乐娱神，以求长寿"的观点。[5]21世纪初张勇在多篇文章中对河南出土的陶水榭进行了类型学和年代学分析，并提出陶水榭明器是"立足现实"，反映庄园生活的产物，象征着财富与权力，延续了古代贵族兴建苑囿池榭的风习，他认为水榭形似堡垒，"守卫的武士披坚执锐，如临劲敌，一定程度上又反映了社会阶级矛

1　叶小燕：《河南陕县刘家渠汉墓》，《考古学报》1965年第1期，第134~139页。

2　胡肇椿：《楼橹坞壁与东汉的阶级斗争》，《考古》1962年第4期，第208页。

3　孙传贤、张静安：《介绍一件东汉晚期的陶水榭》，《文物》1966年第3期，第59、60页。

4　河南省博物馆：《灵宝张湾汉墓》，《文物》1975年第11期，第75~93页。

5　王泽庆：《汉代陶塑绿釉百戏楼模型》，《晋阳学刊》1982年第1期，第57页。

盾的尖锐"。[1] 近年来，学界对陶水榭在墓葬中的作用更为关注，武玮认为"模型明器是为丧葬服务的……并不能完全真实代表死者生前的社会身份地位……既是对现实建筑的模仿，又带有许多理想与夸张色彩"[2]。褚亚龙认为陶楼明器受到"成仙、崇高思潮的影响"。[3] 李思思在总结和反思既有研究的基础上，提出"建筑明器并非单纯表现一座建筑，反而更像在表达观念……楼阁模型反映出的很有可能是'观念的'楼而非'技术的'楼"，进而提出陕县刘家渠汉墓出土的陶水榭与神仙信仰相关。[4] 综上所述，这些研究都有一定的价值，但也存在进一步探索的空间，本文拟在更为全面收集汉代陶水榭考古资料的基础上展开讨论，提出一些新的认识，期望学界仁人的指正批评。

一　汉代出土的陶水榭

目前所见的汉代陶水榭共有 24 件，主要发现于河南西部及其周边地区，所属时代从西汉晚期跨越到东汉晚期。此前张勇对豫西陶水榭进行了类型学和年代学的研究，将豫西陶水榭分为六型十四式，年代划分为六段。[5] 笔者基本赞成张勇的观点，在此基础上对出土在豫西之外的材料进行时代判断，并将年代划分简化为三段，即"西汉晚期至东汉早期"、"东汉中期"和"东汉晚期"。

（一）西汉晚期至东汉早期

1958 年灵宝三圣湾采集到一件三层绿釉陶水榭，圆盆内有鱼、鸭、龟、鳖和青蛙等动物。一层顶部有一兽，似狗。二层四隅各有一持弓人，弓箭平执，朝向远方，门前还有一人仰首远眺。三层一人左手举杯，似在饮酒（见图 1-1）。[6]

五层绿釉陶水榭[7]，1969 年出土于山西运城侯村，高 105 厘米，圆盆直径 45 厘米，部分残缺，圆盆内有鱼、鸭和龟等生物。下层中一人躺卧，二、三层中二人席地而坐，一人伴奏，一人坐观，面前还

1　张勇：《河南汉代建筑明器定名与分类概述》，载河南博物院编著《河南出土汉代建筑明器》，大象出版社，2002，第 207 页；张勇：《建筑明器起源及相关问题讨论》，载河南博物院编著《河南出土汉代建筑明器》，第 277 页；张勇：《豫西汉代陶水榭》，《中原文物》2003 年第 3 期，第 48~53 页。

2　武玮：《黄河中下游地区汉至西晋模型明器研究》，博士学位论文，郑州大学，2012，第 193 页。

3　褚亚龙：《河南汉代陶楼考古学研究》，硕士学位论文，西北大学，2012，第 40、41 页。

4　李思思：《汉代建筑明器研究》，《中国国家博物馆馆刊》2012 年第 9 期，第 98~118 页；李思思：《汉代建筑明器研究》，硕士学位论文，中央美术学院，2012。

5　张勇：《豫西汉代陶水榭》，《中原文物》2003 年第 3 期，第 48~53 页。

6　河南博物院编著《河南出土汉代建筑明器》，第 55、172 页，图版三五。

7　山西省文物工作委员会编《山西出土文物》，山西省文物工作委员会出版，1980，图版 130。

有二人表演乐舞杂技（见图1-2）。[1]此件水榭未见详细考古资料发表，但结构通透，造型古朴，属于张勇所划分的A型Ⅰ式，年代为西汉晚期至东汉早期。

三层绿釉陶水榭，1982年山西省平陆县征集，高83厘米，圆盆外径42厘米。盆内有鸭11只，二层平台四角各有一人执弓，弓箭朝向斜上45°，楼内置大案、小案各一，大案旁有二人对坐，小案旁一人席坐。三层楼内置一案，有二人对坐（见图1-3）。[2]

二层陶水榭，1985年山西新绛县出土，通高49厘米，圆盆口径45厘米。盆内有鱼、鸭等动物。下层开双扇门，左扇开启，右扇闭合。二层平座四角各有一人执弓，弓箭向斜上瞄准（见图1-4）。[3]这件水榭未见详细考古资料发表，其结构造型与张勇所划分的A型Ⅱ式基本一致，年代为西汉晚期至东汉早期。

二层绿釉陶水榭，河南灵宝出土，通高40厘米，盆径39厘米。圆盆内有鱼、鸭、龟和青蛙等动物。二层平座四隅各有一持弓人，弓箭平执（见图1-5）。[4]

二层绿釉陶水榭，1979年河南卢氏县祁湾出土，通高61厘米，圆盆底径25厘米，榭身两层均开有门，其他三面为不规则几何形图案镂空（见图1-6）。[5]

二层绿釉陶水榭，1951年陕西西安出土，通高54.5厘米。圆盆沿部有人物、马、鹅等。水榭高两层，正脊与屋顶四角饰有凤鸟。二层平座四角各有一张弓之人，弓箭瞄准斜上方。二层水榭内有人起舞，其旁一人抚琴，三人作拍手状（见图2-1）。[6]未见有关此件水榭的考古资料，但其结构形态和装饰艺术属于张勇所划分的A型Ⅲ式，年代为西汉晚期至东汉早期。

三层绿釉陶水榭，1955年河南陕县刘家渠M73出土，通高98.7厘米。圆盆底径44.5厘米，盆沿上列有四个骑马俑，盆内有鱼、龟、鳖、鸭子等动物。水榭上部四个转角处出挑梁，上各有一熊托住楼板，楼板之上为二层平座，平座四隅各有一持弓之人，弓箭朝向斜上方（见图2-2）。[7]二层楼内四人端坐，对弈六博，中间置两方盘，一个放置六箸，一个划出局界作为

1　王泽庆：《汉代陶塑绿釉百戏楼模型》，《晋阳学刊》1982年第1期，第57页。

2　卫斯：《平陆县征集到一件西汉釉陶"池中望楼"》，《文物》1985年第1期，第8页。

3　张国维：《山西新绛县发现汉代陶楼》，《考古》1987年第10期，第953页，图一。

4　河南博物院编著《河南出土汉代建筑明器》，第56、172页，图版三六。

5　张勇：《豫西汉代陶水榭》，《中原文物》2003年第3期，第48~53页，图二。

6　国家文物局主编《中国文物精华大辞典·陶瓷卷》，上海辞书出版社、商务印书馆（香港）有限公司，1995，第95页；朱伯谦主编《中国陶瓷全集·第三卷》，上海人民美术出版社，2000，第126、256页，图一一四。

7　河南博物院编著《河南出土汉代建筑明器》，第120页，图版一〇七。

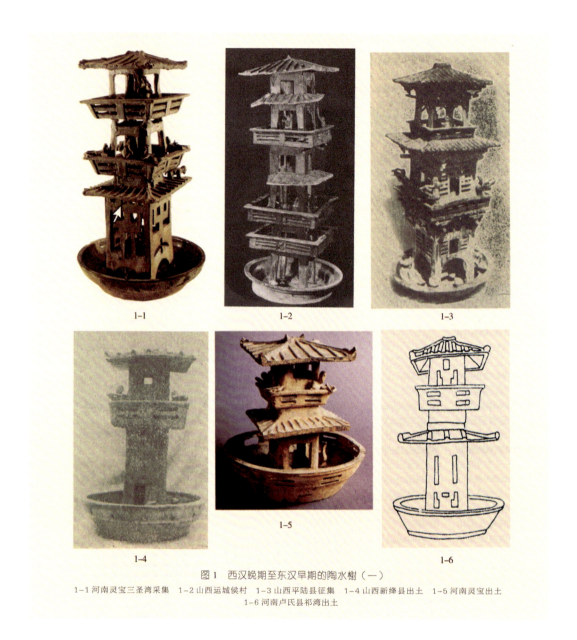

图 1　西汉晚期至东汉早期的陶水榭（一）
1-1 河南灵宝三圣湾采集　1-2 山西运城侯村　1-3 山西平陆县征集　1-4 山西新绛县出土　1-5 河南灵宝出土
1-6 河南卢氏县祁湾出土

棋盘（见图5-6）。类似的陶水榭在M20和M23各出土一件，三者的造型结构、装饰及其内的人物样态等都大略相同，时代均为东汉早期（见图2-3、2-4）。[1]

（二）东汉中期

二层绿釉陶水榭，1972年河南灵宝县（今灵宝市）张湾M2出土，通高54厘米，盆径40厘米。方盆内有鱼、鳖、龟和青蛙

1　叶小燕：《河南陕县刘家渠汉墓》，《考古学报》1965年第1期，第134、135页，图版伍一4，图版陆一1，图版壹贰一2。

图 2　西汉晚期至东汉早期的陶水榭（二）

2-1 陕西西安出土　2-2 河南陕县刘家渠 M73：1　2-3 河南陕县刘家渠 M20：2　2-4 河南陕县刘家渠 M23：30

等动物。方盆沿四角各有一造型相同的小亭。一层和二层平座四角各有一人俑，二层楼内有一人席坐（见图 3-1）。[1]

四层绿釉陶水榭，1982 年陕西华阴县（今华阴市）东汉司徒刘崎墓出土，高 105 厘米。方盆内有鱼、龟、鳖、蛙、蟹等生物，盆沿有一人面向楼上。水榭各层均有人物，有的端坐廊下，有的凭栏远眺，有的对镜梳妆，还有人手持弓弩。四层的屋顶上有四只小鸟和一只展翅的大鸟（见图 3-2）。刘崎，字叔峻，弘农郡华阴人，汉顺帝永建四年（129）进为司徒，至阳嘉三年（134）罢司徒之职，被罢官后不久便去世，死后归葬华阴祖茔。[2]

三层绿釉陶水榭，1972 年河南灵宝县（今灵宝市）张湾 M3 出土，通高 130 厘米，盆径 42 厘米。方盆内有鱼、鳖、龟和鸭等动物，盆沿共有九个人俑，有人拱手，有人手持乐器吹奏，还有一人执弓，弓箭向下朝向水中。水榭一层有一人在门前吹奏。二层平座内有一人凭栏远眺，栏杆上有两个吹奏俑，还有二人手持弓弩，弓弩向下，瞄准水中。三层结构装饰与二层相似。二、三层屋顶四角垂脊有柿蒂形装饰，顶层正脊上有一展翅的凤鸟，凤鸟两侧也有柿蒂装饰（见图 3-3）。[3]

1　河南省博物馆：《灵宝张湾汉墓》，《文物》1975 年第 11 期，第 75、76 页；河南博物院编著《河南出土汉代建筑明器》，第 57 页，图版三七。

2　杜葆仁、夏振英、呼林贵：《东汉司徒刘崎及其家族墓的清理》，《考古与文物》1986 年第 5 期，图四—2；（南朝宋）范晔：《后汉书》卷六《孝顺孝质孝冲帝纪》，中华书局，1965，第 257、264 页。

3　河南省博物馆：《灵宝张湾汉墓》，《文物》1975 年第 11 期，第 76 页；河南博物院编著《河南出土汉代建筑明器》，第 59 页，图版三九。

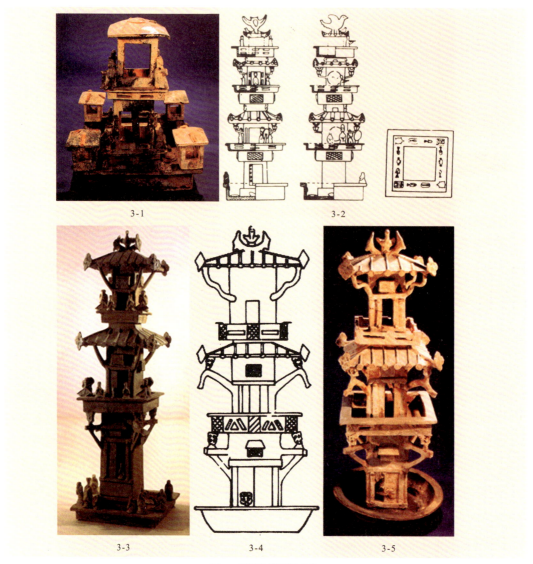

图 3 东汉中期的陶水榭

3-1 河南灵宝县张湾 M2:4 3-2 陕西华阴县刘崎墓 M1:184 3-3 河南灵宝县张湾 M3:24 3-4 河南三门峡刘家渠 M3:22
3-5 河南三门峡刘家渠 M4:38

　　三层绿釉陶水榭，1987 年河南三门峡刘家渠 M3 出土，通高 101 厘米，盆径 45 厘米。圆盆内有鳖、鱼等动物。水榭一层双扇大门，一启一闭。二、三层屋顶四角有柿蒂形脊饰，顶部正脊有一展翅的凤鸟（见图 3-4）。同年发掘的刘家渠 M4 中也出土一件类似的陶水榭（见图 3-5）。[1]

1　三门峡市文物工作队:《三门峡市刘家渠汉墓的发掘》,《华夏考古》1994 年第 1 期, 第 22~30 页, 图四一5; 河南博物院编著《河南出土汉代建筑明器》, 第 58 页, 图版三八。

（三）东汉晚期

三层绿釉陶水榭，1955年河南三门峡刘家渠M3出土，通高104厘米，方盆边长30厘米。方盆沿部立双阙，阙内侧立二手持弓弩之人。盆内有鱼、龟、鳖、青蛙、鸭和蟹等动物。水榭底层开四门，后门左右各浮雕一人似手持节杖，侧二面中央浮雕人物、树木和动物。前、后门内分别各立一人。二层平座内有六人手持弓弩，弓弩朝斜上瞄准。平座栏杆上立有三人。平座之上有一阁楼，两侧面开一门，门内立五人，其中三人持弓，后门两侧各浮雕一人似手持节杖。三层平座四角立四个持弓人，弓箭朝向斜上方。屋顶垂脊立有小鸟，正脊有一展翅的凤鸟（见图4-1）。[1]

三层绿釉陶水榭，1955年河南三门峡刘家渠M8出土，通高174厘米，盆径63厘米。圆盆沿部上立二手持弓箭之人，盆内有鱼、鸭等物。水榭底层正门和右侧门内各立一人。二层平座栏杆和后门处也各有一人（见图4-2）。[2]

三层绿釉陶水榭，1955年河南三门峡刘家渠M1037出土，通高178厘米。圆盆内有许多鱼类。水榭底层为方形，三面开门。斗拱托起二层平座，平座中立方形建筑。三层基部为方形，四角以熊神托起平座。平座中起方形建筑，其上为阁楼，屋顶为四阿式（见图4-3）。[3]

三层绿釉陶水榭，1955年河南三门峡刘家渠M14出土，通高80.8厘米。水榭立于方盆内，每层均起阁楼，作平座。四角以熊神支托上层。最上层复四阿式屋顶。[4]

三层绿釉陶水榭，1989年河南三门峡湖滨区白马峪村采集，通高133厘米，盆径35厘米。圆盆内有鸭、鳖等动物。水榭一层下段三面开门，上段三门有窗。上段四角出挑梁，上置人身马面雕塑，托起二层平座。水榭二、三层的结构与一层类似（见图4-4）。[5]

二层绿釉陶水榭，1986年河南卢氏县蒋渠出土，通高62厘米，盆径42厘米。下为圆盆水池，榭立其中。一层房屋正面开门，门扉一启一闭，其上置四阿顶。二层平座中为单间房屋，形制与一层类似（见图5-1）。[6]

二层绿釉陶水榭，1964年河南淅川县出土，通高45厘米，盆径40厘米。圆盆内有鸭、鹅、龟、鳖、鱼等动物，还有一只

1　叶小燕：《河南陕县刘家渠汉墓》，《考古学报》1965年第1期，第135、136页；河南博物院编著《河南出土汉代建筑明器》，第121页，图版一〇八。

2　叶小燕：《河南陕县刘家渠汉墓》，《考古学报》1965年第1期，第136页；河南博物院编著《河南出土汉代建筑明器》，第122页，图版一〇九。

3　叶小燕：《河南陕县刘家渠汉墓》，《考古学报》1965年第1期，第136页，图版壹捌一5。

4　叶小燕：《河南陕县刘家渠汉墓》，《考古学报》1965年第1期，第139页。

5　河南博物院编著《河南出土汉代建筑明器》，第62、174页，图版四一。

6　河南博物院编著《河南出土汉代建筑明器》，第123、186、187页，图版一一〇。

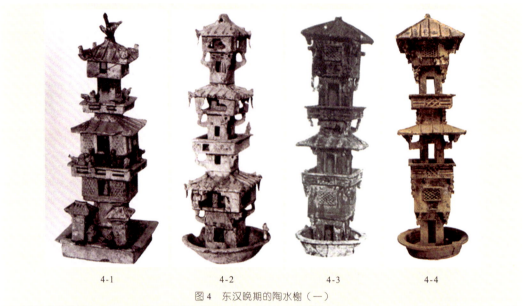

4-1　　　　　　　　4-2　　　　　　　　4-3　　　　　　　　4-4

图 4　东汉晚期的陶水榭（一）

4-1河南三门峡刘家渠 M3:1　4-2河南三门峡刘家渠 M8:12　4-3河南三门峡刘家渠 M1037:28　4-4河南三门峡湖滨区白马峪村采集

小船。盆沿部环列羊、鹿、鹅、鸭等动物，其中两只鸡栖于架上，另列有五人，其中二人头戴尖帽，手持弓弩。水榭为亭式，一层内一人席坐，旁有三人，凭栏远眺。亭榭与池沿间有一小桥相连（见图5-2）。[1]与之类似的一件水榭在淅川县宋湾河林场也有发现，但做工较为粗疏（见图5-3）。[2]

三层绿釉陶水榭，1988年灵宝北坡头乡西寨村采集，通高76厘米，盆径36厘米。盆沿部列有鸭等动物，榭为三层镂空花墙楼阁式，二、三层平座内有数人，其

中二层似有一人手持弓弩，瞄准斜上方（见图5-4）。[3]

三层绿釉陶水榭，河南三门峡市出土，通高66厘米，盆径38厘米。圆盆内有鱼、青蛙、鸭、鳖等物。水榭高三层，第一层房屋正面开门，另三面无门窗。二层平座内有三人，上置三层平座，平座四隅各有一持弓之人（见图5-5）。[4]

以上对汉代的陶水榭进行了简要梳理，可见陶水榭流行于西汉晚期至东汉晚期的豫西及其相邻的晋南、关中等地，主要隶

1　孙传贤、张静安:《介绍一件东汉晚期的陶水榭》,《文物》1966年第3期，第59、60页；河南博物院编著《河南出土汉代建筑明器》，第67页，图版四四。

2　河南博物院编著《河南出土汉代建筑明器》，第68、175页，图版四五。

3　张勇:《豫西汉代陶水榭》,《中原文物》2003年第3期，第49、50页，图四。

4　河南博物院编著《河南出土汉代建筑明器》，第66、174页，图版四三。

属于两汉时期的弘农、河东两郡。早期的水榭门窗开放，玲珑剔透，风格古朴，中期的装饰华丽，造型精美，到了晚期，结构较封闭，制作粗糙，呈衰退之势。值得注意的是，河南淅川县出土的两件陶水榭，其造型结构与此前的水榭不大相同，高大楼阁变为低矮的亭榭，而且亭榭与池沿间

盆内的多层楼阁组成，盆内列有鱼、龟、鳖、鸭等水生动物，有些还有船只，可见陶盆象征水域。盆沿部也多有飞禽、走兽和射猎之人环列，猎人多头戴尖帽。楼阁立于水中，多为二至三层，屋内与平座栏杆处多有人物分布，屋内一般数人席坐，对弈六博，或是表现歌舞伎乐，栏杆内四

图 5　东汉晚期的陶水榭（二）

5-1 河南卢氏县蒋渠出土　5-2 河南淅川县出土　5-3 淅川县宋湾河林场　5-4 灵宝北坡头乡西寨村采集　5-5 河南三门峡市出土
5-6 河南陕县刘家渠 M73∶1 水榭二层内的六博图像

有桥梁相连，或许与淅川处于水榭流行区域边缘以及晚期衰落之势有关。

角处多有持弓弩之人，大多数瞄准天空。此外，楼阁规模宏大，各式建筑构件夸张华丽，屋顶垂脊和正脊等处多有凤鸟和柿蒂纹装饰，有些楼阁前还立有双阙。

二　性质、背景与意义

陶水榭主要由圆形或方形陶盆和立于

以往学界多认为陶水榭表现了两汉时期尤其是东汉时豪族贵族的真实生活，认为当时的建筑技术高度发达，甚至反映了

尖锐的阶级矛盾。这些观点在今天看来值得进一步思考。缪哲通过翔实的研究,认为汉代的楼阁营造技术并不发达,当时建筑空间狭窄,楼阁的特点是"狭而修曲",主要用来登高望远,实非日常生活所需的设施,楼阁明器"应视为一种想象性的创设"。[1]这样的看法在文献中也可以得到印证。《史记·孝武本纪》记载:"神明台、井干楼,度五十余丈,辇道相属焉。"司马贞索隐:"《关中记》:'宫北有井干台,高五十丈,积木为楼。'言筑累万木,转相交架如井干。"[2]这样的井架相叠而成的高楼与楼阁建筑明器相差甚远。据《世说新语》的记载,曹魏时期的陵云台十分高峻,建造前要"先称平众木轻重",这样才能使楼阁保持平衡,但陵云台常常随风摇动,魏明帝用巨木支撑,因为重量失衡而倾倒。[3]北魏时期大兴佛塔,佛塔内部均有土坯砌筑的大型塔心实体,用来支撑外围木构件建筑,著名的洛阳永宁寺佛塔高九层,但内部的夯土塔心多达六七层。[4]可见汉晋时期高层建筑的修建依然十分困难,包括水榭在内的楼阁建筑明器并非真实建筑的反映,更多是反映"观念的楼"。[5]

近年来,部分研究已经或多或少谈到建筑明器与神仙信仰的关系,学者多是通过考察明器的细节和特点进行论证,李思思注意到刘家渠 M73 出土的陶水榭平座中的持弓人的瞄准方向为天空,前文的梳理也证实这一现象在水榭中是普遍存在的,说明这些人并非防卫的武士,而是射猎之人,与汉诗《临高台》"临高台以轩,下有清水清且寒。江有香草目以兰。黄鹄高飞离哉翻。关弓射鹄,令我主寿万年"的意象更为接近。李思思还注意到象征求仙的六博也出现在了水榭中。[6]这里还可以补充几点,如夸张的建筑结构,挑梁之上有熊或人身马面等神兽托举上层,屋顶处的凤鸟装饰,楼阁与水域之外并无桥梁相连等细节都暗示我们陶水榭并非现实生活的反映,启发我们进一步探讨水榭的整体观念和意象,及其与神仙信仰的关系。

陶水榭相对于其他建筑明器最突出的特点莫过于它的整体意象,即矗立水中的高楼,循此线索首先想到的便是东海神仙信仰。东海神话的传说出现很早,《史记·封禅书》中便有记载:"自威、宣、燕昭使人入海求蓬莱、方丈、瀛洲。此三神山者,其传在渤海中,去人不远;患且至,则船风引而去。盖尝有至者,诸仙人

1 缪哲:《重访楼阁》,载《古代墓葬美术研究》(第二辑),湖南美术出版社,2013,第 113 页。

2 (汉)司马迁:《史记》卷一二《孝武本纪》,中华书局,1959,第 482、483 页。

3 (南朝宋)刘义庆:《世说新语笺疏》,余嘉锡笺疏,中华书局,2007,第 840 页。

4 钱国祥:《北朝佛寺木塔的比较研究》,《中原文物》2017 年第 4 期,第 43~54 页。

5 李思思:《汉代建筑明器研究》,《中国国家博物馆馆刊》2012 年第 9 期,第 98~118 页。

6 李思思:《汉代建筑明器研究》,《中国国家博物馆馆刊》2012 年第 9 期,第 98~118 页。

及不死之药皆在焉。其物禽兽尽白，而黄金银为宫阙。未至，望之如云；及到，三神山反居水下。临之，风辄引去，终莫能至云。"[1] 时人热衷于入东海求仙，秦始皇和汉武帝便是其中的代表。秦始皇在方士的鼓吹下多次东巡燕齐滨海之地，大兴祭祀，并派遣方士入海求仙。史书中对此事多有记载，《史记·秦始皇本纪》曰："齐人徐市等上书，言海中有三神山，名曰蓬莱、方丈、瀛洲，仙人居之。请得斋戒，与童男女求之。于是遣徐市发童男女数千人，入海求仙人"，"方士徐市等入海求神药"。[2]《史记·淮南衡山列传》[3] 中也有类似的记载。秦汉时期，在燕齐方士和社会上层统治阶级的助推下，东海神话广为流传，陶水榭多出土于弘农、河东地区，地近国都长安，也应十分流行。

到了武帝时期，对东海仙境的渴求有过之而无不及，《史记·封禅书》中便有大量的记载，曰："天子既闻公孙卿及方士之言，黄帝以上封禅，皆致怪物与神通，欲放黄帝以上接神仙人蓬莱士"，又说："天子既已封泰山，无风雨灾，而方士更言蓬莱诸神若将可得，于是上欣然庶几遇之，复东至海上望，冀遇蓬莱焉。"[4] 对东海仙境的慕求还反映在皇家宫殿园林之中，《汉书·郊祀志》记载武帝建章宫建筑模仿东海仙境的情况："其北治大池，渐台高二十余丈，名曰泰液，池中有蓬莱、方丈、瀛洲、壶梁，象海中神山龟鱼之属。其南有玉堂璧门大鸟之属。立神明台、井干楼，高五十丈，辇道相属焉。"[5] 相关的记录也见于班固的《西都赋》："前唐中而后太液，览沧海之汤汤。扬波涛于碣石，激神岳之嶈嶈。滥瀛洲与方壶，蓬莱起乎中央"[6]，扬雄的《羽猎赋》[7] 和张衡的《西京赋》[8] 中也有类似的记载。《史记·封禅书》云："其明年，东巡海上，考神仙之属，未有验者。方士有言'黄帝时为五城十二楼，以候神人于执期，命曰迎年'。上许作之如方，命曰明年。上亲礼祠上帝焉。"[9] 方士公孙卿曾说："仙人可见，而上往常遽，以故不见。今陛下可为观，如缑城，置脯枣，神人宜可致也。且仙人好楼居。"武帝听信其言，于

1　（汉）司马迁：《史记》卷二八《封禅书》，第 1369、1370 页。

2　（汉）司马迁：《史记》卷六《秦始皇本纪》，第 247、263 页。

3　（汉）司马迁：《史记》卷一一八《淮南衡山列传》，第 3086 页。

4　（汉）司马迁：《史记》卷二八《封禅书》，第 1397、1398 页。

5　（汉）班固：《汉书》卷二五《郊祀志》，中华书局，1962，1245 页。

6　（南朝梁）萧统编，（唐）李善注《文选》卷一《西都赋》，上海古籍出版社，1986，第 17 页。

7　（南朝梁）萧统编，（唐）李善注《文选》卷八《羽猎赋》，第 388、389 页。

8　（南朝梁）萧统编，（唐）李善注《文选》卷二《西京赋》，第 59 页。

9　（汉）司马迁：《史记》卷二八《封禅书》，第 1403 页。

是"令长安则作蜚廉桂观，甘泉则作益延寿观，使卿持节设具而候神人。乃作通天茎台，置祠具其下，将招来仙神人之属"。[1] 东海神仙景观中有许多的高大楼阁，而楼阁是求仙的重要设施。水榭模型的观念意象与建章宫的东海神仙景观可以说如出一辙，陶水榭的整体观念是对东海仙境的向往。

陶水榭的分布地域有限，集中在汉时的弘农郡、河东郡及其附近，陶水榭的集中出现与当地的地缘和豪族不无关系。首先，这些区域地近两京，处在长安与洛阳之间，多豪强贵族，其中不少都在朝中担任要职。弘农郡的大族当首推杨氏，杨氏一族在汉代开国便立下赫赫军功，随后的杨敞、杨恽兄弟位列丞相和九卿，当时杨氏一门有爵位及位至二千石以上高级官吏者有十人之多，东汉时的杨震任职司徒、太尉，他们常活动在皇帝身边，与皇帝十分亲近。[2] 上有所好，下必甚焉，皇帝热衷的求仙之事对亲近的官员多有影响，大臣贵族的效仿之风也推波助澜，《续汉书·五行志》便有类似的记载："灵帝好胡服、胡帐、胡床、胡坐、胡饭、胡空侯、胡笛、胡舞，京都贵戚皆竞为之。"[3] 仿效之举自然而然就产生了。前述出土水榭的墓葬多为家族墓葬，墓葬规模较大，随葬品丰富，墓主人身份地位较高，其中灵宝张湾汉墓可能是弘农杨氏家族墓葬[4]，华阴县（今华阴市）司徒刘崎墓[5] 也出土了陶水榭，这些现象均是上述观点的有力佐证。此外值得注意的是，与弘农郡相邻的缑氏城在求仙活动中扮演着重要角色，《史记·孝武本纪》："其冬，公孙卿候神河南，见仙人迹缑氏城上，有物若雉，往来城上。天子亲幸缑氏城视迹。"[6] 同书又言："其春，公孙卿言见神人东莱山，若云'见天子'。天子于是幸缑氏城，拜卿为中大夫。"[7] 而且公孙卿曾对武帝说："今陛下可为观，如缑城，置脯枣，神人宜可致也。且仙人好楼居。"[8] 武帝曾多次临幸缑氏城，城内兴建的高楼是求仙的重要设施。

综上所述，陶水榭所反映的并非现实存在的建筑，更多的是表现为一种观念。这个观念的主体很可能是东海神仙信仰。特殊的地缘位置以及达官豪族对皇帝求仙

1 （汉）司马迁：《史记》卷二八《封禅书》，第 1400 页。

2 何德章、马力群：《两汉时代的弘农杨氏》，《魏晋南北朝隋唐史资料》（第二十二辑），武汉大学文科学报编辑部，2005。

3 （南朝宋）范晔：《后汉书》志第十三《五行志一》，第 3272 页。

4 河南省博物馆：《灵宝张湾汉墓》，《文物》1975 年第 11 期，第 84 页。

5 杜葆仁、夏振英、呼林贵：《东汉司徒刘崎及其家族墓的清理》，《考古与文物》1986 年第 5 期。

6 （汉）司马迁：《史记》卷一二《孝武本纪》，第 472 页。

7 （汉）司马迁：《史记》卷一二《孝武本纪》，第 477 页。

8 （汉）司马迁：《史记》卷二八《封禅书》，第 1400 页。

的仿效，促使他们根据所见所闻，设计并制作了类似建章宫东海神仙景观的陶水榭明器，死后放入墓中，表达对神仙世界的向往。

三　两种神仙信仰的交融

东海神话和昆仑神话是我国古代十分重要的两大神话系统。昆仑神话关于西部，东海神话产生于东海之滨，两者在历史发展中相互影响和融合，在社会信仰中的地位也多有起伏。[1]

顾颉刚认为昆仑神话起源相对较早，在两周时期已经零星地传入了中原，最早有系统地记载昆仑神话的是《山海经》，传入东方后，在其影响下于东部沿海地区形成了东海神话系统，关于早期东海神话的描述零星地出现于《楚辞》、《庄子》和《逸周书》中[2]，相较同书中关于昆仑神话的记载少之又少。昆仑神话起源较早，东海神话在其影响下产生，这一时段中，昆仑神话体系较为完善，地位也相对较高。战国至武帝间，燕齐方士奋力鼓吹东海神仙

信仰，时人尤其是社会上层的统治者多被蛊惑，秦皇和武帝更是不惜耗费巨资入海求仙。除前述正史记载外，还可从当时的诗赋中窥见一斑，庄忌的《哀时命》[3]中将昆仑与蓬莱并举，且强调壶山上的垂钓之事，可见此时东海神话地位有所上升，与昆仑神话地位相当。再看司马相如迎合武帝求仙的《大人赋》[4]，文中描写他到昆仑看到西王母之后，发出了"必长生若此而不死兮，虽济万世不足以喜"的感慨，于是便东归走向蓬莱[5]，赋中的东海神话欣欣向荣，昆仑神话却稍显没落。此后，方士鼓吹的东海仙境基本无验，且随着张骞凿通西域，时人的求仙热情再次转向西方世界，随着时间的流逝，以昆仑、西王母和众多天神为中心的升仙信仰渐渐成为社会主流思潮。[6]陶水榭出现的西汉晚期正是东海神仙信仰业已没落，昆仑升仙信仰崛起之时，两种信仰相互交融。陶水榭对这一历史进程也有所反映。

虽然陶水榭的主体意象有关东海神话，但其中的许多细节均与昆仑神仙信仰相关。前述河南陕县刘家渠 M73 出土的三层绿釉陶水榭，二层楼内四人端坐，对弈六博，

1　庞政：《试论山东汉代画像石椁中的"壶山垂钓"图像——也说东海神话与昆仑升仙信仰地位的此消彼长》，《四川文物》待刊。

2　顾颉刚：《〈庄子〉和〈楚辞〉中昆仑和蓬莱两个神话系统的融合》，《中华文史论丛》1979 年第 2 期。

3　（宋）洪兴祖：《楚辞补注》卷一四《哀时命》，中华书局，1983，第 264、265 页。

4　（汉）司马迁：《史记》卷一一七《司马相如列传》，第 3056~3063 页。

5　顾颉刚：《〈庄子〉和〈楚辞〉中昆仑和蓬莱两个神话系统的融合》。

6　王煜：《昆仑、天门、西王母与天神——汉晋升仙信仰体系的考古学综合研究》，博士学位论文，四川大学，2013。

中间置两方盘，一个放置六箸，一个为棋盘（见图5-6）。类似的陶水榭在M20和M23各出土一件，水榭二层屋内四人围案而坐，虽然没有刻画出明确的六博棋具，但从与M73水榭结构、装饰和人物形态形似的角度考虑，表现的可能也是对弈六博的场景。六博图像常常出现于汉画像中，其中许多是出现在以西王母为代表的昆仑仙境之中，是昆仑信仰的重要元素之一。[1] 六博与西王母的联系最早可见于西汉末期对西王母的信仰崇拜运动中，六博作为祭祀西王母的重要方式逐渐登上历史舞台，《汉书·五行志》载：

> 哀帝建平四年正月，民惊走，持稿或棷一枚，传相付与，曰行诏筹。道中相过逢多至千数，或被发徒践，或夜折关，或逾墙入，或乘车骑奔驰，以置驿传行，经历郡国二十六，至京师。其夏，京师郡国民聚会里巷阡陌，设张博具，歌舞祠西王母。又传书曰："母告百姓，佩此书者不死。不信我言，视门枢下，当有白发。"至秋止。[2]

据学者研究，这次运动范围很大，涉及今山东、河南、河北等地，出土陶水榭的地点正是崇拜西王母运动的重要区域。[3] 本节所论刘家渠汉墓出土的三件水榭的时代均为西汉晚期至东汉早期，与崇拜运动时间相近，水榭内的六博图案可能与此背景相关。

1964年河南淅川县出土的二层绿釉陶水榭，盆沿部环列五人，其中二人头戴尖帽，手持弓弩[4]，表现了西域胡人的形象[5]，类似的胡人形象在汉画像中数量众多，多出现在胡汉交战、胡人引导和胡人驯兽的场景中，甚至将一些胡人表现为仙人形象，这些胡人形象往往与西方的昆仑神仙信仰相关。[6] 水榭中的胡人形象也是两种信仰交融的表现之一。

前述河南三门峡刘家渠M3出土的陶水榭，其底层开四门，右侧门左右各浮雕一手持仪仗的人，二层阁楼的后门两侧也有相同的浮雕图案，报告认为人物手中

1 王煜：《四川汉墓画像中"钩绳"博局与仙人六博》，《四川文物》2011年第2期，第61~67页。

2 （汉）班固：《汉书》卷二七《五行志》，第1476页。

3 马怡：《西汉末年"行西王母诏筹"事件考——兼论早期的西王母形象及其演变》，《形象史学研究》，人民出版社，2016，第29~62页。

4 孙传贤、张静安：《介绍一件东汉晚期的陶水榭》，《文物》1966年第3期，第59、60页。

5 邢义田：《古代中国及欧亚文献、图像与考古资料中的"胡人"外貌》，《美术史研究集刊》（第9辑），台湾大学艺术史研究所，2000，第37~69页。

6 王煜：《汉墓胡人戏兽画像与西王母信仰——亦论汉画像中胡人的意义》，《中原文化研究》2014年第5期，第102~107页；王煜：《"车马出行——胡人"画像试探——兼谈汉代丧葬艺术中胡人形象的意义》，《考古与文物》2012年第4期，第52~57页。

的仪仗是"帚",即汉画像中常见的"拥彗"图案。[1] 但仔细观察,水榭上的浮雕与拥彗图像差异较大,人物手持之物并非"帚"(见图6-1、6-2)。[2] 检索相关资料,笔者认为浮雕图案中人物所持的仪仗应该是节杖。汉代墓葬图像中多有手持节杖的人物形象,节杖一般表现为长杆上端有三个表示节旄的圆形,但也有用一个较大的圆形来表示的例子,如武梁祠后壁画像和武氏祠前石室(见图6-3、6-4)。[3] 除极少数历史故事外,绝大多数墓葬中的持节人物是升仙的使者,多出现在西王母仙境之中,与升仙主题相关。[4] 可见水榭上的持节人物可能是引导升仙的使者。刘家渠M3出土的陶水榭年代为东汉晚期,与汉代墓葬中的持节人物图像时代相当,此时昆仑神仙信仰早已成为社会主流思潮,陶水榭的持续出现可能是地域特色传承的结果,但其中也融合了大量昆仑信仰的元素。

代高楼建筑技术尚不发达,陶水榭所反映的并非现实存在的建筑,更多的是表现一种观念和信仰。这种观念的主体很可能是东海神仙信仰。陶水榭明器是仿效建章宫等皇家宫殿园囿中东海神仙景观制成的,与特殊的地缘环境和高官贵族对皇帝求仙的追捧关系密切,反映了时人渴望死后升仙的美好愿望。结合相关文献和考古资料,西汉晚期至东汉早期,在昆仑升仙信仰再次崛起的历史背景下,此时出现的陶水榭中融合了一些昆仑神话元素,并随着时间的推移,东汉时期的陶水榭中昆仑信仰元素更加丰富,而作为反映主题意向的水榭造型一直存在,这是地域文化特色传承性的体现。

结　语

西汉晚期至东汉晚期,豫西、晋南及周边地区将陶水榭作为明器随葬墓中。汉

1　叶小燕:《河南陕县刘家渠汉墓》,《考古学报》1965年第1期,第135、136页。

2　凌皆兵、王清建、牛天伟主编《中国南阳汉画像石大全》第一卷,大象出版社,2015,第130页。

3　中国画像石全集编委会编《中国画像石全集1·山东画像石》,河南美术出版社、山东美术出版社,2000,第31、36页,图五一、五八。

4　胡常春:《考古发现的东汉时期"天帝使者"与"持节使者"》,《考古与文物》2011年第5期,第66页。

图 6　拥彗与持节图像

6-1 刘家渠 M3：1 水榭底层右侧门左右浮雕图案　6-2 河南南阳陈棚墓　6-3 武梁祠后壁画像（局部）　6-4 武氏祠前石室画像（局部）

汉画研究

苏鲁豫皖地区汉代画像石椁墓研究

■ 王传明（长沙市文物考古研究所）

以往对于画像石椁墓的研究，多是对地市级区域内发现的研究[1]，或是在对汉墓或画像石墓的研究中兼及画像石椁墓。[2]另外，虽有涉及苏鲁豫皖地区画像石椁的综合研究[3]，但年代已略显久远。近年来，随着一批新材料的公布，特别是鲁西南汉墓、梁山薛垓墓地和萧县汉墓等发掘报告的出版，为我们了解苏鲁豫皖地区画像石椁墓的形制、画像配置与演变以及二者之间的互动提供了更多的新材料。因此，笔者认为有必要对画像石椁墓做一次系统的梳理，以期获得更为全面的认识。

一 苏鲁豫皖地区画像石椁墓的发现

本文所谓的画像石椁墓，是指西汉早期于鲁南的枣庄、济宁和临沂地区开始出现的一类刻有画像的石椁墓，石椁一般由形状规则的挡板、侧板、底板和盖板组合而

1　于秋伟：《山东梁山新发现的石椁画像——兼谈石椁画像的相关问题》，载《中国汉画学会第十三届年会论文集》，中州古籍出版社，2011，第429~436页；石敬东、尹秀娇《山东枣庄汉代画像石椁墓初探》，载《中国汉画学会第十三届年会论文集》，第437~443页；仲雨、闫勇：《胶东地区石椁墓及相关问题初探》，《文物春秋》2015年第5期，第29~33页；于秋伟：《山东梁山薛垓墓地石椁墓画像研究》，《海岱考古》第9辑，科学出版社，2016，第466~479页；骆琳：《连云港市的汉代墓葬形制研究》，《湖南省博物馆馆刊》第7辑，岳麓书社，2011，第327~340页。

2　郑同修、杨爱国：《山东汉代墓葬形制初论》，《华夏考古》1996年第4期，第87~102页；吕凯：《鲁中南地区汉代石椁墓初步研究》，硕士学位论文，山东大学，2011；刘剑：《山东地区汉代墓葬的考古学研究》，博士学位论文，山东大学，2012。

3　燕生东、刘智敏：《苏鲁豫皖交界区西汉石椁墓及其画像石的分期》，《中原文物》1995年第1期，第79~103页；郭晓川：《苏鲁豫皖区汉画像视觉形式演变的分期研究》，《考古学报》1997年第2期，第171~195页；杨爱国、郑同修：《山东、苏北、皖北、豫东区汉画像石墓葬形制》，载《刘敦愿先生纪念文集》，山东大学出版社，1998，第438~449页；李立：《汉画的叙述：结构与轨迹——以山东邹城市卧虎山M2石椁墓南椁整体画像为例》，《江西社会科学》2007年第2期，第191~201页；郑岩：《西汉石椁墓与墓葬美术的转型》，载《东方考古》（第9集），山东大学出版社，2012，第383~401页；郝利荣：《汉代石椁画像与民间宗教信仰研究——从汉代墓葬建筑的"像生环境"和"死而不亡"的理想境界谈起》，《文物世界》2013年第5期，第13~19页。

成，被放置于比石椁尺寸稍大的土坑或岩坑墓之中。有些墓葬为一墓一椁，也有一墓多椁者，还有二椁共用一隔板的双室石椁墓，另外还有单独辟出器物箱或龛者。应该说，这类画像石椁墓为"室墓"类画像石墓的前身，正确全面地解读它们有助于我们对形制和画像配置都更为复杂的画像石墓形成更好的认识。从目前的发现来看，画像石椁墓主要分布于鲁南、鲁中、胶东、苏北、皖北和豫东地区，按照地区介绍如下。

（一）山东地区
1. 西汉早期

山东地区的画像石椁墓主要发现于鲁南的枣庄、济宁和临沂，另外鲁中和胶东地区也有零星发现。画像石椁于鲁南地区的出现时代最早，可早至西汉早期，比苏鲁豫皖其他地区都要早，因此该区域当为画像石椁墓的发源地。这一时期的发现有枣庄渴口汉墓M1、M2、M18、M28、M44、M60[1]，小山汉墓M3[2]，滕州封山墓地M54、M90[3]，东郑庄墓地 M123、M124、M142[4]，邹城香城镇龙水村汉墓 M9、M12、M13、M18[5]，北宿镇谷堆村石椁墓[6]，曲阜柴峪墓地M215[7]，临沂庆云山 M1、M2[8]和临沭西南岭石椁墓M1、M2。[9] 本文所要考察的不仅仅是石椁画像的内容，还包括画像的位置、组合以及时代发展中的稳定或变化情况等。因此，本文的描述中特别注意这些要素，并且尽可能地对石椁的头端和脚端予以区分。需要说明，本文对于石椁头端和脚端的界定，有尸骨的墓葬自然没有争议，但对于没有尸骨者，多依据原发掘报告中的判断。当然这也不是没有问题的，以璧纹和常青树为例，璧纹多位于头挡而常青树位于足挡，但也有相反者。个中原因是复杂的，可能是发掘者的判断失误，也可能是工匠将二挡板错置造成，更有可能是死者尸体摆放等原因。我们很难判断到底孰是孰非，因此在没有明确的证据的情况下，笔者选择报告中的说法。

从上述发现来看，西汉早期的画像石椁墓均为土坑竖穴墓，画像位于石椁内侧，除了多见于石椁挡板和侧板，有些石椁的底板或盖板之上也有画像。当然，也并非

---

1 山东省枣庄市博物馆：《山东枣庄市渴口汉墓》，《考古学集刊》（第14集），文物出版社，2014，第80~160页。

2 枣庄市文物管理委员会办公室、枣庄市博物馆：《山东枣庄小山西汉画像石墓》，《文物》1997年第12期，第34~43页。

3 山东省文物考古研究所：《鲁西南汉墓》（上），文物出版社，2009，第22~24页。

4 山东省文物考古研究所：《鲁西南汉墓》（上），第122~123、113~114页。

5 胡新立：《邹城汉画像石》，文物出版社，2008，第60~64页。

6 胡新立：《邹城汉画像石》，第74页。

7 山东省文物考古研究所：《鲁西南汉墓》（下），文物出版社，2009，第702~703页。

8 临沂市博物馆：《临沂的西汉瓮棺、砖棺、石棺墓》，《文物》1988年第10期，第68~75页。

9 金爱民：《临沭县西南岭西汉画像石墓》，《中国考古学年鉴1995》，文物出版社，1997，第155~156页。

所有的挡板和侧板都有画像，如枣庄渴口汉墓 M28 西石椁的画像只见于头挡，而 M2 中石椁见于二挡板，M18 石椁则见于二侧板。就画像内容而言，最简单者只为几何图案，内部填充有平行的短线，如滕州封山墓地 M54。稍复杂者刻有与死亡相关的简单图案，总体而言头挡多为璧纹或十字穿璧纹，足挡多为一或二常青树，侧板多为璧纹或常青树，抑或兼而有之（见图 1）。更为复杂者出现了带有生机的物象，如邹城龙水村汉墓 M9 石椁足挡刻一双重楼阁（见图 2），枣庄渴口汉墓 M1 北石椁的足挡中部有一双重楼阁，楼阁下部有三人，上方立二鸟，后方各有一树，两旁也各有一树（见图 3）。临沂庆云山 M2 石椁上的画像最为复杂，其头挡刻一璧纹，足挡刻相向而立的二佩剑武士。左侧板画像分为三格，左格为一璧纹，中格刻一厅堂，堂内有二武士角抵，左侧之人持戟，右侧之人持盾与剑，厅堂两旁各有一常青树，

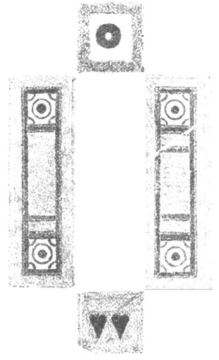

图 1　邹城龙水村汉墓 M18

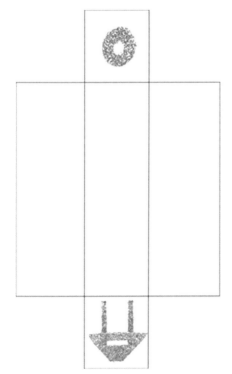

图 2　邹城龙水村汉墓 M9

图 3　枣庄渴口汉墓 M1 北石椁

右格刻十字穿璧。右侧板画像也分三格，左格刻一璧纹，中格刻一厅堂，厅内有相向踞坐的二人，屋顶有一飞鸟，厅堂两旁

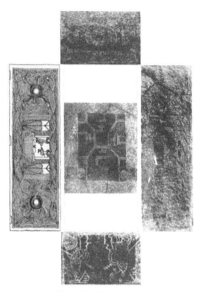

图 4　临沂庆云山 M2

各有一常青树，右格刻璧纹（见图 4）。

诸墓葬均未出土带有纪年的题记或随葬品，所以并不能确定简单和复杂画像所属墓葬的早晚关系，但由简单到复杂的趋势应是切实存在的。虽然马王堆汉墓 T 形帛画和柿园汉墓主室顶部壁画所代表的西汉早期绘画的技法和内容已经十分发达和成熟，但似乎二者都未对刻于石头上的画像产生影响，因为石椁上的画像是如此的简单和质朴。当然，它们也并非无端之作，

石椁头挡刻画璧纹或十字穿璧应与楚墓中所流行的在内棺头端拴系璧的习俗有关，这一现象已被学界诸多学者所注意和讨论[1]，此不赘述。足挡上的常青树只为一棵时，也许如同墓上的柏树一样是为了标识这是死者的归处。但是当常青树变为两棵，它便有了通道的意思，这种通道、门户的意义在楼阁、武士以及墓主人形象出现之后变得越发清晰起来。与此同时，虽然墓室仍由冰冷的石材组成，但由于这些画像特别是人物、楼阁的出现，使得石椁内不再冰冷，而变得有生机起来。最为重要的是墓主人的形象出现在其中，他在这个世界里重新"活"了过来，庆云山 M2 石椁上踞坐于厅堂内的墓主人正欣赏对面二武士角抵。如若再进一步对头挡的璧纹及其功能予以考虑的话，那么其间的墓主人不仅"活"了过来，还可以借此沟通人间。

此外，笔者认为固然画像刻于石椁内壁便于构成上述世界，但在一定程度上也与墓葬的形制和由此带来的赞助人及送葬者的观看方式大有关联。这些画像石椁墓均为土坑竖穴墓，墓圹仅比石椁尺寸大少许，当石椁于墓圹中构建起来时，即便石椁外侧雕刻有画像，赞助人及送葬者也无法看到全部画像内容，而画像刻于内侧则可一览无余。这种欲使人观墓主人新生和赞助人孝行的双重目的性都使得石椁内壁

1　熊建华：《马王堆一号汉墓的"壁画"、用璧形式及"璧翣"制》，湖南省博物馆编《马王堆汉墓研究文集》，湖南出版社，1994，第 319~327 页；〔美〕巫鸿：《引魂灵璧》，载巫鸿、郑岩《古代墓葬美术研究》（1），文物出版社，2011，第 55~64 页；李银德：《辛追锦饰内棺悬璧的考古学观察》，载湖南省博物馆编《纪念马王堆汉墓发掘四十周年国际学术研讨会论文集》，岳麓书社，2016，第 515~521 页；王煜：《汉代镶玉漆棺及相关问题讨论》，《考古》2017 年第 11 期，第 89~99 页。

成为画像的最佳雕刻位置。但伴随着石椁形制的变化，特别是墓门观念和墓道的出现，这种情况发生了变化，当然这都是后话了。

2. 西汉中期

西汉中期的发现主要集中于枣庄和济宁两地，有枣庄渴口汉墓 M120[1]、小山汉墓 M1[2]、滕州东郑庄墓地 M77[3]、济宁嘉祥长集直墓地 M306[4]、梁山薛垓墓地 M7、M25、M191[5]、济宁师专墓群 M16、M17[6]和微山县两城乡大辛庄 M18。[7]这一时期的画像石椁有两个非常明显的变化，一是出现画像刻于石椁外侧者，以梁山薛垓墓地 M7 和 M191 为代表；二是个别墓葬出现墓道，以微山县大辛庄 M18 为代表。画像刻于外侧的石椁墓仍为不带墓道的土坑竖穴墓，因此石椁外侧的画像仍不能得见。这对于彰显孝子贤孙的孝行，其效果大打折扣。但从画像而言，赞助人试图为死者构建彼岸幸福世界的意愿却未改变，并且尝试将包括石椁在内的空间整体"内化"的意图更加明显，对"进入"这一行为的表现也更为直观。至于墓道的出现，并未

给墓葬带来实质性的变化，挡板仍被夹在侧板之中不能活动，其下葬方式也没有变化，且石椁的画像也被刻于内侧。因此，它犹如昙花一现后便消失了，直到新莽时期画像石椁墓才开始流行带墓道者。

石椁画像的配置呈现不统一性，十字穿璧（环）或常青树继续为挡板画像，龙、双阙及门吏和厅堂及常青树也出现于其上，侧板画像除了璧纹或十字穿璧（环）外，以楼阁或厅堂墓主人端坐像为中心的画像多起来。梁山薛垓墓地 M7 石椁挡板刻重檐双阙，侧板上刻有双阙楼阁，墓主人端坐于楼阁之上，前方有拜谒和进献之人（见图 5）。M191 石椁中室的头挡刻十字穿璧纹，左侧板刻厅堂二树，墓主人端坐其中，右侧板刻重檐双阙，阙间刻拜谒图（见图 6）。[8]此外，与庆云山 M2 石椁二侧板画像场景表现相似，济宁师专 M16 石椁也刻画了端坐于厅堂中的墓主人观看对面建鼓舞蹈的场景（见图 7）。虽然微山县大辛庄 M18 石椁楼阁之上墓主人和建鼓都刻于左侧板之上，但对于观看的书写是相同的。而右侧板上还出现了新的画像内容：

1 山东省枣庄市博物馆：《山东枣庄市渴口汉墓》，《考古学集刊》（第 14 集），第 80~160 页。

2 枣庄市文物管理委员会办公室、枣庄市博物馆：《山东枣庄小山西汉画像石墓》，《文物》1997 年第 12 期，第 34~43 页。

3 山东省文物考古研究所：《鲁西南汉墓》（上），第 113 页。

4 山东省文物考古研究所：《鲁西南汉墓》（下），第 822~824 页。

5 山东省文物局、山东省南水北调工程建设管理局：《梁山薛垓墓地》，文物出版社，2013，第 18~20、51~53、155~158 页。

6 济宁市博物馆：《山东济宁师专西汉墓群清理简报》，《文物》1992 年第 9 期，第 22~36 页。

7 微山县文物管理所：《山东微山县西汉画像石墓》，《文物》2000 年第 10 期，第 61~67 页。

8 于秋伟：《山东梁山薛垓墓地石椁墓画像研究》，《海岱考古》（第 9 辑），第 466~479 页。

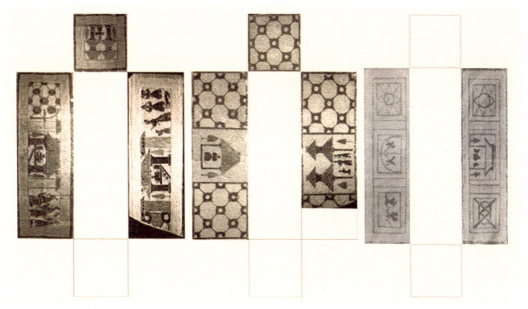

图 5　梁山薛垓墓地 M7　　　　图 6　梁山薛垓墓地 M191　　　　图 7　济宁师专 M16

墓主人的车马出行、狩猎图和鹳衔鱼（见图 8）。虽然该车马行列的规模较小，但是车前的躬迎之人、轺车及其上墓主人、骑吏和步卒等要素均已出现。

3. 西汉晚期

西汉晚期的发现除鲁南的枣庄、济宁外，还新出现于鲁中的平阴和胶东的栖霞、牟平地区，有枣庄渴口汉墓 M15、M78、M119、M121、M126[1]，临山汉墓 M1[2]，小山汉墓 M2[3]，滕州封山墓地 M66[4]，东郑庄墓地 M43、M76、M161[5]，滕州东小宫墓地 M272[6]，滕州顾庙墓地 M73[7]，

1　山东省枣庄市博物馆：《山东枣庄市渴口汉墓》，《考古学集刊》（第 14 集），第 80~160 页。

2　枣庄市文物管理委员会、枣庄市博物馆：《山东枣庄市临山汉墓发掘简报》，《考古》2003 年第 11 期，第 49~59 页。

3　枣庄市文物管理委员会办公室、枣庄市博物馆：《山东枣庄小山西汉画像石墓》，《文物》1997 年第 12 期，第 34~43 页。

4　山东省文物考古研究所：《鲁西南汉墓》（上），第 27~28 页。

5　山东省文物考古研究所：《鲁西南汉墓》（上），第 98~194 页。

6　山东省文物考古研究所：《鲁西南汉墓》（上），第 202~203 页。

7　山东省文物考古研究所：《鲁西南汉墓》（上），第 347~348 页。

图 8　微山县大辛庄 M18

济宁师专墓群 M4、M10[1]，济宁肖王庄石椁墓 M2[2]，兖州徐家营墓地 M30、M32、M33、M45、M71、M84[3]，曲阜柴峪墓地 M223[4]，微山县两城乡陈庄一双室石椁墓，夏镇青山村一单石椁墓[5]，平阴新屯汉画像石 M2，新屯一石椁墓[6]，栖霞峨山庄石椁墓[7] 和牟平石椁墓。[8] 总体而言，石椁墓

的形制仍主要为土坑竖穴墓，目前发现的画像石椁墓都没有墓道。画像除了刻于石椁的内侧或外侧外，新出现了石椁内外两侧均刻有画像者。外侧刻有画像的石椁墓以滕州封山墓地 M66、济宁师专墓群 M4、M10、肖王庄石椁墓 M2 为代表；内外皆刻有画像者为微山县夏镇青山村一石椁，并且其挡板内侧出现了新的画像题材铺首衔环之上立一凤鸟，而这是东汉时期画像石墓的门扉上最常见的画像。

这一阶段的画像石椁墓数量最多，其上画像的配置也呈现更强的多样性。有的石椁仅刻简单的平行线或斜线纹，有的则仍以璧纹和常青树作为石椁画像，但是与墓主人日常生活相关的双阙门吏、楼阁墓主人端（对）坐、拜谒、车马出行、建鼓乐舞、庖厨宴饮、狩猎图等画像的组合已经成为主流，如枣庄小山汉墓 M2 南石椁足挡刻侍女迎送，侧板刻门吏、厅堂内墓主人接受拜谒，底板刻博局图等画像（见图 9）；济宁师专 M4 石椁头挡刻双阙门吏，侧板刻双阙门（骑）吏、墓主人厅堂

1　济宁市博物馆:《山东济宁师专西汉墓群清理简报》,《文物》1992 年第 9 期, 第 22~36 页。

2　胡广跃、朱卫华:《济宁肖王庄石椁画像及相关问题》,《中国汉画学会第十二届年会论文集》, 中国国际文化出版社（香港）, 2010, 第 285~289 页。

3　山东省文物考古研究所:《鲁西南汉墓》(上), 第 437~441 页。

4　山东省文物考古研究所:《鲁西南汉墓》(下), 第 692~693 页。

5　微山县文物管理所:《山东微山县近年出土的汉画像石》,《考古》2006 年第 2 期, 第 35~47 页。

6　济南市文化局文物处、平阴县博物馆筹建处:《山东平阴新屯汉画像石墓》,《考古》1988 年第 11 期, 第 961~974 页。

7　烟台市博物馆、栖霞县文物管理所:《山东栖霞汉画像石墓》,《文物》2002 年第 7 期, 第 82~83 页。

8　仲雨、闫勇:《胶东地区石椁墓及相关问题初探》,《文物春秋》2015 年第 5 期, 第 29~33 页。

端坐、建鼓乐舞、车马出行、渔猎图（见图10）；济宁师专M10石椁挡板刻双阙门（骑）吏，侧板刻墓主人厅堂端坐、建鼓乐舞、拜谒、渔猎图（见图11）；济宁肖王庄M2石椁头挡刻双阙骑吏，足挡刻二门吏，侧板刻墓主人厅堂端坐、乐舞、拜谒、车马出行、捕鱼等（见图12）；平阴新屯汉画像石M2西石椁头挡刻重檐楼阁，足挡刻双阙侍女，侧板刻墓主人楼阁端坐、进献、车马出行图等（见图13），另有一些石椁不一一列举。此外，上面提及的新出现的画像题材铺首衔环也见于枣庄临山汉墓M1石椁头挡，并且微山县夏镇青山村石椁之上除了与墓主日常生活相关的画像外，还新出现了西王母及其神仙世界。画中西王母面右端坐于高座之上，其面前有玉兔捣药、三青鸟、九尾狐跪拜的羽人、蟾蜍、鸡首人身之人、马首人身之人、翼虎、人首蛇身之人、风伯和神农氏（见图14）。这反映了一种早期的试图将石椁内部仙境化的图像表达，说明此时的古人已经不满足于仅仅"照搬"墓主生前的生活场景，而是将其生前求之未得的西王母的神仙世界也置于其间，仿佛墓主人在以椁底板为新的"地平面"的世界中也可以如人间世界一样，不仅拥有衣食无忧甚至锦衣玉食的生活，还可以求取不死之药，进入西王母的神仙世界。当然，我们也应注意到西王母及其神仙世界只为右侧板的一格画像，受限于石椁的形制和内部空间的狭长低矮，工匠们不能刻画出如画像石墓或祠堂内部上下有度的宇宙空间。但是西王母仙境于石椁内的刻画实属重大的突破，这为画像石墓和祠堂准备好了包含有关键要素的西王母神仙世界，伴随着椁墓向室墓的演变，终发展出"上具天文、下具地理"的画像石墓和祠堂。

4. 新莽时期

新莽时期的发现集中于枣庄和济宁两地，有枣庄临山汉墓M8、M11[1]，滕州高

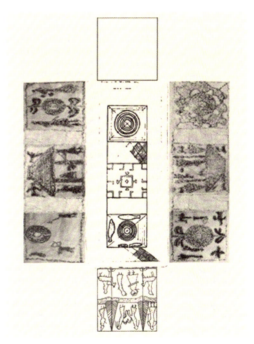

图9 枣庄小山汉墓M2南石椁

1 枣庄市文物管理委员会、枣庄市博物馆：《山东枣庄市临山汉墓发掘简报》，《考古》2003年第11期，第49~59页。

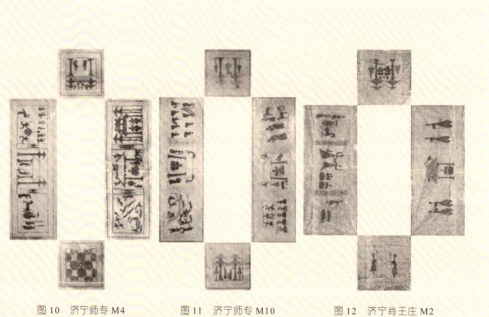

图 10　济宁师专 M4　　　　图 11　济宁师专 M10　　　　图 12　济宁肖王庄 M2

图 13　平阴新屯汉画像石 M2　　　　图 14　微山县夏镇青山村石椁

庄汉墓 M1[1]，封山墓地 M81、M103[2]，东小宫墓地 M222[3]，济宁师专墓群 M5[4]，兖州徐家营墓地 M47、M214、M248[5]，曲阜柴峪墓地 M44、M62[6]，梁山薛垓墓地 M200。[7] 这时的画像石椁墓仍为窄长形的土坑竖穴墓，且都没有墓道。也就是说，石椁外侧的画像也是无法窥其全貌的，但是画像刻于外侧的石椁比重明显上升，见于济宁师专墓群 M5，兖州徐家营墓地 M47、M214、M248 和梁山薛垓墓地 M200。就画像内容而言，简单雕刻的斜线纹、菱形纹仍可单独装饰石椁，璧纹或十字穿璧间或为石椁的唯一画像，但其主要仍为上述

与墓主人日常生活相关的画像。如徐家营墓地 M47 石椁足挡刻墓主人端坐、跪拜者及抚琴者，二侧板外侧刻人与鹿或狗、侍女进献和车马出行图等（见图 15）。薛垓墓地 M200 石椁的挡板刻持棒的二门吏或重檐双阙，二侧板中部刻十字穿璧（见图 16）。此外，西汉晚期出现的铺首衔环题材在该时期也有发现，它们仍位于石椁的内壁，还未出现外移的现象。如枣庄临山汉墓 M8 西石椁头挡和左侧板内侧各刻有一铺首衔环（见图 17），滕州东小宫墓地 M222 东石椁的足挡内侧刻二铺首衔环和十字穿璧（见图 18）。

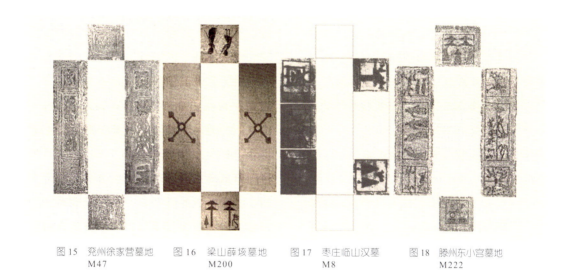

图 15　兖州徐家营墓地　　图 16　梁山薛垓墓地　　图 17　枣庄临山汉墓　　图 18　滕州东小宫墓地
　　　　M47　　　　　　　　　　　M200　　　　　　　　　　M8　　　　　　　　　　M222

1　王元平、石晶、孙柱才：《山东滕州高庄发现汉画像石墓》，《考古》2006 年第 10 期，第 93~95 页。

2　山东省文物考古研究所：《鲁西南汉墓》（上），第 28~30 页。

3　山东省文物考古研究所：《鲁西南汉墓》（上），第 209~212 页。

4　济宁市博物馆：《山东济宁师专西汉墓群清理简报》，《文物》1992 年第 9 期，第 22~36 页。

5　山东省文物考古研究所：《鲁西南汉墓》（上），第 441~445 页。

6　山东省文物考古研究所：《鲁西南汉墓》（下），第 708~709 页。

7　于秋伟：《山东梁山薛垓墓地石椁墓画像研究》，《海岱考古》（第 9 辑），第 466~479 页。

5. 东汉早期

东汉早期的画像石椁墓主要发现于济宁和枣庄两地，有微山县微山岛的三座石椁墓[1]，邹城卧虎山汉墓M1、M2[2]，兖州徐家营墓地M51[3]，滕州封山墓地M57[4]。这一时期的画像石椁墓仍为土坑竖穴墓，虽然石椁外侧的画像仍被墓圹所遮蔽，但也不影响刻于石椁外侧画像的出现，如邹城卧虎山汉墓M2南石椁四壁的内外及侧板的立面均刻有画像，并且在其中我们看到了古人试图将铺首衔环外移以象征石椁之门的努力（见图19）。画像内容方面，以简单的斜线、竖线、平行线和璧纹作为装饰的石椁仍有发现，但大部分石椁之上都有与墓主日常生活相关的场景，并且微山岛一双石室石椁墓的侧板出现了表现丧葬流程的吊唁、送葬和墓地画像（见图20）。除此之外，西汉晚期业已出现的西王母及其神仙世界画像也有所发现，见于上述微山岛双石室石椁墓的隔板和卧虎山汉墓M2南石椁右侧板的内侧。并且新出现了历史人物故事画像，主要有泗水升鼎、伯乐相马、奚仲造车和豫让刺赵襄子的故事。其中泗水升鼎图见于上述微山岛双石室石椁墓的隔板、微山岛一单石椁墓的侧板和卧虎山汉墓M2南石椁左侧板内侧，伯乐相马图亦见于卧虎山汉墓M2南石椁左侧板

图19　邹城卧虎山汉墓M2南石椁

的内侧，奚仲造车图见于该石椁左侧板的外侧，豫让刺赵襄子画像见于该石椁右侧板的外侧（见图21）。

在这里，笔者想重点讨论的是邹城卧虎山汉墓的两座墓葬。虽然两座墓葬内画像石椁的头挡都雕刻有铺首衔环，但M1石椁位于头挡内侧，而M2南石椁则刻于外侧。如前述，新莽时期开始出现的铺首衔环画像是位于挡板或侧板内侧的，但在此时铺首衔环出现了外移的倾向。伴随

1　王思礼等：《山东微山县汉代画像石调查报告》，《考古》1989年第8期，第699~709页。

2　邹城市文物管理局：《山东邹城市卧虎山汉画像石墓》，《考古》1999年第6期，第699~709页。

3　山东省文物考古研究所：《鲁西南汉墓》（上），第427~428页。

4　山东省文物考古研究所：《鲁西南汉墓》（上），第28页。

着这种外移一起并发的是挡板向墓门的转化。一般而言，石椁的构造是侧板两端凿出凹形槽，挡板两端凿成楔形榫，以此实现石椁的严密扣合，所以挡板是无法启闭的，M2 南石椁也不例外。虽然工匠沿用了这种石椁构造，但他们以画像的方式构建了"有形但却无实"的门。挡板为一整块石材，工匠以铺首衔环及虎所象征的二门扉将整块石材一分为二，门间形成一条缝隙。若仅是如此，我们很难说工匠出色地完成了石椁之门的构建，因为这也可被认为只是单纯的铺首衔环及虎的画像。然而，工匠通过门间半露其身之人及门前守门之犬的添加不仅宣告了石椁之门的存在，还赋予了此门可以通行的功能。工匠以画像构建石椁之门的设计固然巧妙，但其所凭依的挡板仍是一整块，仍被卡在侧板的凹形槽之中不能活动。除了这种努力，最晚于西汉晚期就已出现了足挡演变为墓门的石椁，其未被放入墓中之前可以自由启闭。有的石椁更因为墓道的出现，即便被置于墓中仍可启闭，如枣庄渴口汉墓 M94。可惜的是该墓的石椁并未雕刻画像，整个山东地区也未发现此类画像石椁墓。但是，具有墓门的画像石椁在苏北地区有所发现，并且门上所刻的也是铺首衔环。这不只是一种巧合。

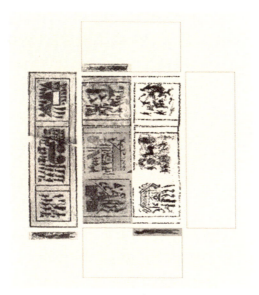
图 20　微山县微山岛—双室石椁墓

（二）苏北地区

苏北地区的发现主要位于徐州、宿迁和连云港地区。苏北地区画像石椁墓的出现时代为西汉中期，有铜山县（今江苏徐

图 21　微山县微山岛—单石椁墓

州市铜山区）凤凰山 M1[1] 和徐州铁刹山汉墓 M3[2]。两座墓葬均为土坑竖穴墓，无墓道。画像均刻于石椁的内壁，头挡刻十字穿璧，足挡为一棵常青树（见图 22）。

西汉晚期的画像石椁墓也发现于徐州、宿迁和连云港三地，有徐州万寨 M2、范山石椁墓[3]、铜山利国镇墓山石椁墓[4]、宿洪县梅花石椁墓[5]、连云港锦屏白鸽涧石椁墓[6]。墓葬的形制也为土坑竖穴墓，无墓道，画像也全部位于石椁的内部。除了十字穿璧和常青树继续作为石椁挡板的装饰外，厅堂和铺首衔环也出现于其上，侧板画像则出现了与墓主日常生活相关的乐舞百戏和狩猎图。

新莽时期的画像石椁墓也发现于徐州、宿迁和连云港三地，有沛县栖山汉墓 M1[7]、铜山茅村乡檀山石椁墓[8]、宿迁泗洪重岗双室石椁墓[9]、连云港锦屏山桃花涧石椁墓、锦屏山酒店石椁墓、锦屏山刘顶石椁墓[10]。这几座石椁墓的形制也为土坑竖穴墓，无墓道，因此石椁外侧的画像仍难窥全貌。虽是如此，但沛县栖山汉墓 M1 中内椁的内外皆刻满画像。就画像内容而言，除了十字穿璧、常青树、厅堂继续充当石椁挡板画像外，该期六座墓葬的七具石椁中仅

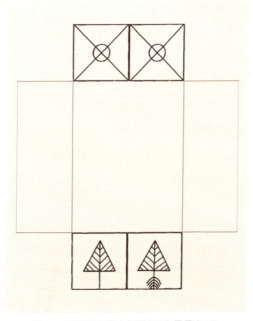

图 22　江苏铜山县（今铜山区）凤凰山 M1

1　徐州博物馆：《江苏铜山县凤凰山西汉墓》，《考古》2004 年第 5 期，第 29~37 页。

2　李祥、郑洪全：《徐州市铁刹山汉墓群》，《中国考古学年鉴 2006》，文物出版社，2007，第 193 页。

3　王恺：《徐州地区的石椁墓》，《江苏社联通讯》1980 年第 13 期，第 19~23 页。

4　徐州市博物馆：《江苏徐州市清理五座汉画像石墓》，《考古》1996 年第 3 期，第 28~35 页。

5　江枫、尹增淮：《江苏宿迁出土的两处汉画像石》，《长江文化论丛》第 8 辑，2012，第 98~103 页。

6　李洪甫：《连云港市锦屏山汉画像石墓》，《考古》1983 年第 10 期，第 894~896 页。

7　徐州市博物馆、沛县文化馆：《江苏沛县栖山汉画像石墓清理简报》，《考古学集刊》（2），中国社会科学出版社，1982，第 106~112 页。

8　徐州市博物馆：《江苏徐州市清理五座汉画像石墓》，《考古》1996 年第 3 期，第 28~35 页。

9　南京博物院、泗洪县图书馆：《江苏泗洪重岗汉画像石墓》，《考古》1986 年第 7 期，第 614~622 页。

10　李洪甫：《连云港市锦屏山汉画像石墓》，《考古》1983 年第 10 期，第 894~896 页。

一具石椁的挡板没有雕刻铺首衔环，且多
位于足挡（墓门），这表明了铺首衔环作为
石椁之门画像的固定。除此之外，大量与
墓主人日常生活相关的楼阁端坐宴饮、拜
谒、建鼓乐舞、庖厨、车马出行、狩猎等
画像题材也出现于其上。另外，石椁之上
还新出现了相马图、西王母和日月相图。
相马图位于沛县栖山汉墓 M1 中石椁的头
挡外侧，西王母的形象位于该石椁的右侧
板内侧，她凭几端坐于一双重楼阁之上，
楼下有一鸟，口衔一物，楼阁后方有两棵
常青树，楼阁一旁有两个女子捣药、三青
鸟和九尾狐，楼阁前方立四人，其一人首
蛇身佩剑、一马首人身、一鸡首人身和一
佩剑老者（见图 23）。日相和月相图刻于
泗洪重岗石椁墓的石椁隔板两侧，该墓为
一座双石室石椁墓，隔板的头端下部有一
窗洞连通二室，隔板西侧面的窗洞之上刻
日相图，为三足金乌负日，日中另有三鸟，
另一侧对应位置刻月相图，月内有桂树、
玉兔和蟾蜍（见图 24）。这应该是苏北地
区画像石椁墓最辉煌的时期，之后无论是
墓葬的数量，还是画像的题材都趋于减少。
东汉早期的发现仅有宿迁晓店乡青墩石椁
墓。[1] 画像见于石椁内侧，石椁破坏严重，
仅可知挡板刻蹶张、狩猎图，侧板刻宴饮、
车马出行图。

　　苏北地区画像石椁墓的出现时代要晚
于鲁南地区，且画像内容也为璧纹和常青
树，这表明了两地之间的承继关系。与山

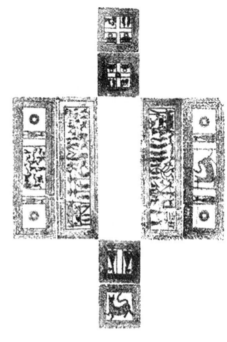

图 23　沛县栖山汉墓 M1

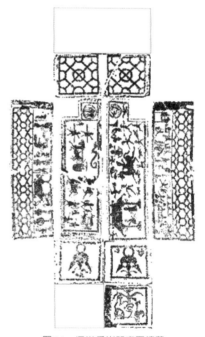

图 24　泗洪重岗双室石椁墓

1　江枫、尹增淮：《江苏宿迁出土的两处汉画像石》，《长江文化论丛》第 8 辑，第 98~103 页。

东地区画像石椁的形制变化情况不同，苏北地区新莽时期的画像石椁之上出现了墓门，门有门枢，可以向外开启。只是此时的墓葬形制仍为不带墓道的土坑竖穴墓，当石椁被置于墓中之后，墓门是不能正常启闭的。画像石椁的墓门之上较为固定地出现铺首衔环画像表明了墓门功能的明晰。只是墓门上的铺首衔环都位于内侧，有别于后世画像石墓的墓门画像配置，当然，站在当时的赞助人及送葬者的角度，这种刻于石椁内侧的画像更方便他们观看。此外，这时已经出现铺首衔环刻于石椁外侧的现象，只不过画像位于头挡，而非墓门，但这也在一定程度上反映了铺首衔环的外移，为铺首衔环画像出现于画像石椁墓的墓门外侧做了先期准备。

（三）皖北地区

皖北地区的画像石椁墓均发现于萧县，其数量较少，仅有三座。该地区画像石椁的出现时代为西汉晚期，有萧县陈沟墓群（东区）M12[1]和破阁 M156[2]。其墓葬形制为土坑竖穴墓，无墓道。画像均刻于石椁内侧，画像较为简单原始，挡板为璧纹和常青树，侧板刻菱形纹。新莽时期的画像石椁墓仅有萧县西虎山汉墓 M3 一座[3]，其为一座带墓道的土坑竖穴双室石椁墓，墓

门由二门扉组成，门上有门枢，可向外开启，门扉外侧刻铺首衔环。另外，石椁二室之门也可向外开启，门扉外侧都刻有两棵常青树（见图 25）。

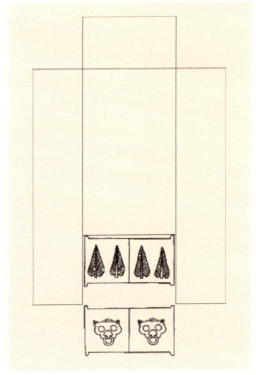

图 25　萧县西虎山汉墓 M3

由于墓道的出现，西虎山汉墓 M3 的石椁之门终于实现了于墓中的自由启闭，也成了真正意义上的墓门。并且，铺首衔环也出现于墓门二门扉的外侧，这都为东

1　安徽省文物考古研究所、安徽省萧县博物馆:《安徽萧县陈沟墓群（东区）发掘简报》,《东南文化》2013 年第 1 期, 第31~40 页。

2　安徽省文物考古研究所、安徽省萧县博物馆:《萧县汉墓》, 文物出版社, 2008, 第 219~221 页。

3　安徽省萧县博物馆、萧县文物管理所:《安徽萧县西虎山汉墓清理简报》,《东南文化》2007 年第 6 期, 第 23~33 页。

汉时期画像石墓的墓门形制和画像配置提供了依据。

（四）豫东地区

虽然西汉早期的永城柿园汉墓的侧室8内的石厕右脚踏上部刻有三棵常青树和一只鸟，下部刻系有帛带的十字穿璧二组；左脚踏上部刻一厅堂和常青树，下部也为系帛带的十字穿璧[1]，同为西汉早期的保安山二号墓21②号室内的石厕坐垫的前端立面阴刻也有常青树[2]，但是豫东地区并未有该时期的画像石椁墓发现，甚至到了西汉中期也未有发现，目前可知的豫东地区最早的画像石椁墓出现于西汉晚期。

西汉晚期的画像石椁墓均发现于商丘市，有夏邑城关镇毛河四、五座石椁墓[3]，夏邑吴庄石椁墓 M2、M26、M38[4] 和永城骨堆集石椁墓。[5] 这些画像石椁墓都为土坑竖穴墓，无墓道。画像均刻于石椁内侧，夏邑县三座石椁墓的画像较统一，为头挡刻常青树和鸟，足挡刻系有帛带的璧，侧板为挡板画像的组合（见图26）。永城骨堆集石椁的头挡刻十字穿环，足挡刻铺首衔环，除了铺首衔环显示出一定的进步性外，其余均较简单原始。

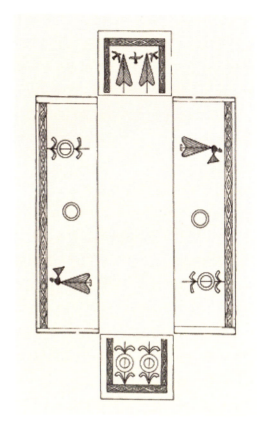

图 26　夏邑吴庄石椁墓 M2

二　画像石椁源流及画像配置演变

西汉早期的柿园汉墓除了石厕脚踏上阴刻的十字穿璧、常青树、厅堂外，主室顶部还有彩绘的青龙、白虎、朱雀和可能

1　河南省商丘市文物管理委员会、河南省文物考古研究所、河南省永城市文物管理委员会：《芒砀山西汉梁王墓地》，文物出版社，2001，第95~100页。

2　河南省文物考古研究所：《永城西汉梁国王陵与寝园》，中州古籍出版社，1996，第124~129页。

3　郑清森：《略论商丘汉代画像石的产生、发展与分期》，载《中国汉画学会第九届年会论文集》，中国社会出版社，2004，第42~55页。

4　商丘地区文化局：《河南夏邑吴庄石椁墓》，《中原文物》1990年第1期，第1~6页。

5　周到：《试论永城汉画像石》，《中原文物》1987年第2期，第140~143页。

为鱼妇的四神图像。与脚踏上线刻画像的粗朴相比，主室壁画显然已是非常成熟的作品。但综观两汉时期，壁画和画像石都不是高等级墓葬必要的装饰，反倒地方官吏和平民地主成为画像石墓的拥趸。从墓葬规模、等级和随葬品来看，画像石椁墓亦是如此。

西汉早期的画像石椁墓仅见于鲁南地区，这表明该区域是画像石椁的发源地。墓葬的形制为窄长形的土坑竖穴墓，无墓道。画像均刻于石椁四壁的内侧，盖板或底板偶有画像，画像或采自楚地内棺头端"悬璧"之俗，不过易之以线刻之璧，有的还保留了悬系之法，璧上之"十字"、帛带便为悬璧之用；或取北方墓旁所植常青树及树上所飞或立鸟装饰其上，以表明常青树之内便是死者的地下幸福家园，彼岸世界的墓主人可通过璧纹与人间沟通。也许古人有感于此世界缺少了生者的气息和人间的美好，厅堂楼阁、门吏武士等日常所见所需的建筑和人物被移入其间，并且充当起进入此世界的门户或守卫的职能。特别是墓主人的形象出现于画像之中，构建起一个属于他的彼岸世界。

进入西汉中期，画像石椁墓除了继续在鲁南地区流行外，还传播至苏北地区。两地的画像石椁墓仍为土坑竖穴墓，个别墓葬出现墓道。画像除了刻于石椁内侧者，还新出现了刻于外侧的画像石椁，这表现了赞助人将石椁及其内部空间整体"内化"为墓主人彼岸幸福世界的更大企图，即便这种墓葬形制下的石椁外侧画像并不能让人窥其全貌。至于画像题材，除了原始的

璧纹和常青树外，双阙与一门吏的组合画像成为挡板画像的新题材，墓主人的形象继续出现于石椁之上，墓主人一人端坐或与人对坐于厅堂之内或双重楼阁之上，在其对面有建鼓、乐舞表演或拜谒之人。此外，还新出现了表现墓主人日常活动的车马出行和狩猎图。这些画像的出现无疑使得墓主人的彼岸世界具有了生活气息，并且更好地表现了墓主人身份的高贵和生活的美好。只不过这些新出现的画像题材只在鲁南地区流行，苏北地区的画像石椁之上只见原始的十字穿璧和常青树画像。

再到西汉晚期，除了鲁南和苏北地区外，鲁中、胶东、皖北和豫东地区也开始流行这类画像石椁葬。这一时期可谓画像石椁墓发展最为繁盛的时期，因为各个地区的发现数量最多，且画像题材也呈现多样性。此时的画像石椁墓仍为不带墓道的土坑竖穴墓，除了画像刻于内侧的石椁，也不乏刻于外侧者。苏北、皖北和豫东地区的挡板画像仍主要为璧纹和常青树，而山东地区的挡板画像呈现多样性，简单者仅为竖线或平行线，稍复杂者为璧纹和常青树的组合，再复杂者为厅堂、楼阁或双阙与门吏，最复杂者内外皆有画像，内为铺首衔环上立凤鸟与门吏，外为楼阁或双阙与门吏。值得一提的是，后世画像石墓的墓门之上最常见的画像题材铺首衔环开始出现，它们的出现将其所在挡板转化为石椁之门，虽然这些象征的墓门并不能启闭。石椁侧板之上表现墓主人彼岸世界幸福生活的楼阁端坐、建鼓、乐舞百戏、庖厨、宴饮、拜谒、楼阁（双阙）门吏、车

马出行、渔猎等画像在山东地区也更为丰富，其余三地偶有上述画像，但仍以菱形纹、璧纹、常青树及其上立鸟等简单纹样为主。此外，西王母及其神仙世界也首现于画像石椁之上。在先秦文献中西王母是一位蓬发戴胜、虎齿豹尾的半人半兽之神，而到了西汉中期西王母成为掌管不死之药的神人，其形象也进化为戴胜的妇人，在洛阳卜千秋壁画墓和南昌海昏侯墓的孔子衣镜上均有发现（见图27）。微山县夏镇青山村石椁侧板之上的西王母端坐于高座之上，该高座象征西极的昆仑，这是目前所见最早的将西王母与昆仑山结合在一起的画像。在西王母的面前不仅有卜千秋墓中可见的玉兔、蟾蜍和九尾狐，还有三青鸟、羽人、马首人身、鸟首人身、人首蛇身之人、风伯和神农氏。这显示了赞助人除了为墓主人构建彼岸幸福世界的企图外，还期盼墓主人可以继续其在人间的求仙问药之路，完成其生时升仙而去的未竟之梦。无论是西王母与昆仑的结合，还是其神仙世界中人与物的丰富程度，该

幅画像都具有浓墨重彩的一笔，为后世西王母自身及其神仙世界的想象与刻画提供了蓝本。

经历了西汉晚期的繁盛，新莽时期的画像石椁墓发展略显颓势，各个区域内画像石椁墓的数量趋于减少，豫东地区甚至已不可见。这时的画像石椁墓仍流行不带墓道的窄长形土坑竖穴墓，虽然仍以刻于内侧的画像石椁为主，但刻于外侧者所占比重上升。挡板画像除了璧纹和常青树仍流行外，竖线、斜线和三角纹等简单纹样和门吏形象也见于其上，西汉晚期始出现的铺首衔环在三地均有发现，特别是在苏北地区备受推崇，而在皖北地区则出现了铺首衔环刻画于墓门外侧的现象，并且由于萧县西虎山汉墓M3带有墓道，墓门可以向外开启，墓门的实用功能得以实现。这开启了后世画像石墓的墓门之上多刻铺首衔环画像之先河。石椁侧板表现墓主人彼岸幸福生活的画像题材与西汉晚期大致相当，不一一列举。除此之外，西王母的神仙世界仍为时人所看重并为墓主人准备，对于天上世界想象的金乌负日及日中之乌和月中桂树、蟾蜍与玉兔的日、月相图也被植入其中，虽然这比马王堆汉墓T形帛画上的日、月相图足足晚了一个半世纪，比卜千秋壁画墓中的日月壁画也晚了有半个世纪。至此，石椁画像终于涵盖了天上、仙界和人间（此是以石椁底板为"地平面"所构建的人间），可惜它们并非出自同一石椁之中，即便有其二者，限于石椁的高度也未能形成天上或仙界居上、人间居下的宇宙时空。不过，至少这种试图将天上、

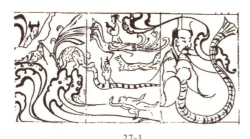

27-1

27-2

图27 西汉时期的西王母形象
27-1 洛阳卜千秋壁画墓 27-2 南昌海昏侯墓孔子衣镜

仙界和人间世界全部纳入石椁之中的设想已经出现，也为后世画像石墓中上下有序的宇宙时空的构建提供了观念和技术上的支持。另外，还新出现了历史人物故事的画像，为江苏沛县栖山汉墓 M1 中石椁挡板外侧的伯乐相马图，画中一人正双手扶住马嘴观看，此人可能为伯乐。

画像石椁墓在新莽时期已现颓势，但二百余年累积的丧葬习俗和信仰观念使其仍得以延续至东汉早期。鲁南和苏北地区画像石椁墓的数量锐减，皖北和豫东地区已不复得见。这时的画像石椁墓仍为不带墓道的土坑竖穴墓，并以石椁内侧雕刻画像为主流。挡板画像以十字穿璧和铺首衔环为主，常青树、厅堂、门吏也偶有发现，此外仙人、凤鸟及蹶张也出现于其上。邹城卧虎山 M2 挡板之上的铺首衔环也移至外侧，并且以左右二铺首衔环和中间半露其身的门吏构建了可以通行的有形之门，仿佛墓圹及其与石椁之间的填土也变得虚空起来，丝毫不影响画像之门的启闭。除了表现墓主人彼岸世界日常活动的画像外，描绘现世人间丧葬仪式的吊唁、送葬和墓地图景也出现于其中。此外，西王母及其神仙世界仍为古人所孜孜追求，历史人物故事的画像题材增加，除了伯乐相马图外，还新出现泗水升鼎、奚仲造车和豫让刺赵襄子画像。虽同为伯乐相马图，这时的画中除了伯乐与马外，还增加了九方皋和二观者，且相马之人也变成了九方皋，伯乐只在一旁指点。

东汉早期之后，这类由挡板、侧板、底板和盖板组合而成的简单构造的画像石椁近乎消亡，继起者为一种平顶或叠涩藻井顶前室的石室墓。这类石室墓由前室和后室组成，前室高于后室，多为横长的石室，且有了梁柱结构，门柱将墓门分隔为二或三，却没有门扉，以石板封门。后室数量不一，有一、二或三之数。尤其是叠涩藻井顶前室的石室墓，多带有斜坡式的墓道。由于前室的挑高和墓道的出现，墓门终于具有了普遍意义上的启闭和使人进出的功能，墓门的门楣和立柱外侧也刻有画像。这时的墓门并无门扉，所以铺首衔环画像也无可附之处。但是相对于石室内部的画像系统而言，墓门画像终于成为一种相对独立的"外部"存在，且是赞助人及送葬者目光所及的最后存在，这有别于画像石椁的观看方式。同样由于前室挑高的缘故，前室内部的画像有了上下的分层，这也为墓室内上具天文和神仙世界、下具地理和人间的宇宙时空的构建提供了纵向维度上的支撑。而这些都在后来的石或砖石结构的画像石墓中得以实现。

关于画像石椁墓自身形制以及石椁画像配置的变化是显而易见的，对此有所关注的研究者都会发现。本文想进一步讨论的是画像石椁自身形制变化与预设观者之间的互动所造成的画像题材及位置的变化，特别是墓门观念产生前后画像的变化。

三　画像石椁的形制变化和预设观者的观看之道

与战国和西汉早期的漆棺表面彩绘羽

人、仙山、神怪、动物、云气等画像不同，西汉早期画像石椁的画像是刻于内侧的。以马王堆一号汉墓的四重漆棺为例，虽然学者的解读有由外向内和由内向外之别，但都显示出古人幻想将包括漆棺在内的空间"内化"为一重宇宙时空的企图。这份宇宙时空"内化"的狂热，还见于太史公对始皇帝陵墓"上具天文、下具地理"的描述和柿园汉墓墓室顶部四神所象征的天象之中。但在西汉早期的画像石椁墓中我们看不到这份狂热，有的只是简单的画像所装点的小型石椁和古人质朴的诉求。石椁自身的材质已经暗含了古人希望自身可以与其一样不朽的祈求，但其内画像多少有些失色。反观差不多同时期的临沂金雀山 M9 覆棺帛画则自上而下描绘了日月相、东海三仙山和墓主夫妇的人间生活等场景。这可能与工匠对石头的雕刻技艺不成熟有关，能够完成所见简单画像的刻画已属上乘水平。至于画像刻于石椁内侧，笔者以为这与石椁墓的下葬方式和预设观者的视觉角度有关。这一时期的石椁墓均为不带墓道的土坑竖穴墓，墓主人的尸体和随葬品都由墓圹自上而下放入，赞助人和送葬者也围绕在墓圹周围。他们向石椁内探视的目光所及只为石椁四壁内侧和底板，画像刻于内侧更方便人们看到，也更让人们相信此彼岸幸福世界的构建。当盖板一一盖上，孝子贤孙们的孝行和满足感在送葬者及不相干的旁观者的赞叹声中达到极点。

虽然此后极个别的墓葬出现了墓道，但石椁之上的画像仍刻于内侧，而画像刻

于石椁外侧者所沿袭的仍是原来的土坑竖穴式形制。虽然这类画像石椁如画像漆棺一般试图将包括石椁在内的空间"内化"为一重空间，但它所构建的只是以现世人间世界为模本的墓主人的彼岸幸福世界，并无天上和神仙世界。这一情形在西汉晚期发生变化，西王母及其神仙世界被植入石椁之内，使得石椁内部所构建的空间兼具了西王母的神仙世界和以石椁底板所构建的墓主人的"人间"世界，并且将现世对不死成仙的追求带到了彼岸世界。与此一同出现的是石椁之门观念的产生，其标志为现世门户之上的铺首衔环被以画像的形式转嫁于石椁之上，虽然限于石椁墓的形制和展现方式它们均位于石椁足挡的内侧，但相较于过去的常青树、双阙或楼阁画像，铺首衔环画像的墓门意味更加浓重和真切。并且，自此以后伴随着墓门观念的日益成熟，有门枢的墓门开始出现，铺首衔环作为墓门（足挡）画像也日趋稳定，并且发生了由墓门内侧向外侧的转移。由于土坑竖穴式的墓葬形制，即便是有了门枢的墓门也不能自由启闭，其外侧铺首衔环画像也难以窥其全貌甚至不能得见。墓道的出现很好地解决了这一问题，这标志着真正意义上的墓门的出现和功能的实现，但同时也宣告了石椁墓命运的终结，因为可以从墓道和墓门进入的石室墓更具有高度和空间上的优势。同时，这也改变了赞助人和送葬者的观看之道，他们从墓道退出时已看不到石室的内部空间，最后的目光所及只为墓门立面。石室墓梁柱所形成的墓

门立面提供了更多的可以雕刻画像的部位，并且随着门扉的出现铺首衔环题材终于成为墓门最常见的题材。在此期间，古人还做了另外一种尝试，其以二铺首衔环将整块挡板一分为二，仿佛门之二扉，二侧板立面的青龙、白虎若左右门框及其上画像，并以二扉间半隐其身之人和门前二犬象征此门可以通行。这种墓门或许在象征或观念上是存在的，但是由于该石椁墓的土坑竖穴形制，上述画像并不能被人尽收眼底。因此，这并不是一种成功的尝试，也就不见于同时期的其他石椁墓了。

结　语

画像石椁墓起源于西汉早期的鲁南地区，此后渐向苏北、鲁中、胶东、皖北和豫东地区传播，其形制一直以窄长形的土坑竖穴墓为主，至新莽时期方开始流行带斜坡式墓道者。墓葬形制的稳定性带来了下葬方式、赞助人及送葬者观看方式的相对固定，而这些都使得画像刻于内壁更有利于让人看到墓主人彼岸幸福世界的构建和孝子贤孙们孝行的彰显。当然，也不乏如画像漆棺一般试图将石椁及其内部空间整体"内化"为墓主人彼岸世界者，由外向内的"进入"感获得了更好的展现，但是限于墓葬形制这些刻于石椁外侧的画像并不能为人窥其全貌，只能在影影绰绰之间表达赞助人的更大企图。

当墓道出现之时，预示着这一切都

要发生改变，墓门外侧成为人们可以观看到的、相对于石椁内部而言的"外部"存在。虽然这时的下葬方式和预设观者的观看之道并未发生根本性的变化，但是不久之后这类窄长形的画像石椁墓便被带有斜坡墓道前室挑高的石室墓所取代。石室墓前室的挑高与横长以及梁柱结构形成了高大的具有功能分化的墓门，它提供了更多的可以雕刻画像的位置，而墓门画像成为赞助人及送葬者从墓道退出时所看到的最后图景。与可以自由启闭供人出入的真正意义上的墓门相比，画像石椁之门观念的产生要早得多，其标志为现世门户之上的铺首衔环以画像的形式嫁接于石椁挡板之上。此后，足挡经历了由被固定于侧板之间无法活动，到具有了门枢成为墓门却无法向外开启，再到墓道出现之后可以向外启闭成为真正意义上墓门的发展历程。其上铺首衔环画像实现了自身作为墓门画像的固定和由内向外的转移，终于成为墓门之上最为常见的画像题材。

此外，随着工匠雕刻技艺的日渐成熟，特别是能工巧匠的出现，赞助人对墓主人彼岸幸福世界构建的企图和野心也愈来愈盛。从初始仅以璧纹和常青树标识彼岸世界的存在，到厅堂楼阁、门吏武士等具有生机的物象的植入，再到墓主人以具有威仪的端坐或对坐形象出现，然后到诸多日常活动所展现的墓主人身份地位的高贵和彼岸世界生活的充实与美好，最后到西王母的神仙世界、日月之相所象征的天上世界以及比喻墓主人高洁品质的历史人物故

事画像的出现，如同现世一样的宇宙时空
终于在墓主人的彼岸世界集结。此世界不
再是幽冥的黑暗世界，而是日月照耀下的
光明之所，墓主人不仅可以继续享受与其

生时相同乃至更为奢华的高贵生活，也可
继续他生时未能成功的寻求不死之药以升
仙而去的仙人之梦。

现存几种孝子传图之比较 [*]

■ **张朋兵**（天津师范大学文学院）

孝子故事是汉代孝道思想主导下流传甚广的知识素材，但由于文字与图像之间的异质性特征以及政治意识、叙事传统、制作方式等因素的影响，孝子故事在图文之间出现了不平衡传播，具体表现为对应、删汰、整合等情况。本文试图通过对几种汉代孝子传图文本的比较分析，进而揭示文本差异背后的一般图、文叙事传统及版本流传过程中复杂的文本改造现象。

一 《孝经》与孝子图

在两汉文化研究当中，学界对儒家五经的重视远远超出《孝经》，但事实上《孝经》才是汉代流行最广也是影响最大的经书。王国维在《汉魏博士考》中言："汉时《论语》《孝经》之传，实广于五经，不以博士之废置为盛衰也。"[1] 早在汉文帝设博士官职时即有《孝经》博士一职，今文《孝经》师授门派众多，有长孙氏、博士江翁、谏议大夫翼奉等人。到汉平帝时，要求郡国上下均要设经师，在庠序等教学场所各"置《孝经》师一人"。[2] 光武帝刘秀尤其偏爱《孝经》，不仅规定儒生研习《孝经》，就连作为宫廷卫队的虎贲军也要诵读《孝经》。汉明帝时更甚，规定期门、羽林以上有功子弟及武官也须通晓《孝经》。在汉政府的积极推行和倡导下，《孝经》政治地位不断抬升，不管官私之学，《孝经》都是必读之书，甚至一度和《春秋》比肩，《孝经》成了"三才之经纬，五行之纲纪"。[3]

在政治层面，汉以孝治天下，除汉高祖刘邦和光武帝刘秀等外，两汉皇帝谥号

* 〔基金项目〕重庆市社会科学规划项目"中国古代谏说文辞研究"（项目批准号：2017BS15）阶段性成果。

1 （清）王国维：《观堂集林》，中华书局，1959，第182页。

2 （汉）班固：《汉书》卷一二《平帝纪》，中华书局，1962，第355页。

3 胡平生：《孝经译注》，中华书局，1999，第54页。

前均冠之一"孝"字，即可见汉廷中央的政治诉求与对"孝"的尊崇情况。[1] 据《汉书》《后汉书》的不完全记录，从汉惠帝到汉顺帝，汉廷对孝悌褒奖、赐爵达三十余次，地方性奖励自不用多说。在官吏选拔上，"孝廉"被定为国家选才标准之一，凡孝顺之子孙，有顺德之女，贞烈之妻，生财以济世之男子等都可以举孝廉。不仅如此，汉廷还将不孝之罪入刑律，颁布养老令和三年守丧制，从国家制度层面上加以保障，以至连"事死如事生"的汉代丧葬艺术，也成了汉人表达孝道观念的重要途径，正如一些学者所指出的那样，"孝"在整个社会中的流行解释了汉代墓葬艺术为何如此发达。[2]

《孝经》的强大影响力，使它逐渐被当成社会治理的参考典范。东汉仇览任亭长时，平民陈元母状告其子没有孝道。仇览到陈家"与其母子饮，因为陈人伦孝行，譬以祸福之言"[3]，并与之《孝经》一卷，陈元最后终成孝子。《孝经》在东汉地位隆盛，日益被神圣化、崇高化，以致出现了宗教化的色彩。东汉黄巾起义时，有人拿《孝经》平叛，"但遣将于河上，北向读《孝经》，贼自当消灭"。[4] 这种做法虽荒唐可笑，但也从侧面印证了《孝经》所具有的社会影响力。

如果以上是从外围对《孝经》地位及影响力做的梳理的话，那么《孝经》文本内部又做了清晰的规定，它开篇即道："夫孝，德之本也，教之所由生也"[5]，把"孝"作为一切道德的根基与源泉看待，同时也将其当作一种推行政治教化与治理国家的主要手段，如《孝经》第七章所言："夫孝，天之经也，地之义也，民之行也。天地之经，而民是则之。则天之明，因地之利，以顺天下。是以其教不肃而成，其政不严而治。"[6] 我们知道，善事父母是汉代孝亲思想的一个最基本的道德要求。《孝经》说："自天子至于庶人，孝无终始，而患不及者，未之有也"[7]，对父母行孝，是人人都要履行的职责。《孝经》虽然依照政治身份将人划分为天子、诸侯、大夫、士、庶人五个阶层，行孝内容也有所不同，但在最基本的奉养双亲方面，上层社会跟庶人丝毫没有差别。庶人在社会中基数最大，他

1　汉代除了皇室将"孝"字作为死后谥号以外，汉人用"孝"字起名者也颇多，如《汉书》《后汉书》中的刘孝、赵孝、张孝仲等，《汉印文字征》中的刘孝、尹孝、张孝亲等，《汉碑集释》中的杨孝、于孝、程阳字孝遂等，居延汉简中有张孝、李孝囗等，东海尹湾汉简中有庄子孝（7号牍正）等。

2　T. T. Ch'u（瞿同祖），*Han Social Structure*, ed. J. L. Dull, Seattle: University of Washington Press, 1972：pp.205-206.

3　（南朝宋）范晔：《后汉书》卷七六《循吏列传》，中华书局，1965，第2480页。

4　（明）冯梦龙：《古今笑史》，中华书局，2007，第51~52页。

5　（唐）李隆基注，（宋）邢昺疏《孝经注疏》，载李学勤主编《十三经注疏》，北京大学出版社，1999，第3页。

6　（唐）李隆基注，（宋）邢昺疏《孝经注疏》，第19页。

7　胡平生：《孝经译注》，第11页。

们无须像其他阶层那样以国家和社稷为务，庶人只需劳作以事父母即可，故"用天之道，分地之利，谨身节用，以养父母，此庶人之孝也"。[1] 于是侍奉双亲，就成了汉代孝道的本质内容，汉代流传的孝子传、图，就主要以庶人之孝为主，既是因为庶人之孝是最基本和单纯的，也是汉廷极力要推行和提倡的。在汉代的孝子图像中，这一观念也被淋漓尽致地呈现了出来，比如著名的颜乌、原毂、伯瑜、丁兰、董永等孝子人物，他们皆为庶人平民，曾子、老莱子、闵子骞等，虽是士人，但并不是贵族或官员，依旧属于布衣群体。所以，汉代孝子图彰显的主要还是朴素的庶人之孝。

在现存成系统的孝子图中，以武梁孝子图像最为知名。武梁孝子壁画对孝子孝行的偏爱，对庶人之孝的重视，其实反映的正是《孝经》这部儒家经典文献在汉代社会的盛行景况。作为孝道观念的视觉再现，孝子图像在汉代受到广泛追捧并持续发挥政治教化作用，武梁祠墓专列"孝子"一类，即表明"孝"道观念在墓主人心目中的重要位置。在表示子女对双亲行孝的八幅图画中，对母亲行孝的图像占了六幅，对母亲行孝的图像数量大幅度增加，表明汉代行孝的对象不再只限于父亲，也延伸

到了——母亲，所以许慎在解释"孝"字时就把母亲也纳入其中而专指侍奉双亲了，这其实也隐含了汉代主流社会对孝亲思想的新理解与新变化。而且仔细观察就会发现，武梁孝子图有五幅图像似乎经过了刻意安排而成了一个特殊的组合，巫鸿认为这五幅画像大致对应《孝经》所倡导的五种孝行[2]，即："孝子之事亲也，居则致其敬，养则致其乐，病则致其忧，丧则致其哀，祭则致其严，五者备矣，然后能事亲。"[3] 这解释了汉代《孝经》所提倡的孝道观念是如何通过图像文本叙事的方式渗透到人们日常的宗族伦理观念中的，也说明图文在某种程度上的对应性。

第一种孝行是"居则致其敬"，对应曾子图像（见图1）。众所周知，曾参为孔子的得意门生，是中国历史上耳熟能详的著名孝子之一，据说《孝经》就是他编著的。西汉《大戴礼记》中有《曾子本孝》《曾子立孝》《曾子大孝》等相关篇章，都与曾参作为孔门孝道人物有关，其言行、事迹在汉代有广泛的流传，所以武梁曾子图像榜题才说"曾子质孝，以通神明，贯（感）神祇"[4]，这其实是《孝经·感应》篇思想的某种复述，其云："昔者，明王事父孝，故事天明；事母孝，故事地察；长幼顺，故

1　胡平生：《孝经译注》，第11页。

2　[美] 巫鸿：《武梁祠：中国古代画像艺术的思想性》，生活·读书·新知三联书店，2006，第200页。

3　胡平生：《孝经译注》，第25页。

4　（清）冯云鹏、冯云鹓辑《金石索》，书目文献出版社，1996，第1275页。

上下治。天地明察，神明彰矣。"[1]曾子与母
亲之间的这种心灵感应，起源甚早，最早
见于《论衡》：

　　传书言："曾子之孝，与母
　　同气。曾子出薪于野，有客至而
　　欲去。曾母曰：'愿留，参方到。'
　　即以右手搤其左臂。曾子左臂立
　　痛，即驰至，问母曰：'臂何故
　　痛？'母曰：'今者客来欲去，吾
　　搤臂以呼汝耳。'"盖以至孝与父
　　母同气，体有疾病，精神辄感。[2]

　　然则观之《搜神记》和佚名本的《孝
子传》，其故事与此略有差异，如《搜神
记》说："曾子从仲尼在楚而心动，辞归问
母。母曰：'思尔啮指。'孔子曰：'曾参之
孝，精感万里'。"[3]同一故事虽出现在前后
不同的三个版本里，但目的都是通过"感
应"主题讲述孝在日常生活中的重要性。
　　接下来榜题文字又说："谗三至，慈母
投抒（杼）。"[4]图像传达的是曾母听到曾子
杀人的传言后，因心生害怕而不慎跌落了
手中的织梭，这个故事首见于《战国策》，
后经司马迁之手写进《史记·甘茂传》，

图1　曾子至孝
（据冯云鹏、冯云鹓辑《金石索》，书目文献出版社，1996，第
1274~1275页）

图2　老莱子
（冯云鹏、冯云鹓辑《金石索》，第1278~1279页）

《淮南子》还有"三人成市虎，一里能挠
椎"之说，东汉时被经常用来作为典故使
用[5]，说明这个故事在汉代是人们所熟知的
"常识"。在汉代以后的文献里，曾子行孝
的故事逐渐衍生为两个版本系统：一是曾
参因妻子给母亲吃了生梨而休掉了她；二
是曾子吃了美味的生鱼，因没有拿给母亲
品尝而吐之。这两个故事其实是武梁曾子

1　胡平生：《孝经译注》，第34页。
2　黄晖：《论衡校释》，中华书局，1990，第256页。
3　（晋）干宝：《搜神记》，汪绍楹校注，中华书局，1979，第133页。
4　（清）冯云鹏、冯云鹓辑《金石索》，第1275页。
5　《后汉书》卷五八《傅燮传》载："与左中郎将皇甫嵩俱讨贼张角。燮素疾中官，既行，因上疏曰'……夫孝子疑于屡至，市虎成于三夫。'"

图像故事的进一步衍生版本，目的是传达曾参的纯孝和不能欺骗母亲的事实。

第二种孝行是"养则致其乐"，在图像中以老莱子的故事呈现（见图2）。图像中老莱子扮作婴儿以取悦父母，正如榜题所言："老莱子，楚人也，事亲至孝，衣服斑连，婴儿之态，令亲有驩（欢），君子嘉之，孝莫大焉。"[1] 但在实际历史文献中，老莱子故事至少经历了三个版本的变化：第一个为早期师觉授《孝子传》的记载："老莱子者，楚人。行年七十，父母俱存，至孝蒸蒸。常着斑兰之衣，为亲取饮。上堂脚跌，恐伤父母之心，因僵仆为婴儿啼。孔子曰：'父母老，常言不称老，为其伤老也。'若老莱子，可谓不失孺子之心矣。"[2] 第二个版本为《初学记》所录："老莱子至孝，奉二亲，行年七十，著五采褊襜衣，弄雏鸟于亲侧。"[3] 徐坚加入了"弄雏鸟为亲侧"的部分，想必是另有所据。第三个版本为《艺文类聚》，它综合了前两个版本整合而成，因此故事更为完整，其言："老莱子孝养二亲，行年七十，婴儿自娱，著五色采衣。尝取浆上堂，跌仆，因卧地为小儿啼。或弄乌鸟于亲侧。"[4] 在老莱子汉画像中，榜题没有提及莱子是否跌伤，或怕父母担心而为婴儿之态及"弄乌鸟于亲侧"之事。但在另一幅前室壁画中，莱子之妻被地上的盘子取代，莱子手持鸠杖，这与上文版本载录的"弄乌鸟于亲侧"故事有相似之处。也就是说，同一主题图像的老莱子故事，在情节处理上可能有不同的来源，而这两个来源均为汉代流传的莱子故事。

第三种是"病则致其忧"，讲述的是韩伯瑜故事（见图3）。图中伯瑜跪在地上任母亲责打，令他难过的不是肉体的疼痛，而是母亲的气力大不如从前，榜题有言："伯瑜，伤亲年老，气力稍衰，笞之不痛，心怀楚悲。"[5] 这个图像故事可与刘向《说苑》的记载相印证："伯俞有过，其母笞之，泣。其母曰：'他日笞子，未尝见泣，今泣，何也？'对曰：'他日俞得罪，笞尝痛；今母之力衰，不能使痛，是以泣也。'"[6] 而到曹植的五言诗《灵芝篇》，伯瑜和莱子传说则被杂糅在了一起，出现了仙化的色彩，如："伯瑜年七十，采衣以娱亲；慈母笞不痛，欷歔涕沾巾。"[7] 显示了文本故事在不同时代观念下不断被形塑和整合的过程。

1 （清）冯云鹏、冯云鹓辑《金石索》，第1278页。

2 （宋）李昉编纂《太平御览》，中华书局，1960年影印本，第1907~1908页。

3 （唐）徐坚等：《初学记》，中华书局，1962，第419页。

4 （唐）欧阳询撰《艺文类聚》，汪绍楹校，中华书局，1965，第369页。

5 （清）冯云鹏、冯云鹓辑《金石索》，第1312页。

6 （汉）刘向：《说苑校证》，向宗鲁校证，中华书局，1987，第62页。

7 （三国魏）曹植：《曹植集校注》，赵幼文校注，人民文学出版社，1998，第327页。

图 3　伯瑜　　　　　　　　　　　　　　　　　　　图 4　丁兰

（冯云鹏、冯云鹓辑《金石索》，第 1312 页）　　　　　（冯云鹏、冯云鹓辑《金石索》，第 1280~1281 页）

第四种是"丧则致其哀"，图像对应丁兰故事（见图 4）。丁兰是汉代有名的孝子，丁兰在父母去世后，为了纪念二老，仿刻了一尊木像。在做任何决定前，他都要先征求雕像的同意。其后他依雕像的指示婉拒了邻人的借用要求，邻人遂毁坏了雕像，丁兰一气之下杀了邻居。差役抓捕丁兰，临走前和雕像告别，雕像也潸然泪下。丁兰至孝的故事，刘向《孝子传》和曹植《灵芝篇》均有记载，但明显不是本之于此，而是出于孙盛的《逸人传》，因为有复仇的新情节，这个版本被收录进《太平御览》和《初学记》里，后来成为"二十四孝"的素材来源之一。

第五种"祭则致其严"，讲述的是颜乌侍奉双亲的故事，图像已漫漶不清，武梁图像把这个故事追溯至东汉时期。讲的是颜乌父亲殁后，颜乌因为悲伤过度而变得瘦削下来，最后负土埋葬了父亲。鸟儿

被他的这种孝行所感动，也衔泥帮助他。这个故事在存世的《孝子传》中均无载录，仅在京都大学所藏《孝子传》中有记述。[1]当然，以上五位孝子仅是我们依据《孝经》所谓五种孝行在武梁祠中摘录出来的对应故事，在武梁现存十七位孝子的图像中，其他十一位并不与《孝经》孝行一一对应。也就是说，武梁孝子图像仅有少部分（五幅）与《孝经》所示孝子言行对应，大多数图像故事并不能与《孝经》耦合，而是另有来源，这显示了图像与文字之间所述的某种差异性。

另一个与武梁孝子图像比较接近的是内蒙古和林格尔墓[2]，也是汉代比较成系统的孝子图像，两者可以比较来看，见表 1。

通过表 1 显示，汉代的孝子图像远比我们知道的更为冗杂，即便如此，墓葬图像内部排列上也是有规律可循的。首先，除第一位舜之外，和林格尔墓中的九幅孝

1　〔美〕巫鸿：《武梁祠：中国古代画像艺术的思想性》，第 311 页。

2　详见盖山林《和林格尔汉墓壁画》，内蒙古人民出版社，1977，第 69~74 页。

表1 武梁祠与和林格尔墓孝子图像比较

排序	1	2	3	4	5	6	7	8	9	10	11	12	13	14	15	16	17
武梁祠	曾参	闵子骞	老莱子	丁兰	伯瑜	邢渠	董永	章孝母	朱明	李善	金日磾	三州义士	羊公	魏阳	慈乌	赵苟	原毂
和林格尔墓	舜	闵子骞	曾参	董永	老莱子	丁兰	邢渠	孝乌	伯秦	魏昌	原毂	赵苟	金日磾	三老、任姑			

资料来源：笔者自制。

子图名称、人物身份皆与武梁祠相同；其次，孝子图像开头部分的排列顺序也相当接近。日本学者黑田彰也曾指出："武梁祠以曾参、闵子骞图起始，而村上英二所藏后汉孝子传图像镜也是以同样的两幅图开始的，并且，该墓的图的开头部分也放入了闵子骞、曾参两图，由此可知是沿袭了汉代孝子传开头部分的排列。"[1] 这说明汉代孝子图的人物选择及起始部分的排列顺序自有一整套模式，并不是完全按照墓主人的要求随心所欲地三五组合。

要之，如果说《孝经》主要是官方为昭示孝养，以求宣传孝道教化民众之举，那么汉代孝子图则体现的主要是民间庶人孝养观了，例如前面所述武梁祠与和林格尔墓。武氏家族虽长期有人在外做官，但武梁本人隐居不仕，只是读经授学而已，且与民间儒士多有往来，所以武梁孝子图像更多传达的是流行于民间的一般孝道思想及孝道观。和林格尔墓主人亦是如此，虽被封为郎，却是举孝廉出身，曾多次任地方官。换句话说，《孝经》是汉代孝子图撰作的理论来源和思想指导，孝子图

是《孝经》的图像化表达，这是两者内在的共通性，但同时又存在区别。《孝经》是汉代系统性地讨论"孝"伦理观念的儒家经典，是主流社会从政治教化角度宣传的，因此具有普遍性。而武梁祠、和林格尔墓孝子图表现的主要是平常人家之孝，虽然在基本观念领域与《孝经》保持一致，但终究不是士大夫和贵族之孝，它所传达的孝道思想更加直观、形象和贴近生活，具有强烈的社会亲和力，易被民间社会所接纳。

二 刘向《孝子传》或《孝子图》

传统史志并没有载录刘向作《孝子传》或《孝子图》的事迹，列入《隋书》的只是《列士传》，《隋书·经籍志》说："刘向典校经籍，始作《列仙》《列士》《列女》之传。"[2]《隋书·经籍志》所录汉魏六朝以来孝子传多种，独不录刘向所作，因此很多人怀疑其真实性。但唐人许南容在《对书史百家策》中却说"刘向修《孝子

1 〔日〕黑田彰：《孝子传图研究》，汲古书院，2007，第247页。

2 （唐）魏徵等撰《隋书》卷三三《经籍志二》，中华书局，1973，第982页。

之图》"。[1] 同样，《太平御览》在记录了董永、郭巨孝子故事后，也说源出"刘向孝子图"。不同的是，六朝释道世《法苑珠林·忠孝》篇"感应缘"条在载录了"舜子有事父之感""郭巨有养母之感""丁兰有刻木之感""董永有自卖之感"四事后，却说源自刘向《孝子传》。那么这就有一个问题：缘何出现一称《孝子图》而一称《孝子传》的现象呢？这可能与当时刘向编纂《列女传》及图的情况比较近似。据文献记载，刘向在编《列女传》时有列女图传世，并且传、图是配合出现的。《七略别录》说得很清楚："臣向与黄门侍郎歆所校《列女传》种类相从为七篇，以著祸福荣辱之效，是非得失之分。画之于屏风四堵。"[2] 刘向在编订完《列女传》后，又将其图绘于一面四堵屏风上。依照汉代图、文传播的一般知识及经验，则《孝子传》配图的可能性极大，正如有些学者指出的那样："窃疑向书原名《孝子传》，而每图系以事迹，故《法苑珠林》遂称为'传'也。"[3] 至于后世常以《孝子传》或《孝子图》称之，而不提《列士传》，原因可能是《列士传》不仅包括贤孝义士一类，其中也有很多美

德贤臣之属，后来被称《孝子传》主要是专就其孝行思想而言。今天传为刘向所作《孝子传》为清人茆泮林所辑，收入《十种古逸书》中，内含虞舜、郭巨、董永三传。

显而易见，刘向《孝子传》或《孝子图》所记孝子故事与汉代流传的孝子图像事迹并不完全对称。首先，舜的图像在内蒙古和林格尔壁画中排在第一位，但在武梁孝子图中却被安排在古帝王图像之列。其次，传山东长清县（今长清区）孝堂山为郭巨墓，但郭巨图像在汉画中极为少见[4]，武梁祠中也不见。再次，董永故事虽在汉画图像中图绘的概率颇高，但故事情节却与《孝子图》相差很大。董永在汉画中是辛勤耕作、赡养老父的形象，而在《孝子图》中却是卖身葬父以孝感动织女的情景。这些记录曾引起过后世学者的质疑，他们认为光从"'前汉董永'这一表现形式，便可以认为这段话是假托"[5]，因为如果是刘向本人撰写的话，何以"前汉"言之？所以从《太平御览》所载"前汉董永"四字即可表明有后世假托的嫌疑。

至于丁兰故事，情况就更加复杂了。在武梁图像中是"二亲终殁，立木为父，

---

1 （宋）李昉等编《文苑英华》，中华书局，1982，第2579页。

2 （唐）徐坚等：《初学记》，第599页。

3 容庚：《汉武梁祠画像录》，北平考古学社，1936，第21页下。

4 河南登封启母阙据说有"郭巨埋儿"图像，但画像本身已漫漶不清（见王建中《汉代画像总论》，紫禁城出版社，2000，第96页）。

5 〔日〕黑田彰：《孝子传图研究》，第55页。

邻人假物，报乃借与"[1]，讲述丁兰双亲殁后，用木头雕刻父像，以示余哀。邻人想借去观览，丁兰跪在像前询问是否允许，妻子则跪在另一旁。但在文字文本中，情况并非图像所言，而是出现了两个版本，第一个见于刘向、郑缉之及无名氏的《孝子传》：

> 丁兰，河内野王人。年十五丧母，乃刻木做母事之，供养如生。邻人有所借，栩颜和则与，不和不与。后邻人恚兰，盗斫木母，应刀血出。兰乃殡敛报仇。汉宣帝嘉之，拜中大夫。[2]

另外，曹植《灵芝篇》以诗颂的方式记载了相似的故事[3]，可归之于第一个版本的衍生本。另一个版本通行于魏晋，见于孙盛《逸人传》，同时又被收录进《太平御览》和《初学记》：

> 丁兰者，河内人也。少丧考妣，不及供养，乃刻木为人，仿佛亲形，事之若生，朝夕定省。后邻人张叔妻从兰妻借，兰妻跪投（一作拜——引者注）木人，木人不悦，不以借之。叔醉疾来，诟骂木人，以杖敲其头。兰还，见木人色不怿，乃问其妻，妻具以告之，即奋剑杀张叔。吏捕兰，兰辞木人去，木人见兰，为之垂泪。郡县嘉其至孝，通于神明，图其形像于云台也。[4]

从图像与传世文字文本关系看，丁兰和妻子跪倒于木雕前表示敬意，图像内容和情节更近似于《逸人传》版本，这似乎说明第二个版本与武梁祠的摹刻约处于同一时代，而不是晚到魏晋之世。丁兰图像中没有复仇情节，文本中的报仇之事可能是东汉以后逐渐附会上去的，因为直到应劭编《风俗通义》时还说："世间共传丁兰剋木而事之"[5]，并没有言及任何丁兰复仇之事。另外，丁兰故事与两个版本之间还有一些微妙的差异，图像中询问是否将雕像借与邻居的是丁兰，与《说苑》的记述比较吻合，但与《灵芝篇》及《逸人传》有别，因为后二者是丁兰之妻询问雕像。再从图像文本自身来看，各图像之间也明显不同：第一个版本摹刻的是丁兰之母，妻

1　（清）冯云鹏、冯云鹓辑《金石索》，第1281页。

2　（宋）李昉编纂《太平御览》，第2207页。

3　《灵芝篇》："丁兰少失母，自伤蚤孤茕。刻木当严亲，朝夕致三牲。暴子见凌侮，犯罪以亡形。丈人为泣血，免戾全其名。"

4　参见（宋）李昉编纂《太平御览》，第1909页；（唐）徐坚等《初学记》，第422页。

5　（汉）应劭：《风俗通义校注》，王利器校注，中华书局，1981，第139页。

子和邻人是故事起因；第二个版本说丁兰双亲去世后，雕刻的是父亲，其妻是侍孝者。另外，丁兰故事在武梁孝子图像中也不止一处，还有另外两处，故事情节基本一致，但构图方式完全相异。

行文至此，我们就会发现，孝子故事各文本之间的差异远比我们想象的更为复杂。那么，该如何解释这种图文之间、图像之间，甚至各版本之间的差异呢？首先，我们认为孝子图像可能有多种不同的版本来源，西汉刘向编纂了《孝子图》或《孝子传》，但东汉武梁孝子图像采录的并不都是刘向的版本，可能还有其他版本来源，如流传于民间的版本，这导致了图、文之间的不对称传播。事实上，图文、图像之间的差别反映的其实是墓主人的主观诉求，民间画师、工匠在制作画像石时依据的并不是官方历史文献的记录，而是更多服从于丧家需要和民间传说以及他们耳熟能详的孝子图像故事。当然，除了差异以外，也有图文匹配的例子，如《艺文类聚》和《太平御览》所载伯瑜伤亲故事，都说引自刘向《说苑》，《法苑珠林》也记载了此事，也说"出说苑录"，巧合的是武梁壁画中的故事与前两者如出一辙。其次，文本版本之间的差异，有一个时间上的先后顺序问题。后出的版本总是借鉴、吸收先前版本故事情节，并结合当时的流行说法综合附会而成，比如老莱子故事，师觉授《孝子

传》所录的是莱子扮作婴儿以欢父母之心，到了曹植的《灵芝篇》就变成了"伯瑜年七十，采衣以娱亲；慈母笞不痛，歔欷涕沾巾"[1]，明显与之前的伯瑜故事不同，既与汉魏时期流行的神仙思想有关，而且曹植所言孝亲故事有明显将伯瑜与老莱子故事杂糅、整合的痕迹，出现了文本故事内部指称混乱的现象。

三　其他孝子传文本

除以上所述外，还有三个孝子传图文本值得关注：分别是《后汉书》《东观汉记》所记孝子言行、曹植《灵芝篇》以及日本京都大学所藏两种年代存疑的手抄本《孝子传》。下面分而述之。

先谈《后汉书》和《东观汉记》。这两书均有孝子言行及故事，吴树平曾认为《孝子传》首次出现于《东观汉记》，而孝子合传则晚至西晋华峤《后汉书》。[2]但是否以"孝子传"命名，还需进一步商榷，因为《东观汉记》在汉以后已散佚，现存篇章多为后人辑录所得。《东观汉记》卷一五集中载录孝子言行，主要有毛义、薛包、赵孝、王琳、淳于恭、刘平、江革等人；范晔《后汉书》孝子材料取自《东观汉记》和华峤《后汉书》，卷三九《刘赵淳于江刘周赵列传》载录毛义、薛包、刘平、

1　（三国魏）曹植：《曹植集校注》，赵幼文校注，第327页。

2　吴树平：《秦汉文献研究》，齐鲁书社，1988，第388~404页。

江革、赵孝、赵咨等人，所记人物大体与《东观汉记》重复，但情节更加繁复，显然是在前书基础上添加附会而成。

不过需要注意的是，这两部史书所记孝子皆来自官方史家，且多出自前、后汉朝代交替之际，他们的孝行与汉代普通人家的朴素孝行不同，传主本人多受到朝廷或地方褒奖，事迹自上而下传衍，成为汉廷树立孝行与推行教化的楷模人物，如薛包、毛义。原因可能是东汉初年为巩固统治，特地褒奖王莽新朝及西汉末弃官归隐的孝养士人，《后汉书》说这是"推至诚以为行，行信于心而感于人，以成名受禄致礼，斯可谓能以孝养也"。[1] 以孝养成名而得到朝廷褒奖并推举做官，这已完全不是出于朴素至诚的孝养，而是沦为政治道德的宣传品了。汉政府借树立孝子典范以推行教化，否则很难入传。更值得一提的是如"巨孝"江革、姜诗这般人物，在武梁孝子图中却没有刻绘，相反著名的董永事父、邢渠哺父等孝子图画故事也在汉代官方史书中没有相应记载，这都说明《东观汉记》《后汉书》所记的孝子言行是与民间社会流传的孝子故事存在巨大差别的另一个孝子系统，前者是主流意识形态宣传下的孝子人物，后者是通俗文化流行下的孝子事迹，两者分属两个完全不同的叙事话语体系。

其次，曹植《灵芝篇》是以五言的方式对先秦至两汉六位孝子的歌咏，歌咏对象分别是舜、伯瑜、丁兰、董永、曾子、闵子骞[2]，排列顺序比较灵活，没有画像中那种统一的秩序感。舜的故事前文已提及，在武梁图像中位居古帝王系列。《灵芝篇》记述舜面对父母的顽嚚仍竭力致孝，与《史记》的记述相近。伯瑜与老莱子在曹植这里结合成了伯瑜一人之事，但孝子图中明显是两幅：一幅是伯瑜伤亲悲母，一幅是老莱子扮婴以娱父母双亲。丁兰和董永的故事也有明显改变，出现了明显的孝感色彩，即孝顺父母，感应上天。丁兰早年丧母，伶仃孤苦，刻木做父以早晚纪念。后来受到张叔欺负，木雕被他的孝行感动而哭泣，这与刘向《孝子图》所宣传的孝感思想无二。在董永故事里，董永家境苦寒，"父老财无遗，举假以供养，佣作致甘肥。责家填门至，不知何用归！天灵感至德，神女为秉机"。[3] 为此董永不惜借贷以侍奉父母，后来索性为奴抵债，上天神女为其诚心所感，下凡织布帮其还债，这些故事情节也成了日后孝子图的基础元素。最后两位曾参与闵子骞，曹植赞美他们是"比屋皆仁贤"，强调的是行孝的政治教化功能，以表明曹植是站在统治阶层立场进行言说的，它与民间武梁孝子图中的描述也不符，曹植所依据的孝亲言行主要源于史著，也有可能受到民间孝子孝行素材和传说的制约。

1　（宋）范晔撰，（唐）李贤等注《后汉书》卷三九《刘赵淳于江刘周赵》，中华书局，1965，第 1295 页。

2　（三国魏）曹植：《曹植集校注》，赵幼文校注，第 326~327 页。

3　（三国魏）曹植：《曹植集校注》，赵幼文校注，第 326~327 页。

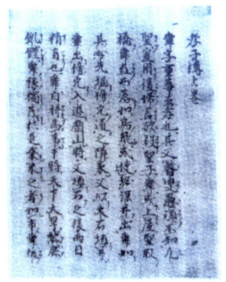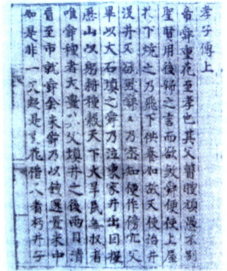

图 5　日藏船桥本《孝子传》书影　　　　　图 6　日藏阳明本《孝子传》书影

（转引自赵超《日本流传的两种古代〈孝子传〉》，《中国典籍与文化》2004 年第 2 期，第 5、7 页）

日本现存两种《孝子传》手抄本，一为藏于日本京都大学的船桥本（见图 5），一为藏于阳明文库的阳明本（见图 6），大致反映了六朝至隋唐孝子传的面貌，而且与现存辑本《孝子传》存在一定关系：首先，阳明本主体人物部分可与汉代孝子图像对应，说明它的主体部分是汉代的，后在六朝时被改动过；其次，船桥本虽也保留了汉代遗迹，但改动范围更大，且改动时间不会晚于唐末宋初。[1] 但无论是船桥本还是阳明本，两传本均由上、下卷组成，上卷二十三人，下卷二十二人，两种版本所录人物、故事情节等大体一致，因此有学者推测它们可能有共同的祖本来源[2]，这可从里面的四十五则人物故事的排序窥得。

1. 舜；2. 董永；3. 邢渠；4. 伯瑜；5. 郭巨；6. 原毂；7. 魏阳（船桥本误作"槐阳"）；8. 三州义士；9. 丁兰；10. 朱明；11. 蔡顺；12. 王巨尉；13. 老莱之（"之"当为"子"）；14. 宋胜之（阳明本作"宗胜之"）；15. 陈寔；16. 阳成；17. 曹娥；18. 毛义；19. 欧尚；20. 仲由；21. 刘敬宣（阳明本作"刘敬寅"）；22. 谢弘微（《宋书》作"谢弘微"）；23. 朱百年；（上卷）

24. 高柴；25. 张敷；26. 孟仁；27. 王祥；28. 姜诗；29. 叔先雄（阳明本作"升光雄"）；

1　（三国魏）曹植：《曹植集校注》，赵幼文校注，第 326~327 页。

2　〔日〕西野贞治：《陽明本孝子伝の性格并に清家本との関係について》，《人文研究》1956 年第 7 期。

30. 颜乌；31. 许牧（《晋书》作"许孜"）；32. 鲁义士；33. 闵子骞；34. 蒋章训（《东观汉记》作"蒋诩"）；35. 伯奇；36. 曾参；37. 董黯；38. 申生；39. 申明；40. 禽坚；41. 李善；42. 羊公；43. 东归节女（船桥本作"东饭节女"，《列女传》作"京师节女"）；44. 眉间尺船 $_{45}$；45. 慈乌船 $_{44}$。（下卷）

除部分故事名称以及第 44、45 不同外，其他排列顺序基本一致。如果再进一步将它们与今之《孝子传》辑本相比，竟有 24 人未见，这都让我们觉得日藏两传本是不同于茆泮林辑本的新的古代《孝子传》系统，因为茆氏所辑孝子故事多半是从《太平御览》等类书而来，且排列顺序混乱。

而且，更为重要的是，如果将其比之汉代孝子图，就会发现邢渠、伯瑜、朱明、慈乌等四人也在日藏本里出现，说明这四人原本是出现于汉代《孝子传》中的 [1]，但国内流传辑本均没有载录，这就为我们认识流传于汉代的《孝子传》提供了新的证据。以朱明故事为例，朱明不见于早期传本，山东嘉祥武梁祠言"朱明""朱明弟""朱明儿""朱明妻"，《初学记》引《朱明、张臣尉赞》，陆广微《吴地记》云吴县朱明寺，至于故事情节及内容，均不知其出自哪里。而船桥本说："朱明者，东都人也。有兄弟二人。父母没后不久，分财，各得百万。其弟骄慢，早尽己分，就兄乞求。兄恒与之。如之数度，其妇忿怒，打骂小郎。明闻之，曰：'汝，他姓女也。是吾骨肉也。四海之女，皆了为妇。骨肉之复不可得。遂追其妇，永不相见也。'"通过日藏本的故事梗概，我们明白了图像所传达的故事内容以及故事的文本来源。也正是因为船桥本的载录，我们明白了朱明的故事其实在汉代是颇为流行的，但在唐代却基本湮没无闻。

而在一些具体的孝子人物中，日藏《孝子传》文本也能为我们了解图、文故事提供新的视角。比如，西野贞治认为汉画像中的孝子图是《孝子传》的图像化，比如曾参的三幅图像"都不是依照《战国策》等的记述来绘画的，而仅是完全按照汉代孝子传的故事所作的孝子传图。并且，那些汉代的孝子传应该已经在很早以前就失传了"[2]；又如老莱子图像再现了阳明本"为父母上堂取浆水、失脚倒地、方作婴儿啼、以悦父母之怀"的场景；原毂故事"显示了文本先行于图像这个观点"；武梁慈乌图画"描述的正是孝子传中慈乌图像化的样子"[3]等。不管如何，日藏两种《孝子传》

---

1 〔日〕黑田彰：《孝子传图概论》，《中国典籍与文化》2013 年第 2 期。

2 〔日〕黑田彰：《孝子传图研究》，第 55 页。

3 〔日〕黑田彰：《孝子传图研究》，第 263~365 页。

文本在总体上是保存了一些汉代的孝子遗存的，但大部分，尤其是相对于船桥本而言，反映的仍是六朝至隋唐时期的孝子故事风貌，而日藏两种《孝子传》的学术意义也在于，部分丢失的孝子资料重新浮现于我们面前，这对于我们复原汉代的孝子传图全貌提供了新的原始材料。

余　论

成系统的刘向《孝子传》或《孝子图》产生后，社会上对孝子故事的刻录与流传存在较大差异，图像与文本之间的交叉、互渗等现象淆乱复杂。但抛开图文混杂、滋生、删补、撮合等疑云不谈，单从文本载录形式来看，它们明显存在两个系统：一个为图像系统，或者说是以图叙事的系统，即"画工石匠创作时依据的可能并不是由士大夫所掌握的文字系统，而较可能是缙绅所不屑的街巷故事"，这个系统广泛流传于民间社会，"在当时读书识字为少数人专利的时代，除了文字系统，应另有民间的口头传统"[1]；另一个为官方文书载录的传统，如前文所述《后汉书》《东观汉记》等对孝子孝行的载录，就与图像的描述完全不同，且文字系统往往掌握主流社会话语权，图像系统常被排除在外不受重视而流存于民间，但幸运的是现存孝子图像的刻录为我们认识这种图文差别带来了巨大便利。

在后出的《孝子传》中，版本甚夥，所记孝子言行和事迹也多寡相异，如晋萧广济《孝子传》、王歆《孝子传》、王韶之《孝子传》、周景式《孝子传》，东晋虞盘佑《孝子传》，刘宋师觉授《孝子传》、宋躬《孝子传》、郑缉之《孝子传》、无名氏《孝子传》等。以上版本由于经后人重新辑录，人物名称、内容、篇章序次都与《孝子传》本来的面目相差太大，各文本之间也存在增益、削删等复杂文本现象。之所以会产生这样的问题，很大程度上是因为孝子言行和事迹多流传于民间，文人学士在载录这些故事时，往往是有选择性地载录和筛选，而且后出的版本往往比之前所录的人数为多，故事情节也更为曲折详备，显示了文本流传过程中复杂的变异与整合现象。

1　邢义田：《画为心声：画像石、画像砖与壁画》，中华书局，2011，第136页。

试论汉代佛教艺术的三个分期或类型及其根本差异性 *

■ **胡文峻**（上海大学上海美术学院） **张海平**（上海大学上海美术学院）

鉴于很多学者为了解释东汉佛教图像，或对与之相关的文献材料（无论汉代本朝或后世记载）未经考证和区别地拿来就用，认为佛像艺术一开始就是随着佛经一道传入中原，都有粉本可据，并且追溯到了明帝，认为在明帝时期求法就包括求像；还有学者用一个十分宽泛的时间概念对包括汉代在内的佛教艺术进行统一讨论和判定（如巫鸿用 2~3 世纪的时间界定来讨论中国早期佛教艺术，认为这期间的佛像艺术，只能被称作融合了"佛教因素"的造像，并不能称为佛像）。这些研究方法和观念影响日久，但值得怀疑和商榷，恐都忽略并危及汉代佛教艺术研究的基础史实问题，

爰不避辞繁，就此相关问题进行考证、辨析，以期还汉代佛教艺术传播的复杂历史以真实和客观。

一 明帝时期是否有佛像及粉本传播之考辨

关于汉明帝时期的佛教和佛像记载，以汉代本朝的文献记载来看，与其有关的主要有《四十二章经》[1]《牟子理惑论》[2]，后世有《后汉纪》（东晋）、《后汉书》（南朝宋），其余更多后世有关文献和佛经等几乎都本自或援用以上四部文献，更多荒诞无据不可考和奇言怪语之攀附的成分无

---

* 在本文写作过程中，上海大学传播学院博士生张雪女士，江苏海洋大学文学院唐浩先生、徐习军先生曾陪同现场考察并提供相关文献资料，连云港文物管理研究所工作人员提供拓片资料，在此一并表示感谢。

1 关于《四十二章经》年代有不同意见，但据汤用彤和许里和考证，至迟东汉桓帝年间已出现，最早或于明帝年间出现。按《后汉书》记襄楷上疏，文中最早引用《四十二章经》词句。参见汤用彤《汉魏两晋南北朝佛教史》，商务印书馆，2017，第 28~29 页；〔荷兰〕许里和《佛教征服中国》，李四龙、裴勇译，江苏人民出版社，2017，第 38 页。

2 对《牟子理惑论》的真伪存有争议，但多数学者如孙贻让、余嘉锡、胡适、汤用彤、伯希和、周叔迦等认为属实可据，为研究中国早期佛教史的宝贵资料。见汤用彤《汉魏两晋南北朝佛教史》，第 63 页；〔美〕巫鸿《早期中国艺术中的佛教因素（2-3 世纪）》，载巫鸿《礼仪中的美术》，郑岩等译，生活·读书·新知三联书店，2016，第 291 页。

以深论，故不一一列入讨论。《后汉书》和《后汉纪》两部史书几乎一致参从了《牟子理惑论》的记载，提到汉明帝于中国图画形像[1]，而《牟子理惑论》所记又源本自《四十二章经·序》[2]，最初详细记载"时于洛阳城西雍门外起佛寺，于其壁画，千乘万骑，绕塔三匝，于南宫清凉台及开阳城门上作佛像，明帝存时，欲修造寿陵，陵曰'显节'，亦于其上作佛图像"[3]，这一点为后世学者广泛引用并不断作注释等，但源本《四十二章经》并未记有牟子此段记述。这一段关键出入，导致汉明帝时期佛教和佛像问题，成为一个备受争议的话题。

追本溯源，作为最原始的，也是离汉明帝本朝时间最为接近的《四十二章经》的记载尤为珍贵，具有不可替代的参考意义；不过，《牟子》和《后汉纪》（东晋）、《后汉书》（南朝宋）与之凿枘的明文记载也绝非空穴来风，自然也不可忽视。基于此，本文将根据各自文献记述和相关历史逻辑进行对比分析，以期提供一种客观可行的论证参考。

按上述文献的分类，前两部佛教文献皆出自东汉本朝，后两部史籍皆为后世史家所撰，另文献记载的分歧在于：第一部未记有明帝时有佛像的流传情况，后三部则明确提及明帝时有佛像传播。因此，对比以上两种有出入部分的文献记载，本文将从两方面依次来进行考察。

其一，依从稍早的《四十二章经》记载，据《经序》言只有佛教经文传入并建有佛塔，但未提到任何有关佛画像的记载。据汤用彤考证，因《牟子理惑论》（以下简称《牟子》）所记本自《四十二章经·序》，抄袭其原文而又增加了所谓"于清凉台、开阳城门以及寿陵上作佛像"，后世东晋袁宏《后汉纪》、南朝宋范晔《后汉书》都依从了《牟子》所言，记于中国图画形像。[4]依《四十二章经》所言，实际并无有关绘制佛像的事迹，自然更无佛像粉本一说，故不记。

《四十二章经》的性质属于原始佛教经典，不含大乘教义，原始佛教强调个人的苦修、善行、慈悲以达到清静无为，了却生死烦恼，修行者是通过对佛陀身体力行的大无畏和慈悲精神想象以及对佛法教义的切身体验来获得修正，以得阿罗汉果位。换言之，原始佛教依止的是佛陀所讲的佛法——经典要义，而非人为制作的物质偶像——包括佛陀的形象。因此，关于为佛造像，原始佛教始终保有禁忌，禁止制作偶像，所谓"如来是身，不可造作"，"不可摸则，不可言长言短"。[5]即使在印度

1　（东晋）袁宏：《后汉纪》卷一〇《孝明皇帝纪下》，张烈点校，中华书局，2002，第187页；（南朝宋）范晔：《后汉书》卷八八《西域传》，中华书局，1965，第2933页。

2　汤用彤：《汉魏两晋南北朝佛教史》，第21页。

3　《牟子理惑论》，收入周叔迦辑撰，周绍良新编《牟子丛残新编》，中国书店，2001，第15页。

4　汤用彤：《汉魏两晋南北朝佛教史》，第16~21页。

5　（前秦）昙摩难提译：《增一阿含经》卷二一《苦乐品第二十九》，上海古籍出版社，1995，第100页。

阿育王佛法大兴的时代，佛教徒出于对佛陀的怀念，也只是用一些与佛陀生前有关的什物如菩提树、佛塔、莲花、大象、伞盖、佛足迹、狮子、法轮等象征物雕刻或图像来表达其崇拜之情（见图1）。[1]这种只接受佛经教典，而不存其像的宗教传播现象，让我们联想到最早接受佛教的异邦大夏（希腊称巴克特里亚）弥兰王（约公元前155~前130年在位）之经历。大夏国为亚历山大东征后，希腊遗民于中亚所建立的王国，史称大夏—希腊，其统治范围一度到达中印度佛陀的故乡摩揭陀国，而弥兰王成为文献记载的第一位信佛的希腊君主，其在泉币上刻有巴利文"弘法大王弥兰"，他的名字也出现在佛教经典《弥兰问经》中[2]，并且像阿育王时代一样地出现了具有佛教象征意义的法轮图像（见图2）。[3]有学者指出，或许当时的希腊人也讨论过，是否要将佛陀形象铸在钱币上[4]，只因当时的佛教"不主祭祀，不拜偶像"[5]，相对希腊、印度各种神祇，佛陀在当时也并不被认为是某种"神祇"，故佛陀没有

图1 石狮柱头［阿育王石柱，前3世纪 印度鹿野苑（萨尔纳特）博物馆］

直接以神像的形式——类似大力神赫拉克勒斯或印度湿婆神——出现在希腊—巴克特里亚王国钱币上，也并未见其有关于制

1　有不少学者依据赫·乔·韦尔斯、富歇（A.Foucher）等西方人观点，认为公元前3世纪的阿育王时或前1世纪的印度与亚历山大城保持海路交通，因受希腊人影响，印度的希腊遗民便已经开始了制作佛像的偶像崇拜，故印度佛教偶像崇拜实际早已发生了。此说流行已久，却难以为证，实际上波斯人占据古印度西北地区的时长和影响远超过希腊人。据笔者观察，主要影响印度早期（原始）佛教造像艺术的因素实际并非希腊文化，更多的应该是邻近的西亚伊朗文化。这一点从阿育王时代小乘佛教的建筑艺术上的波斯艺术元素可见一斑，建筑石柱、莲瓣和柱顶石狮的装饰，于石柱上雕刻阿育王武功并皈依佛教的铭文等，揭示其影响实来自传统西亚的艺术形式；另最早的佛像——迦腻色迦时期的佛像造型如钱币上的佛像和人物石雕造像也很难看出多少希腊化艺术的影子，反而更接近于欧亚草原和伊朗的艺术特点。

2　湖北省博物馆：《佛像的故乡——犍陀罗佛教艺术》，文物出版社，2017，第36页；汤用彤：《汉魏两晋南北朝佛教史》，第39页。

3　孙英刚、何平：《图说犍陀罗文明》，生活·读书·新知三联书店，2019，第44页。

4　孙英刚、何平：《图说犍陀罗文明》，第16页。

5　周一良、吴于廑主编《世界通史》上古部分，人民出版社，1973。

图2　弥兰王一世铜币（一面是八车辐的轮宝，一面是棕榈叶，大英博物馆）（孙英刚、何平：《图说健陀罗文明》，第105页）

作佛像的记载，考古也只发现弥兰王施舍的舍利壶，另有一些碑文记载大夏遗民供养佛舍利，向寺院施舍石柱、水池和其他物品。[1]可见佛经（或口传）是早期原始佛教传播最核心的载体，而非佛像——即使在有祭祀神像传统的希腊化地区，也不例外。

另据《洛阳伽蓝记》言："寺上经函，至今犹存，常烧香供养之，经函时放光明，耀于堂宇，是以道俗礼敬之，如仰真容。"[2]此段内容承《牟子》记明帝"遣使者张骞、羽林郎中秦景、博士弟子王遵等十二人，于大月支写佛经四十二章。藏在兰台石室第十四间"之记载[3]，只提到东汉《四十二章经》至西魏年间依旧保存在洛阳寺中，

时有放光明的祥瑞之象。至于是否有佛画像，并未记载；但文中提到"如仰真容"，似乎已从侧面证实在寺中并未有佛真容画像，因此才会出现礼敬经函而使信徒产生看到佛像真容的幻觉。

此外，据永平八年（65）诏书，与明帝同时并甚相亲爱的兄弟楚王刘英"诵黄老之微言，尚浮屠之仁祠，洁斋三月，与神为誓……其还赎，以助伊蒲塞桑门之盛馔"[4]；又"交通方士，制作图谶"，可见，当时的佛教总是依附于鬼神方术，阴阳谶纬之说，与方士同为一气。[5]这种状况直到东汉末年一直存在，如《高僧传》言安世高"七曜五行，医方异术以至鸟兽之声，无不综达"[6]；"康僧会多知图谶，昙柯迦罗则善星术"。[7]以此可知，当时佛教的传播既不依赖于佛法，更不依赖于佛像，而总是以一种奇门异术或神通来博得中原人士的关注，汉明时期只会更甚。

综上，汉明时期实际上至多只有佛经和佛塔的传入，而并无佛像（起码没有汉末牟子时代所认为或所见的佛像），这

1　杜继文：《佛教史》，江苏人民出版社，2008，第45页。

2　汤用彤：《汉魏两晋南北朝佛教史》，第18页。

3　《牟子理惑论》，收入周叔迦辑撰，周绍良新编《牟子丛残新编》，第15页。此处"张骞"存疑，或与汉武帝时人张骞同名。

4　（南朝宋）范晔：《后汉书》卷四二《光武十王列传》，第1428页。

5　汤用彤：《汉魏两晋南北朝佛教史》，第45页。

6　（南朝梁）慧皎：《高僧传》，第4页。

7　汤用彤：《汉魏两晋南北朝佛教史》，第45页。

也符合当时小乘佛教修行和传播以及佛教异化为一种方术流行于上层社会的实际情况。

其二，依从稍晚一些的汉末《牟子》所言，"于大月支写佛经四十二章。藏在兰台石室第十四间。时于洛阳城西雍门外起佛寺。于其壁画，千乘万骑，绕塔三匝。又于南宫清凉台及开阳城门上作佛像。明帝存时，预修造寿陵，陵曰'显节'，亦于其上作佛图像"[1]，以及史书《后汉书》《后汉纪》所记"帝于是遣使天竺问佛道法，遂于中国图其形象"之言[2]，说明佛像于汉明帝时确实有传播的情况。然而，需要注意的是，此三者均只言有佛图像，而至于其佛像的来源和依据，并未详说。若不加注意，很容易使学者们以后知视角惯性联想到与外域文化的联系，并引用之借以说明此像与西域佛像粉本有关，进而认为明帝求法，对象不仅仅是指佛经，还包括佛像。[3] 遗憾的是，今天的学者们大多如此，都忽视了此后知视角的说法缺乏严谨的历史依据，不但模糊了汉明"佛像"与印度佛像、汉末佛像之区别，更忽略了佛像偶像崇拜的历史起源的大问题，因而难免强古就今，脱离对历史原境应有的充分考虑。

依前文分析，汉明帝时，天竺西域大乘佛教未兴，佛形象造像在其祖地也尚未流行，故而不可能有佛像粉本的存在。以公元 1 世纪 50 年代（丘就却创贵霜帝国）[4] 或 78 年迦腻色迦即位的时间为界（学界有 78 年、127 年、144 年三种说法，以最早记录为上限）[5]，之前印度人和希腊人对佛教的崇拜还是以象征性的图像为主（见图 1、2），以避开偶像崇拜；之后随着贵霜帝国的建立，以人身为表现的佛像才初现在贵霜时期的金币和舍利盒上，开国君主丘就却于其货币上首次刻有佛像，又刻

1 《牟子理惑论》一卷，周叔迦辑撰，周绍良新编《牟子丛残新编》，第 15 页。

2 （东晋）袁宏：《后汉纪》卷一〇《孝明皇帝纪下》，第 187 页；（南朝宋）范晔：《后汉书》卷八八《西域传》，第 2922 页。

3 中国国家博物馆田野考古研究中心、南京博物院考古研究所、连云港市文物管理委员会办公室、连云港市博物馆联合编著《连云港孔望山》，文物出版社，2010，第 215 页；丁义珍、刘桂凤：《佛教经、像初传先后问题浅析》，载《孔望山造像研究》第一集，海洋出版社，1990，第 166 页。

4 汤用彤曾提到过迦腻色迦之祖父丘就却在货币上刻佛像，参《汉魏两晋南北朝佛教史》，第 40 页，故列入参考。

5 法国学者福斯曼推测《后汉书·西域传》中记载的丘就却之子阎膏珍，即为迦腻色迦，据《后汉书》记丘就却死于公元 1 世纪后期，推 78 年即位者阎膏珍就是迦腻色迦，参 Fussman, G:Documents Epigrapigues Kouchans, BEFEO 61, 1974。此依据〔日〕宫治昭《犍陀罗美术寻踪》，人民美术出版社，李萍译，2006，第 61 页；另据何志国考证，通过汉代最早有明确"延光四年"（125）纪年的重庆丰都摇钱树佛像，逆推论证了迦腻色迦即位的时间当 78 年，方不与"汉代佛像受贵霜影响"的基本逻辑矛盾。参汤用彤《汉晋佛像综合研究》，上海人民出版社，2017，第 191 页。而据 1993 年发现的罗巴塔克碑铭给出的历代贵霜王表显示，迦腻色迦（Kanishka Ⅰ）是继丘就却（Kujula Kadphises）、阎膏珍（Vima Takto）、威玛·卡德菲赛斯（Vima Kadphises）之后贵霜王朝的第四任君主，因此现在学者如福尔克（Harry Falk），将迦腻色迦元年定为公元 127 年，他的统治时间大约是 127~150 年。总之，关于迦腻色迦的文献记载，信息复杂，相互矛盾。孙英刚、何平：《图说犍陀罗文明》，第 73、96 页。

文"正法之保护者"[1]（见图3）。其孙迦腻色迦承袭其作，亦于货币上刻有佛像（见图4）：币上为正面佛像，着圆领通体长袍及膝，头身皆有背光，结高肉髻，拉长的耳垂，左手提着一支莲花，右手做施无畏印，双脚呈外八字撇站立，并有希腊字母"Boddo"（佛陀）；另一面为国王侧面像，头戴王冠，着战袍，左手执矛或权杖，站立于火祭坛旁，肩后两边有火焰升起。

另1908年，英国人斯普纳博士（D.B.Spooner）于巴基斯坦白沙瓦附近的沙琪基泰里（shāh-ji-Dherī）迦腻色迦大塔遗址发掘出一件青铜佛舍利盒（图5），上有铭文，法国铭文研究者福斯曼将其释为："时唯伟大的国王伽腻色迦……年，在迦腻色迦普尔城，这个香盒是神圣的供物……此供物属于（迦腻）色迦寺院负责火堂的仆僧摩诃色那和僧护。"[2]盒盖上有鲜明的一佛二菩萨组合造像：中间跌坐于莲花座上的佛陀，着圆领通肩大衣，衣褶下垂为均匀U形曲线，头带圆形项光，内有环莲花纹，结高肉髻，眉间有白毫相，左手执衣角，右手上举做施无畏印，左右立帝释天和梵天像。[3]

随着迦腻色迦定佛教为国教，又将自

图3　丘就却钱币 刻画有盘腿而坐的形象（孙英刚、何平：《图说犍陀罗文明》，第77页）

图4　迦腻色迦王金币上佛像与迦腻色迦（正反面）[1世纪末至2世纪，原波士顿美术馆藏（斯威瑟基金会）]

身与佛等量齐观，我们可以在迦腻色迦一世钱币和人物石刻雕像中，发现这一微妙的变化（见图6）[4]，其佛像也成为后世模仿佛陀造像的经典样式。自此具有鲜明的以佛身造像特色的犍陀罗、秣陀罗艺术才随之勃兴开来，宏传天竺西域，并东渐中土，但这都是以后才有的事情。

1　关于丘就却时代钱币上的佛像，实际存在争议，其钱币上出现的盘腿而坐的人像或许与佛教有关，但无法直接判定其佛像属性。宫治昭指出：有明确纪年的最古老的佛像中属于迦腻色迦时代，参见〔日〕宫治昭《犍陀罗美术寻踪》，李萍译，第15页；汤用彤：《汉魏两晋南北朝佛教史》，第40页。

2　参见林梅村《汉唐西域与中国文明》，文物出版社，1998，第120页。

3　也有学者认为左右侍者为伊朗系日神和月神。见孙英刚、何平《图说犍陀罗文明》，第105页。

4　湖北省博物馆编《佛像的故乡——犍陀罗佛教艺术》，文物出版社，2017，第36页。

图 5　迦腻色迦时代 青铜佛舍利盒顶佛像组合 白沙瓦博物馆藏（孙英刚、何平：《图说犍陀罗文明》，第105 页。

图 6　迦腻色迦一世像 1-2 世纪 秣陀罗博物馆（裙摆中间的铭文云"大王、众王之王、天子迦腻色迦"，孙英刚、何平：《图说犍陀罗文明》，第 102 页）

再看汉明帝于公元 58 年即位，其时间几乎与丘就却创国同期，即便在丘就却的时代，佛像鸿蒙初创，但也只出现在金币上，流通范围也极有限，当时并未兴起佛像造像的风气。况且，佛像的传播即使在贵霜境内也需要一定的时间积累和思想基础方能接受，于万里之遥的中原自然更甚。依此，明帝时期的佛像也很难与之发生关联，更不可能同时出现。到目前为止，最早有明确纪年的几例佛像都属于迦腻色迦时代。[1] 因迦腻色迦即位比明帝至少晚 20 年，显然，明帝年间的佛像与迦腻色迦时期的佛像更加没有交集。故《牟子》和《后汉书》《后汉纪》记载之"中国佛像"与西域、天竺皆无关系，更无摹本与粉本之说。

二　东汉初自发性启蒙的"概念性佛像"

在笔者看来，虽然表面上看上述两类

1　〔日〕宫治昭：《犍陀罗美术寻踪》，李萍译，第 57 页。另迦腻色迦 3 年、4 年佛像参见〔日〕宫治昭《佛像的起源和秣陀罗佛像》，谢建明译，《东南文化》1992 年第 5 期，第 128~132 页；迦腻色迦 2 年、51 年佛像参见〔日〕村田靖子《佛像的系谱》，金申译，上海辞书出版社，2002，第 19、45 页。

文献记载有出入，但在很大程度上各自客观地反映了不同时代、信仰的人对于"佛像"的不同理解——在还原历史情境的真实性上其实并不矛盾，只因观念差异导致有不同记载而已。

一方面，明帝时期虽有"佛"的画像，但被尊为一方神仙配置在皇帝陵墓墓室当中，当时的佛教徒（皆为胡僧）也并不认可这种所谓"佛像"一物的观念，故《四十二章经》自然无从记载。为方便说明，本文暂将其称之为"概念性佛像"。另一方面，"佛像"记载之所以到汉末《牟子》才出现，正是因为汉末时真正的佛像已经出现并广为人知，而求法之事却始于明帝，所以牟子便将此时佛像之名与彼时佛法之义一起打包追附到东汉初的明帝，也未说明他所见的"此佛"与明帝时的"彼佛"并非一物，这一未经说明的严重比附，给后来著史者和研究者造成很大的误导作用。在敦煌莫高窟第323窟北壁中层的西侧，有张骞出西域求法的盛唐壁画，画面上出现：汉武帝到甘泉宫拜佛像，武帝送别张骞以及张骞到达大夏国的场景。这一传奇性的图像案例表明，唐人佛教徒将求法之事更进一步发挥，将佛教与汉地之联系追溯至汉武帝和张骞，至今依然为学者们津津乐道并加以引用。可见，谬误之深，古已有之，今之学者自难免若骛趋之。

综上所述，两类文献之间的出入恰恰给我们提供了汉初和汉末两个时期"佛像"观念之演变的证据，故我们不妨说明帝时确有"佛像"（概念性）出现，但前提应注意此"佛像"与印度佛像和汉末佛像的根本区分：其根源自本土，而非印度。换言之，明帝时的"佛像"并非依大乘佛教造像艺术的指导和规范创造，而是依自身固有的神仙造像传统来发挥造就的。有学者认为，汉明佛像或许依照有限的经文所译或由胡僧口传所致，但实际上此时活动在东土的胡僧皆习小乘教法，也并未见识过真身形象的佛陀造像。

以此观之，似乎中土最早冠之以"佛"名义的画像的出现时间与佛身造像的发源地贵霜几乎同时，甚至还要更早，至于其与真正的佛像之间的悬殊那就不得而知了。不过，东汉中期（约2世纪）的摇钱树佛和墓室壁画上的早期仙佛造像特例，也许给我们提供了一些只鳞片爪的线索，这些"佛像"是中土可见的最早一批同类"佛像"，也应是离明帝时代最近的"佛像"案例。如有最早明确纪年的重庆丰都县砖墓室中的"延光四年"（125）摇钱树铜佛像（见图7）；四川绵阳一带出土首例与西王母同时出现在一棵摇钱树上的佛像[1]和安县摇钱树树枝上与胡人并置一处的佛像（见图8）[2]；内蒙古和林格尔墓墓室壁画上的着汉服骑象的仙

1　据何志国介绍，此为首例西王母与佛同时出现在摇钱树上的案例，且只有一尊佛，跌坐于第五层之上，头顶有大肉髻，着通肩圆领袈裟，左手握衣角，右手作无畏印，衣褶圆曲细密，第七层为西王母，西王母头上两侧各有一株莲花。参见何志国《汉晋佛像综合研究》，上海人民出版社，2017，第100页。

2　何志国：《汉晋佛像综合研究》，第171页。

佛[1]；陕西汉中城固等地出土的具有仙佛特点的佛造像，以及沂南北寨汉墓八角石柱上的带羽翼和头光的仙佛像[2]等（见图9）。

这些"佛像"特例一方面普遍是汉人的形象和着装，表现的手法比较单一，基本延续了汉代造型艺术以线条为主要手段的传统技巧，平面化和装饰性趣味依旧占主导，对外来艺术方法的选择和态度很是慎重。如曾昭燏所言："当时画家对于佛教艺术只是一知半解，偶有所见，便采入自己的作品中。这是佛教传入中土不久，其艺术在中土开始萌芽的现象。"[3]或是因一些见过印度佛像标本的胡僧口传译介，使得造像某些局部依稀显露出印度式佛教造像的因素，如左手执物，右手似作无畏印的动作或项后出现圆形背光、胡坐等特点，但显然这些因素都影响甚微，不足以改变这些图像、雕塑的性质或技巧更多的还是来自汉代画像艺术的程式化规定。另一方面，这些"佛像"案例，游离于仙、佛之间，而且更突出佛陀被汉代仙文化稀释变味的被动处境，正如俞伟超言内蒙古和林格尔仙佛壁画："在那佛教图像传入中国未久之际，显然因粉本尚不充足，就借用传统的图像，把'凤皇从九韶'画在'仙人骑白象'的旁边来表现这种场面（佛陀降

图7　重庆丰都延光四年（125）摇钱树佛
　　　（何志国：《汉晋佛像综合研究》，第100页）

图8　四川安县摇钱树胡人与佛，东汉中期（2世纪）
　　　（何志国：《汉晋佛像综合研究》，第171页）

1　据俞伟超考订，和林格尔仙佛像作于最迟至东汉桓、灵时期。参见俞伟超《东汉佛教图像考》，《文物》1980年第5期。

2　关于沂南画像石墓年代有两种意见，曾昭燏和俞伟超认为属东汉时期，与和林格尔墓年代相近，见俞伟超《东汉佛教图像考》；曾昭燏《沂南古画像石墓发掘报告》，文化部文物管理局，1956。安志敏、李文信和史学研（音译，Shin Hsio-yen）认为稍晚，可能属于晋，见安志敏《论沂南画像石墓的年代问题》，《考古通讯》1955年第2期；李文信《沂南画像石墓年代的管见》，《考古通讯》1957年第6期。

3　曾昭燏等：《沂南古画像石墓发掘报告》，文化部文物管理局，1956。

图 9　沂南北寨汉墓八角石柱上的带头光和羽翼的仙佛
（曾昭燏等：《沂南古画像石墓发掘报告》，图版
65-68）

身故事）。"[1]

即便如此，因为历史时空差异，在是否有粉本传入的问题上，以上东汉中期"仙佛"特例和明帝时期的"概念性佛像"还是有根本区别的。因此，我们切不可简单地将"明帝—佛像"和汉代佛像概念等同划一，或用一个十分宽泛的时间概念进行统一定性，（如巫鸿用 2~3 世纪的时间界定来讨论中国早期佛像艺术，进而认为这期间的佛教艺术，只能被称作融合

了"佛教因素"的造像，并不能称为佛像[2]）既不可用关于"明帝—佛像"的文献记载来解释整个汉代佛像的特点，也不可以用汉代后世佛像来通释明帝时期的"佛像"。故前文种种关于汉明帝与"佛像"的记载只能说明当时有观念中的"佛像"出现，但不能用来说明汉明时期已有外来佛像或粉本的传入，更不能作为学者们所认为的汉明帝"求法就包括求像"的证据。[3] 盖因既无粉本，而图画仙人、神灵形象的传统，中国又早已有之，可以追溯到战国之楚国，在这一点上，诚如李泽厚所言"汉文化就是楚文化，楚汉不可分"。[4] 在耽迷于求仙问神的汉代人看来，西方之佛和传统道术中的"仙人""至人"等并无区别，故将其图画出来，也无须用到粉本。

承上所述，无粉本并非意味着全然否定汉明帝时无"佛"画像，只是排除在造型元素和宗教观念上，明帝时"佛像"受外部因素影响之可能，因为汉代历来就有图画神灵仙道的楚汉文化气息的画像传统，又将仙神与佛陀等量齐观，将佛之清净慈悲、因果轮回之说与鬼神方术之灵魂不死、无为修身之论联姻起来，故将其形象图于寿陵墓室或清凉台等建筑之上以纪存或祈

1　俞伟超：《东汉佛教图像考》，《文物》1980 年第 5 期。

2　参见〔美〕巫鸿《早期中国艺术中的佛教因素（2-3 世纪）》，载〔美〕巫鸿《礼仪中的美术》，郑岩等译，第 289~345 页。

3　由考古界、美术界、地方文史研究单位联合著作的《连云港孔望山》认为佛像与佛经是同时传入，并且明帝时就已经发生了。此观点影响广泛，故有必要提出与之商榷。参见中国国家博物馆田野考古研究中心、南京博物院考古研究所、连云港市文物管理委员会办公室、连云港市博物馆联合编著《连云港孔望山》，文物出版社，2010，第 215 页。

4　李泽厚：《美的历程》，生活·读书·新知三联书店，2009，第 72 页。

福——将其冠之以"佛像"的名义。因此，作为一个特殊时期——东汉前期——的"佛像"是一个与印度佛像毫无实际关联的内发型案例，只能作为本土神仙方术思想和固有画像艺术传统规定下的仙灵祥瑞图像之一种，这也说明佛教初传汉地时的一种无可奈何的选择，为了更容易被追求实用主义的汉人接受，被迫安排在有祈福升仙、灵魂不灭的墓葬祠堂之中。

如此，汉代早期佛像艺术滥觞之初先天就与纯粹的印度佛教艺术不同，甚至有云泥之别。以巫鸿和曾昭燏为代表的学者们认为2~3世纪（东汉中晚期）的各类具有佛教艺术特点的造像实际上并不能被判定为严格意义上的佛像，因为他们与印度标准的佛像艺术特征存在明显差异，也不与佛教教义的表达和宣传佛教的目的有关，可以称其为"类佛的中国传统神仙"或"融合佛教因素"的造像艺术，但不能判定其为真正意义上的佛像。[1] 准确地说，这种说法其实用于东汉明帝时期的"佛像"，更为恰当，并不完全适用于整个汉代的佛像，尤其是汉末笮融（？~195）以降的独立佛教造像。

三 东汉中晚期（2世纪中后期）折中性的形式化"仙佛"

东汉中晚期，佛教虽依然没有完全摆脱民间世俗祭祀和神仙方术的影响，在宫廷王室继续享有与道教同等地位的祭祀崇拜，[2] "佛像"艺术也延续了东汉初作为一种方术仙教印记下的世俗烙印，但随着更多西域和月氏僧人如安世高、安玄、支娄迦谶等到访和译经活动的展开，印度大乘佛教经典和佛像深入中原，在地方官僚和民间亦产生深远影响。[3] 可见，此时的佛教与汉明时期的佛教已有很大不同，荷兰学者许里和曾经分别用"王室佛教"（Court Buddhism）和"士大夫佛教"（Gentry Buddhism）来形容中国早期佛教发展史上的政府行为和社会行为，虽然他提出的这两种概念非专指汉代佛教，而是用在形容中国3~4世纪的佛教，但"这两类与外来佛教的互动关系构成了佛教得以扎根中国社会的文化上的同化过程"[4]，本文认为这对概念用来形容和区分东汉初和中晚期的佛教亦再恰当不过，因为它极符合佛教是通过自上而下的阶梯模式在中国渐次扩大影响的基本事实。表现在佛教艺术上，更多明显具有印度佛教特色和佛教意义的造像在全国各地相继出现（包括前文

1 　曾昭燏针对沂南汉墓画像石中的仙佛提出"类佛的中国神仙"概念，见曾昭燏等《沂南画像石墓发掘报告》，第65~67页；〔美〕巫鸿：《礼仪中的美术》，郑岩等译，第297、334页；〔日〕长广明雄、水野清一：《云冈石窟，西历五世纪における中国北部佛教窟院の考古学的调查报告》，第80~81页。

2 　《后汉书·襄楷传》《后汉书·桓帝本纪》《后汉书·西域传》都有记桓帝于宫中数次共祀老子浮屠，立黄老浮屠之祠。

3 　《后汉书》卷八八《西域传》："后桓帝好神，数祀浮屠、老子，百姓稍有奉者，后遂转盛"，第2922页。

4 　〔荷兰〕许里和：《佛教征服中国》，李四龙、裴勇译，第6页译注。

所举诸佛像案例），如四川麻浩、柿子湾崖墓上佛像（见图10），巫鸿指出：正如爱德华和其他学者考证，麻濠（浩）汉墓中形象的带有基本的"佛像"图像学标志——肉髻、项光、施无畏印，并且左手捏袈裟一角，与印度佛教中心犍陀罗、马图拉（旧译秣陀罗）和阿迈拉瓦堤（又译阿玛拉瓦蒂）的佛像无异，显然表明了东汉后期印度佛教和佛教艺术已东渐中国。[1] 另有四川彭山陶制摇钱树干上的一佛二侍者（见图11）、江苏连云港东海昌梨水库一号墓前室中柱壁画中作无畏印的仙人、孔望山之摩崖石刻佛教造像群之涅槃图（见图12）以及佛像X2、X77、X81（见图13、14、15）[2] 等，这些

图11　四川彭山汉墓摇钱树干上的陶佛　2世纪晚期
（南京博物院藏）

佛像普遍具有与印度佛像高度相似的特点，这反映了印度式标准佛像在统治中心及边远地区的传布及其对中土佛教造像的直接影响。

以孔望山摩崖佛教造像为例，最典型的案例是其中一组大型的涅槃图（图12），由59个像组成的涅槃图，除了挨头并置的诸多光头并有光圈的比丘像以外，主像释迦（X42）的姿态也刻画得十分准确，据《连云港孔望山》最新考察介绍："半身侧卧像，头向317°，身体随岩石的自然走势由西向东逐步降低。全长61厘米、头长28.5厘米。头顶挽高肉髻，头枕右手而卧，

图10　四川麻濠崖墓石壁佛像（巫鸿：《礼仪中的美术》，郑岩等译，第292页）

1　巫鸿还言及俞伟超先生曾告知他这两处佛像不但同处于崖墓中连接前后室墓门墙上，且图像造型也相同，并认为柿子湾墓和麻浩（濠）墓同属于2世纪后半叶，即桓、灵时期。参见〔美〕巫鸿《早期中国艺术中的佛教因素（2-3世纪）》，载〔美〕巫鸿《礼仪中的美术》，郑岩等译，第292页。

2　关于孔望山摩崖造像的创作年代一直有争议，但学术界主流看法认为是东汉晚期所作，在2010年最新出版的由国家文物局批准，由中国国家博物馆田野考古研究中心、南京博物院考古研究所、连云港市文物管理委员会办公室、连云港市博物馆联合编著，由文物出版社出版的《连云港孔望山》，将2000年至2003年对孔望山遗址群进行的全面考古调查和发掘整理的报告和研究成果进行了全面梳理和介绍，并对原1981年发表的《连云港市孔望山摩崖造像调查报告》的编号做重新梳理和调整，对原报告中的舛误也有所指认，本文的研究基础采自此最新的编号。

着圆领衣衫。"[1] 虽然这些佛像是按照汉代画像石雕刻技法建造，但诚如王睿所言：构图如此复杂完备的涅槃像对于中国工匠而言，无图像传承却存在特定表现方式，孔望山涅槃像的主体部分依据的不会是佛经类文本，而是犍陀罗的图像类粉本。[2] 另外，X2、X77、X81（见图13、14、15）更为典型外来图像母题，而这种母题只在印度贵霜王朝的佛教造像中出现，三者皆面为胡人像，深目隆鼻大耳，头顶结有象征佛陀独一无二无上智慧的肉髻，右手施无畏印，左手提衣角；X77盘腿而坐；X2和X81着圆领长衫，窄袖，双足着靴，双脚外撇成八字形站立，后者项后还有环圆光圈，束腰。以上佛像具有独特的早期佛教造像形式特征和特殊的宗教意义，都将我们的注意力指向与之相关的迦腻色迦时代的经典佛像（如图4、5），与汉代中期具有浓厚神仙气息的仙佛形成鲜明对比，汉人形象和装饰特征以及神秘的气息明显减少。

更多远离中原核心地区如四川、贵州摇钱树等不分地域差别的具有广泛性外来艺术特点的案例，不但说明了佛教走出高大的王室宫墙围苑，深入传播到更广阔的地方社会和百姓之间，而且与之前汉明时期不同的是：自此，印度的标准佛像和技术始发挥了重要的引导和示范作用，使佛教艺术以独特的趣味和面貌融入汉画像艺术系统，与之共存又相映成趣，而且佛像也并未如之前所见一概被安置在墓室当中，其表现的载体破天荒地扩展到了户外的摩崖石刻，摩崖造像在汉地前所未见，历来是印度宗教艺术中的传统，也广泛用来表现佛教，孔望山摩崖石刻应该是早期中土佛教艺术与印度摩崖石刻艺术交流的最早见证。

图12　连云港孔望山摩崖石刻涅槃图［《连云港孔望山》，第49页，图58（连云港文管所提供）］

图13　连云港孔望山摩崖石刻 X2 佛像（连云港文管所提供）

1　中国国家博物馆田野考古研究中心、南京博物院考古研究所、连云港市文物管理委员会办公室、连云港市博物馆联合编著《连云港孔望山》，第52页。

2　王睿：《连云港孔望山摩崖造像中涅槃像的图像特征及其年代》，载李砚祖主编《艺术与科学》卷五，清华大学出版社，2007，第131~142页。

图 14　连云港孔望山摩崖石刻 X77 佛像（连云港文管所提供）

图 15　连云港孔望山摩崖石刻 X81 佛像（连云港文管所提供）

四　汉末决定性的"印度式佛像"质变

至汉末，佛教和佛教艺术在中国的发展又有一新的推进。一方面，灵帝年间（168~184）大量贵霜月氏人从中亚迁入中国，并到达首都洛阳，这其中就包括许多高僧如支娄迦谶和竺朔佛等，而犍陀罗语成了中亚与洛阳之间的国际交际用语[1]；另一方面，更多的汉人加入佛教队伍，甚至出家为僧打破了"汉人皆不得出家"的禁令[2]，如严浮调、朱士行、广陵、彭城二相。[3]此外，据《三国志·刘繇传》载，笮融于徐州地区"大起浮图祠，以铜为人，黄金涂身，衣以锦彩。垂铜槃九重，下为重楼，阁道可容三千余人"。[4]汤用彤指出："此为造像立寺见于记载之始。"[5]但令笔者关注的问题是，记载之始是否就意味着实际历史发生之始呢？笮融独立事佛，使之脱离汉地道教和仙术体系之前，想必先基于社会已有佛道分离的风气，而这种风气是随着灵帝中平元年（184）四川和东部地区的太平教被取缔，佛教与之分割走向独立才可能生

1　林梅村：《西风古道——考古新发现所见中西文化交流》，第 345、355 页。

2　（梁）慧皎：《高僧传》卷十《竺佛图澄传》载后赵石勒时，王度上疏说汉代"唯听西域人得立寺都邑，以奉其神，其汉人皆不得出家"。

3　汤用彤：《汉魏两晋南北朝佛教史》，第 53、60 页。

4　《三国志》卷四九《刘繇传》，中华书局，1982，第 1185 页；另笮融死于献帝兴平二年（195），其立佛造寺期间正值陶谦领徐州牧（献帝初平四年即公元 193 年），笮融为其督漕运。故其造佛立寺的具体时间当为 193~195 年。参见汤用彤《汉魏两晋南北朝佛教史》，第 60 页。

5　参见汤用彤《汉魏两晋南北朝佛教史》，第 60 页。

发的。[1] 因此，笮融可能实际上并非立寺造佛之第一人，之前已有先例也未见得，只因文献阙如，今难以取证而已，但不妨碍我们根据汉末的佛教发展实况做历史情境的推测：基于独立的佛教造像是随着佛教独立以来而生发的，果然，则汉末佛教和佛造像的独立起点至早应从灵帝年间便开始了，至迟则不会晚于笮融铜佛造像。

笮融时代的金铜佛像迄今也没有发现，其艺术面貌如何，似乎无从得知，但历史的发展总有其内在不以人的意志为转移的联动线索，也并不总是偶然而无序的，尤其于一种十分注重传承的技艺和特定表现风格的佛教艺术来讲，更是如此。约半个世纪后西晋单体铜佛造像的出现，给我们对汉末笮融所铸金铜佛像的印象判断，提供一个十分宝贵又相对可靠的参考——两者都是基于佛教的独立以及印度佛像艺术粉本的直接传播，而后来者又必深受前者启示，或更有所发展。

如图所示，美国福格美术馆藏西晋铜佛像[2]（见图16）与印度祖地犍陀罗佛像（见图17、18）两相对比，其源流关系自不待言，一望便知。本土根深蒂固的神秘的仙文化因素彻底褪去，出现的是一种完全异域风情的新式佛造像。西晋佛像

图16　金铜禅定坐佛像 西晋前后 哈佛大学福格美术馆藏（李静杰摄《犍陀罗造像及其与周边地区的联系》，载《佛像的故乡——犍陀罗佛教艺术》湖北省博物馆编，文物出版社，2017，第17页）

图17　梵天劝请浮雕图中的禅定坐佛 犍陀罗1世纪（湖北省博物馆编《佛像的故乡——犍陀罗佛教艺术》，第47页）

1　信立祥：《汉代画像石综合研究》，文物出版社，2000，第350页。

2　对此佛像的年代判定有不同意见，李静杰推为西晋前后，何志国认为属于西晋时期，日本松原三郎认为属于3世纪，金申推为公元350年前后，宫治昭推为4世纪前半叶，台北人士认为4世纪前后。无论哪一种推断，都一致同意属继之后最早金铜佛像之一。参见李静杰、田军主编《故宫收藏——你应该知道的200件佛像》，紫禁城出版社，2007，第73页、282~283页；何志国《中国初期金铜佛及其来源》，《民族艺术》2009年第4期；〔日〕松原三郎《中国佛教雕刻史论》，吉川弘文馆，1995；金申《佛教美术丛考》，"十六国时期的铜佛像"，"燃肩佛和佛发中的舍利、髻珠"，科学出版社，2004，第6、89页；〔日〕宫治昭：《犍陀罗美术寻踪》，李萍译，第193页；台北故宫博物院编辑委员会《海外遗珍》佛像（二），台北故宫博物院出版，1995。

图 18　伦敦维多利亚·阿尔伯特博物馆藏 犍陀罗禅定佛像（图采自湖北省博物馆编《佛像的故乡——犍陀罗佛教艺术》，第 16 页）

图 19　巴黎集美美术馆藏 贵霜阿富汗迦毕式焰肩佛像（图采自湖北省博物馆编《佛像的故乡——犍陀罗佛教艺术》，第 22 页）

不但成为单身独立造像，同时吸收了犍陀罗地区早期和盛期佛造像特点，且已看不出多少汉人造像的因素——几为祖地犍陀罗佛造像的复刻版：佛像为标准的印度式雅利安人种，深目隆鼻，作束发肉髻，眉间有白毫，长有髭须（这是早期犍陀罗佛像特有的标志[1]），双眼微睁，若有微笑，注重沉思静穆的表现，有犍陀罗佛像艺术成熟期的典型唯美特征；身体着宽松贴体的罗马式圆领通体长袍，肩后左右分别冒出四束火焰，或与贵霜时期中亚迦毕式（Paitava）风格（今阿富汗地区）之影响直接有关（见图 19）[2]，但其源头可共同追溯至迦腻色迦钱币国王像肩后之火焰（见图 4）；另外一个最值得关注的与众不同的特点：结跏趺禅定印而坐，这种印相是犍陀罗佛像应用频率最高的一种手印，但是在这之前所见的汉代佛像案例中，却几乎清一色为无畏印，无一例发现明显结禅定印的佛像。以此观之，结禅定印佛像在中土初现的重要意义非同一般。

如果说孤例不成证，那么与之相似的另一案例——同一体系内的外来风格造像——西晋施无畏印金铜弥勒菩萨立像，则给我们

1　［德］吴黎熙：《佛像解说》（第二版），李雪涛译，社会科学文献出版社，2010，第 92 页。

2　［日］宫治昭：《犍陀罗美术寻踪》，李萍译，第 193 页；李静杰：《犍陀罗造像及其与周边地区的联系》，载湖北省博物馆编《佛像的故乡——犍陀罗佛教艺术》，第 16 页。

图20　日本京都藤井有邻馆藏西晋铜佛（陕西西安三原出土《中国古代雕塑》，中国外文出版社、美国耶鲁大学出版社，2006，图3-26，第225页）

图21　犍陀罗弥勒菩萨石雕 2~3 世纪

提供了更加明朗的信息参考（陕西西安三原出土，见图20），无论装束安排、人种特色，还是上举手印、净瓶执物等佛像元素，都显示其造像的粉本源头可谓直续犍陀罗菩萨艺术造型之风范（见图21）。

再从艺术风格和表现形式上看两尊西晋铜佛，都以线条的流畅性和空间的体积感并重，也非本土传统造像以线刻为主的平面绘画思维，而是直接利用了西方更加凹凸立体、圆转起伏的形体雕塑思维，明显与中国固有的雕刻和绘画精神两异。其造型手法也臻于成熟，已丝毫不逊于犍陀罗最优秀的佛造像（2~3世纪）。从一种技术传承到模式化的风格转向再到受众者的审美接受需要的漫长时间和过程考量，如此成熟的风格表现，在短短的半个世纪内风行，并且被当地人完全接受，很难想象不是因继承并得益于前人的成果所致，佛像制作有严格的程式规范和表达神圣的宗教内涵要求，西晋铜人佛像固非突然凭空而造，当有其本，以笮融铜人佛像与西晋铜人佛像一为源，一为流，或近裔同胞——同一佛像类型——之关系逻辑，逆推笮融铜佛当为标准的印度式佛像并不过当。

因此，以笮融为代表的汉末铜人佛像当为西晋成熟的佛像提供不可或缺的心理准备和重要示范。这也反映了外来艺术审美和新方法在汉末彻底被接受和全新的影响力之可能，这种前所未有的大胆吸收外来艺术母题和艺术技巧的表现，在汉明时期几乎是不敢想象的，它在某种程度上意味着佛教传入中国以来，以金铜佛像为标志的中国佛教艺术，实现了由东汉初自发性启蒙——经东汉中晚期的折中性选择——至汉末成熟的决定性嬗变，彻底结束了从概念或模棱两可的外形或单一的形式嫁接转向明确和成熟的纯印度式佛像审美和宗教内涵的质变。

结　论

自西汉末哀帝（前7~前1年在位）伊存授经始有佛法传入[1]，经明帝永平求法（58~75）及桓帝（147~167年在位）之前，佛教始终作为一种奇门异术被限制服务于王室宫廷之中，未能广泛传播，桓帝后才开始大为扩张，从"王室佛教"（Court Buddhism）到"士大夫佛教"（Gentry Buddhism）再到"民众佛教"（Popular Buddhism）[2]，东汉佛教有不同的历史发展阶段，巨赞法师在给汤用彤的信中曾提及这一点，可惜并没有引起学术界的重视，他认为："宫廷之内所崇尚的佛教，与民间不会完全相同，而一般的信仰者与知识分子的趋向也不一样……因此，将东汉佛教划分一下阶段，可能更符合于历史发展的事实"[3]，而这个阶段的划分很大程度上应是以佛教与世俗社会关系的转变

和佛像的形式风格、表现载体的演变为据。汉末佛教得以在各处遍地开花，首要归功于佛像的有效传播——就受众者范围、广度和易接受程度而言，图像（佛像）的传播功用是文字（佛经）所不能比拟的，仅仅依靠对有限经文要义的理解和宣传——甚至是曲解或误传，总是收效其微，汉明时期虽"问佛道法，并图佛像"，但久经一个世纪未能远播的原因也在于此。这让我们想起6世纪基督教的传播，正得益于格里高利大教皇的那句名言："文字之于识字者之作用，与绘画对文盲之作用，同功并运"[4]，才使得基督教成功打破制作偶像的禁忌，借圣像绘画和雕刻之助益，迅速得以在欧洲大陆广为传播。

由以上综合分析，本文得出以下结论：第一，东汉初，明帝时首接触佛教时就对制作佛像不含偏见和禁忌，而直接将其视作仙人或祥瑞图画出来，是浸淫并催化于楚汉民间方术和神仙信仰风气中的衍生品——"概念性佛像"，与印度佛像虽同名而殊义，没有实际关联，更无粉本可据。第二，东汉中晚期（桓灵之际），虽然佛教依然没有完全摆脱民间世俗祭祀和神仙方术的功能影响，但得益于印度大乘佛法和佛像粉本的传入，全国各地不约而同地相

1　汤用彤：《汉魏两晋南北朝佛教史》，第43页。邱明洲：《中国佛教史略》，四川省社会科学院出版社，1986。

2　词"王室佛教""士大夫佛教""民众佛教"为许里和语，本文只是借用其概念形式，并非完全对应其对这三者之间联系和所指的阐释。参见〔荷兰〕许里和《佛教征服中国》，李四龙、裴勇译，第5~6页。

3　《关于东汉佛教几个问题的讨论》（巨赞给汤用彤的回信），载汤用彤《汤用彤学术论文集》，中华书局，2016，第341~342页。

4　〔英〕贡布里希：《艺术的故事》，范景中译，杨成凯校，广西美术出版社，2016，第134页。

继出现高度统一具有犍陀罗式风格特点的佛像，这说明东汉中晚期的佛教造像确有规范的统一样式的流播，才导致虽然各地区接触佛教和佛像艺术的时间前后不一致，也仅停留在表面形式的嫁接和模仿，但它们都使用或参考了相同或类似的范本，并且发展出规模性佛像群雕刻，孔望山摩崖石刻便是其例，而这种现象在汉明帝时期并未出现。第三，汉末佛教摆脱神仙方术的躯壳，东部地区更是出现独立事佛，制作铜人佛像的先例（笮融造铜佛像），这种铜人佛像开两晋金铜佛造像之先河，直接表现为对印度标准佛像的超高水平的"复制"，它在相当程度上标志着佛教渐入中国以来，中印佛教造像自此出现了一种久违的历史性弥合，真正实现了异地同尊、异国同像的风格默契；同时，也反映了外来艺术审美和新方法在汉末彻底被接受和全新的影响力格局之可能。

四

中外交流与图像

从图像看滇文化中的古印度文明因素 [*]

■ 俞方洁（四川美术学院通识学院）　李　勉（重庆师范大学历史与社会学院）

云南位于中国西南边陲，西部与缅甸接壤，与印度东北部相隔不远，南部和老挝、越南为邻，西北紧依西藏，是南下东南亚和西去南亚的陆上大门。云南北部高山、大河自北向南相间排列，地势险峻；西部为横断山脉，地势缓降，河谷宽广，尤其是在南部和西南边境一带，山势较矮、宽谷盆地较多。这种区位条件和地形特征使云南成为北方草原文化、中原文化与南亚、东南亚古代文明交流的十字路口。长期以来，学界在探讨滇文化与周边文化关系的问题上，主要关注北方草原、中原及东南亚与云南地区的关系 [1]，对印度与滇文化的关系少有细致研究。[2] 早在西汉，云南与古印度间就存在一条通道——蜀身毒道，张骞发现身毒（今印度）有蜀人专营中国西南物品。可见，西汉时期中印之间通过云南早就存在民间商贸往来。通过考古资料可以发现，这种商贸交流对云南本地文化产生了深远影响。因此通过考察早期云南与印度的交流可以更全面地分析战国秦汉时期云南地方文化的形成，展现云南文化的多元性。

中外学者在滇印通道上的商贸往来、科技交流和交通路线方面成果颇丰 [3]，但对商品贸易所带来的信仰生活影响关注较少。

* [基金项目]2016 年度重庆市社会科学规划青年项目"我国西南地区与南亚古代艺术文化交流研究"（项目批准号：2016QNYS42）阶段性成果；2019 年度教育部人文社会科学研究西部和边疆地区项目"战国秦汉时期中国与东南亚交流研究"（项目批准号：19XJC770003）阶段性成果。

1　张增祺：《从出土文物看战国至西汉时期云南和中原地区的密切联系》，《文物》1978 年第 10 期，第 31~37 页；张增祺：《晋宁石寨山文化与越南东山文化的比较研究》，《云南社会科学》1985 年第 2 期，第 55~60 页；张增祺：《云南青铜时代的"动物纹"牌饰及北方草原文化遗物》，《考古》1987 年第 9 期，第 808~820 页。

2　童恩正：《古代中国南方与印度交通的考古学研究》，《考古》1999 年第 4 期，第 79~87 页。

3　周智生：《中国云南与印度古代交流史述略》（上），《南亚研究》，2002 年第 1 期，第 55~64 页。周智生：《中国云南与印度古代交流史述略》（下），《南亚研究》，2002 年第 2 期，第 53~55 页。Haraprasad Ray,The Southern Silk Route from China to India— An Approach from India, *China Report* 31(1995):177~196.

先秦两汉时期滇印文化艺术之间存在一些相似的艺术题材和图像，其关联性显而易见。本文以有代表性的艺术图像为中心，就其图像内容、表现手法及形式等试做比较，并就由商贸所导致的文化交流现象略做分析，以求教于方家。

一　瘤牛及其组合图像

牛是滇文化最常见的装饰之一，表现题材多有牛兽搏斗、剽牛、斗牛以及鸟立牛背等。剽牛、斗牛、牛牲等题材是当时宗教祭祀活动的一部分，滇人牛崇拜之风极盛。在滇人祭祀或崇拜对象的牛中，常见一种鬐甲有肉瘤的牛，即瘤牛（Bos indcus），文献称之为"犦牛"[1]、"封牛"[2]和"犘牛"[3]等。

滇文化中瘤牛的装饰就其题材内容和组合上可大体分为两类。

A. 牛兽搏斗题材。牛斗兽是滇文化双兽搏斗母题中最常见的题材。晋宁石寨山一贮贝器器盖上表现了两头瘤牛与一虎搏斗，其中一头用牛角刺穿虎腿（见图1-3）。

B. 牛鸟共生题材。仅见一例，石寨山一号墓58号铜鼓腰部绘有六只船，两船一组，两船之间间隔一瘤牛，前两头背上立一鸟（图2-3），后两头身前停立一鸟，牛背之鸟为飞来立足未稳之态，地上之鸟则为站立之态。[4]

首先来看A类图像，动物搏斗牌饰是北方草原文化最具特色的文化因素，在构图上作相互撕咬或交绕搏斗状，因此，张增祺最早指出这类图像受到了北方草原文化的影响。[5]但需要注意的是，北方草原文化中的动物搏斗图像均为食肉动物占据上风，将食草动物压制于身下，其中食草动物多为羊和鹿。但滇文化动物搏斗图像中的食草动物多以瘤牛为主，且瘤牛在与食肉动物（多为虎）的搏斗中常常不落下风，甚至占据优势。这个特点显然与北方草原有异，却与古印度的牛兽搏斗图像颇为相似。

古印度的牛兽搏斗图像常表现瘤牛与狮对峙搏斗的场景，例如梅尔伽赫Ⅷ期（公元前2500年）有一枚印章，表现瘤牛与雄狮搏斗的场景，瘤牛牛角顶向狮子腹部，狮子张嘴哀号，--猎人手持长矛带领

1　《尔雅·释畜》"犦牛"条，郭璞注曰："即犎牛也。领上肉犦胅起，高二尺许，状如橐驼，肉鞍一边。健行者日三百余里。今交州合浦徐闻县出此牛。"（清）郝懿行：《尔雅义疏》，上海古籍出版社，1983，第1330页。

2　《汉书》卷九六上《西域传上》罽宾条颜师古注曰："封牛，项上隆起者也。"（汉）班固：《汉书》，中华书局，1962，第3885页。

3　《史记》卷一一七《司马相如列传》："其南则隆冬生长，踊水跃波；兽则犘旄貘犛"，郭璞云："犘，犘牛，领有肉堆，音容。"索隐案：今之犎牛也。（汉）司马迁：《史记》，中华书局，1959，第3025页。

4　王大道：《云南铜鼓》，云南教育出版社，1986，第25页。

5　张增祺：《云南青铜时代的"动物纹"牌饰及北方草原文化遗物》，《考古》1987年第9期，第808~820页。

图 1 滇印牛兽搏斗

1-1 梅尔伽赫Ⅷ期狮牛对峙印章 1-2 梅尔伽赫Ⅷ期狮牛搏斗印章 1-3 晋宁石寨山贮贝器牛虎搏斗
（笔者拍摄于重庆三峡博物馆"盛筵——见证《史记》中的大西南"展览）

一猎狗跟随瘤牛身后[1]（见图 1-2）。梅尔伽赫Ⅷ期另一枚印章上也有牛狮对峙的图像[2]（见图 1-1）。古印度与滇文化均以瘤牛为重要表现对象，其中瘤牛用角顶向野兽腹部的情景在滇文化和梅尔伽赫文化中有相似性，瘤牛在与对手的搏斗中都占据一定的优势。瘤牛是南亚及周边地区的代表性牛种，最早由印度驯化，后传播至滇文化。[3] 瘤牛在古印度文明中象征保护牧群的首领抑或祭祀的牺牲。[4] 滇文化中的瘤牛形象也常出现在祭祀场景之中，这种共性体现了瘤牛在两种文化中相似的地位。因此，牛兽搏斗图像中的瘤牛具有守护神的意义，蕴含着保护当地族群生命、财产，防止邪恶力量侵扰的意味。值得留意的是，古印度的牛兽搏斗图像常以瘤牛和狮（亚洲狮）为主，但滇文化却将狮换作当地常见的虎，这体现了印度牛兽搏斗图像传入云南后，被后者进行了本土化改造，使之更加符合本地特色。

B. 牛鸟共生题材。在古印度最早可追溯至公元前 3000 年左右梅尔伽赫文化Ⅵ期一件彩陶碗上绘有三只鸟并排立于牛角上[5]（见图 2-1）。在稍晚的公元前 2600～前 2500 年纳沙罗（Nausharo）遗址也有发现，一件彩陶罐上绘有一头体型健硕的瘤牛，牛背上立一鸟，系于一株菩提树前（见图 2-2）。[6] 与石寨山一号墓铜鼓上的鸟立牛背图像相比，鸟均作飞来之势，立于瘤牛的牛背或牛角

---

1 Catherine Jarrige, *Mehrgarh Field Reports 1974-1985 from Neolithic times to the Indus-Civilization* (Sindh:the Department of Culture and Tourism,1995), p.412.

2 Catherine Jarrige, *Mehrgarh Field Reports 1974-1985 from Neolithic Times to the Indus-Civilization*, p.360.

3 俞方洁：《滇文化瘤牛形象研究》，《民族艺术》2016 年第 3 期，第 72~81 页。

4 Jonathan Mark Kenoyer, *Ancient Cities of The Indus Valley Civilization* (Oxford: Oxford University Press,1998), p.84.

5 Catherine Jarrige, *Mehrgarh Field Reports 1974-1985 from Neolithic times to the Indus-Civilization*, p.159.

6 Jonathan Mark Kenoyer, *Ancient Cities of The Indus Valley Civilization*, p.44.

图 2　滇文化与古印度的瘤牛

2–1　梅尔伽赫Ⅵ期立鸟与牛彩陶碗　　2–2　纳沙罗（Nausharo）遗址鸟立牛彩陶罐　　2–3　石寨山铜鼓鸟立牛纹

之上。无论从图像内容还是艺术构思来说，滇印之间的渊源关系自是一目了然。从题材组合上来看，纳沙罗和梅尔伽赫文化彩陶上的牛鸟共生图像多与印度神树——菩提树相伴，而滇文化中却未见此类现象，这也说明这类图像题材在传至云南后也经过了本土化改造，剔除了本地不常见的题材。

另外，缅甸在曼德勒附近发现了一处比滇文化略早的青铜—铁器时代墓葬，出土的铜鼓残片上表现了一只肥胖的小鸟立在一头花斑瘤牛的后腿上。[1]可见，印度、缅甸与中国云南都存在这种牛鸟共生的图像，这一方面与三地相似的自然环境、生态系统有关，但更是在连接印度、缅甸、云南的文化交流影响下产生的艺术表现形式。

二　祭柱图像

祭柱是滇人宗教活动的重要组成部分，也是滇文化中最具特色的文化因素。祭柱场景多表现人数众多的祭祀仪式。从祭祀内容和祭柱本身出发，我们发现滇文化的祭柱图像有以下特点。

（1）滇文化中祭祀柱顶端多立有动物，常见牛、虎或蛇。晋宁石寨山有一件鼓形四耳器，盖中央竖立一高9厘米的铜柱，柱顶立一虎，柱身缠绕两蛇，柱后有担薪、提篮的人，篮中盛鸡、鱼等祭品。[2]李家山有一件剽牛祭柱扣饰，祭祀柱上伫立一头牛[3]（见图3–3）。石寨山出土的一件青铜扣饰，众人缚牛祭柱，柱顶端盘绕一蛇[4]（见图3–4）。

（2）滇文化有的祭祀柱柱身会表现缠

1　Elizabeth Moore, Myanmar Bronzes and the Dian Cultures of Yunnan, *Bulletin of The Indo-Pacific Prehistory Association* 30(2010):122~132.

2　孙太初：《云南晋宁石寨山古遗址及墓葬》，《考古学报》1956年第1期，第43~63页。

3　玉溪地区行政公署编《云南李家山青铜器图集》，云南人民出版社，1995，第93页。

4　赵丽娟主编《古滇王都巡礼：云南晋宁石寨山出土文物精粹》，云南民族出版社，2006，第26页。

图 3　滇文化与古印度的祭柱场景
3-1　摩亨佐-达罗遗址印章　3-2　鹿野苑阿育王石柱　3-3　李家山青铜扣饰　3-4　石寨山青铜扣饰　3-5　石寨山 1 号墓贮贝器

绕的蛇，蛇有时甚至成为献祭的对象。例如，石寨山 1 号墓贮贝器上表现杀人祭柱场景，场面宏大，器盖上铸 51 人，中央立一圆柱，上盘绕蛇两条，柱顶立一虎，柱右一裸人，双臂反绑于牌上，柱前一人跪地，一人足有枷锁，三人均为祭祀牺牲（见图 3-5）。[1] 石寨山 12 号墓发现的一件杀人祭柱场景贮贝器，祭祀柱上盘一条巨蛇，口内正吞吃一人。[2]

　　首先，我们先看滇文化祭柱柱顶立动物的样式。这种祭柱样式在战国秦汉时期基本不见于中原，而与古印度的祭祀柱更为接近。在古印度，祭柱有悠久的传统，在祭祀柱顶端立动物的艺术形式可追溯至青铜时代。在摩亨佐-达罗遗址的一枚印章上，表现了一人在祭典仪式中高举竿子，竿顶立有一牛[3]（见图 3-1）。随着祭柱信仰的盛行，这种祭祀柱顶立动物的艺术形式被保留下来。在之后兴起的孔雀王朝时代，

阿育王在全国各地敕建了 30 多根石柱，均为柱顶伫立动物的样式。柱顶动物总计四种，分别是象、马、狮子、瘤牛。其中最著名的要数波罗奈斯城外鹿野苑的石柱。这尊石柱柱头饰覆钟形莲花纹，柱顶雕刻四只背对背蹲踞的雄狮（见图 3-2）。另外，继孔雀王朝崛起的巽伽王朝也发现了公元前 1 世纪的石柱，柱身铭文记录了该柱是赫利阿多拉斯为纪念婆薮提婆（毗湿奴）而建立。柱顶立金翅鸟（毗湿奴的坐骑），象征万神之神毗湿奴。

　　柱顶端立动物为滇文化祭祀柱与古印度石柱的共有特征。柱头所立动物皆与祭祀相关。例如，阿育王石柱上四兽（象、狮、牛、马）与释迦牟尼有关。[4] 巽伽王朝石柱上的金翅鸟则象征了毗湿奴。从吠陀时期起，印度人就将祭祀柱视为维持者毗湿奴，以祭柱形式来供养毗湿奴，与祭品的功效是一样的。[5] 可见，祭柱立动物的形

1　云南省博物馆考古发掘工作组：《云南晋宁石寨山古遗址及墓葬》，《考古学报》1959 年第 1 期，第 43~63 页。

2　云南省博物馆：《云南晋宁石寨山古墓群发掘报告》，文物出版社，1959，第 76~77 页。

3　Jonathan Mark Kenoyer, *Ancient Cities of Indus Valley Civilization*, p.83.

4　阮荣春编《佛教艺术的发展》，辽宁美术出版社，2015，第 11 页。

5　〔德〕施勒伯格：《印度诸神的世界——印度教图像学手册》，范晶晶译，中西书局，2016，第 240 页。

式体现了立柱祭神之意，柱头动物象征某特定神格，以祭祀柱的形式实现人神之间的沟通。

另外，滇文化的祭祀柱与印度石柱在形制上略有不同。如印度石柱顶端的象、金翅鸟、狮、马等均不见于滇文化，且覆钟形莲花样式的柱头也异于滇文化。除了牛之外，滇文化祭柱顶端常出现虎或蛇的形象，体现了滇人与古印度有不同的神灵崇拜。再如，印度莲花样式柱头来源于西亚，与波斯波利斯宫殿石柱所见一致。由此可知，滇文化祭祀柱是滇人依据当地的宗教信仰，对印度祭柱样式进行改造的结果。当然，除了以上印度样式祭柱之外，滇文化中还有一种本土样式的祭柱。例如，石寨山 M12:26、M20:1 铜鼓上的祭祀场景中心，有两个上下堆叠的铜鼓，形成柱状。[1] 铜鼓是滇人原始宗教祭祀的重要标志，也是本土文化因素之一。两个铜鼓堆叠在一起表现祭祀柱的方式体现了当地祭柱的传统。可见，滇文化的祭柱在吸收印度影响之外，还保留着自己的特点和传统。彼此的区别和差异更多体现在表现形式上，从其信仰本质来看均可由宇宙柱崇拜予以解释。

古印度的祭柱信仰最初来源于人们对宇宙之柱的崇拜。柱在吠陀时期最初被视为创造宇宙的因陀罗。《梨俱吠陀》赞颂因

陀罗说："崇高之神，你使天宇和大地得以稳固。天宇被置于千万擎天之柱上。"[2] 古印度的柱是连接天地的通道，是沟通上天的手段。滇文化的祭祀柱也与立柱祭天有关。南诏时期还保留着滇文化祭柱的传统，我们从相关文献中可以找到一些线索。《南诏图传》有白国首领张乐进率领部下祭天于柱的图像，柱头为覆斗形，上立一鸟。冯甦在《滇考》"南诏始兴"有详细描述：

> 细奴罗数有神异，孳牧繁息，部众日盛。时张乐进求为云南大首领，因祭铁柱。铁柱者，诸葛武侯所立也，岁久剥泐，进求重铸之。既成，合酋长九人祭天于柱，细奴罗与焉。有鸟五色，集于柱上，久之，飞憩细奴罗左肩，众以为异，戒勿惊，寝食惟谨，十八日鸟乃去。于是众心归细奴罗，进求逊位焉。[3]

可见，滇文化祭祀柱也体现着类似世界树的古老观念，其渊源与古印度相似。追根溯源，在祭祀柱上立动物的造型从印度传入滇文化的主要原因，与两者对世界树的崇拜有关。

其次，滇文化祭祀柱的另一个特征——蛇绕柱也体现了世界树的观念。在

1　云南省博物馆：《云南晋宁石寨山古墓群发掘报告》，第 75~76 页。

2　魏庆征：《古代印度神话》，山西人民出版社，1999，第 402 页。

3　（清）冯甦：《滇考》，台北，成文出版社，1967，第 91~92 页。

印度，蛇绕树图像最早见于摩亨佐－达罗遗址出土的一枚印章，上刻有两龙或两蛇缠绕于一棵菩提树上，作相互对视状[1]（见图4-2）。在今天的印度南部尤其是泰米尔德邦（Tamil Nadu）保留了达罗彼荼人的树崇拜文化。人们在祭祀树的底部放置一圈围石，围石上刻两条相互交缠的蛇，称为蛇石（nagakals）。[2]这与滇文化的蛇绕柱图像较为相似（见图4-3）。原始宗教中崇拜树木、柱子或粗糙的石头可视为一种相同的崇拜形式。也就是说，滇文化蛇绕柱与古印度蛇绕树是同源的，即对世界树的崇拜。因为世界树除了象征天空或者现世的天堂外，它还代表永不枯竭的宇宙生命的源泉，与创造、繁殖力、颌神的观念有一定联系。[3]

哈拉帕文化中可见树作为生命源泉的象征。例如，摩亨佐－达罗遗址有一枚印章，画面左侧一位头戴牛角的裸体神人从菩提树中出现，右侧和下方分别有前来献祭的人和公牛[4]（见图4-1）。可见，菩提树含有孕育生命的意蕴。树上所盘之蛇象征生命的轮回与新生，蛇的蜕皮暗示了死亡与再生的生命循环，因此两者的结合体现了古人对生命力量的渴求。公元前6世纪《往事书》记载的创世神话中还能够找到蛇与树（宇宙山）的结合：诸神与众魔抓住了宇宙山，以绕在山上的世界之蛇为搅绳，搅动牛奶的海洋并诞生出各种生物及诸神。蛇缠绕宇宙山暗示了宇宙生命的诞生，宇宙山不过是世界树的一种表现形式。

图4　滇文化与古印度蛇绕柱图像

4-1　摩亨佐－达罗的祭树印章　　4-2　摩亨佐－达罗的双蛇绕树印章　　4-3　石寨山双蛇绕祭柱贮贝器

1　Patrizia Granziera, The Indo-Mediterranean Caduceus and the Worship of the Tree, the Serpent, and the Mother Goddess in the South of India. *Comparative Studies of South Asia Africa and the Middle* 30(2010): 610-620.

2　The Indo-Mediterranean Caduceus and the Worship of the Tree, the Serpent, and the Mother Goddess in the South of India. *Comparative*: 610-620.

3　〔美〕米尔恰·伊利亚德：《萨满教：古老的入迷术》，段满福译，社会科学文献出版社，2018，第27页。

4　The Indo-Mediterranean Caduceus and the worship of the Tree, the Serpent, and the Mother Goddess in the South of India, Comparative: 610-620.

前文已讨论滇文化祭祀柱源自世界树的观念，柱顶的动物象征上天神灵，蛇绕柱应代表永不枯竭的生命源泉。总之，在世界树的共同信仰下，古印度人对世界树的艺术表达很可能启发了滇人，使他们将不同的外来题材（柱顶立动物、蛇绕柱）融合在一起，在本土文化的基础上实现了对外来文化的改造。

三　踏蛇图像

滇文化中的蛇形象极为写实，蛇的牙齿、鳞片表现得非常具体。并且滇文化中的蛇形象常出现于青铜扣饰底部，与动物搏斗、狩猎、献祭等活动场景相结合，被人或动物踩踏，简称踏蛇图像，例如，石寨山 71 号墓的一件两人缚牛鎏金铜牌饰，牛脚踩一蛇，蛇衔缚牛人的左脚[1]（见图 5–1）。踏蛇图像在滇文化中出现频率非常高，并且形成一种构图定式。这种踏蛇图像显然不见于中原、北方草原和华南地区。

印度的踏蛇图像始见青铜时期。俾路支地区梅尔伽赫文化Ⅷ期（Mehrgarh）发现了一枚公元前 2500 年的滚筒印章，上刻有一瘤牛与狮子搏斗，一蛇被牛、狮踩踏的场景[2]（见图 5–2）。蛇出现于人物、动物活动场景中，位于画面底部，被动物踩踏于足下，这都让我们将其与滇文化踏蛇的图像联系起来。虽然梅尔伽赫文化印章上的蛇不及滇文化的蛇生动、写实，但蛇无疑都作为被踩踏的对象，蕴含了相似的意义。到吠陀时代，蛇依然出现于图像底部，被人或兽踩踏于足下。毗湿奴的第三化身神话就表现了野猪（毗湿奴）从原始水域升起来时，一只脚踩踏于蛇王舍沙（Shesha）或阿南塔（Ananta）身上。而且蛇神舍沙在开天辟地之前，还被描述为毗湿奴的卧榻，被视为大地的承载者。除舍沙外，印度另一蛇神那加斯（Nagas）也被视为大地的化身。可见，蛇在印度神话中代表了大地之义。故踏蛇图像中"蛇"

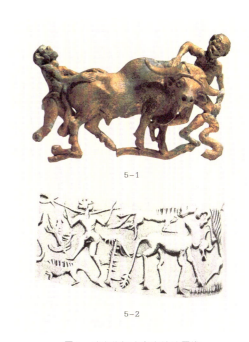

5–1

5–2

图 5　滇文化与古印度踏蛇图像

5–1　石寨山两人缚牛脚踏蛇鎏金铜牌饰　5–2　梅尔伽赫文化脚踏蛇滚筒印章

1　赵丽娟主编《古滇王都巡礼：云南晋宁石寨山出土文物精粹》，第 100 页。

2　Catherine Jarrige,*Mehrgarh Field Reports 1974-1985 from Neolithic Times to the Indus-Civilization*, p.412.

位于人或动物的底部，正是蛇作为"土地"的意象而出现。由此可见，滇文化踏蛇图像中的蛇也象征了"土地"，究其源头应与古印度崇蛇信仰有关。

当然从极为写实的蛇形象来看，滇文化中的踏蛇图像带有浓厚的本地特色。这种写实的图像风格与印度的蛇神崇拜相结合，融入滇文化的踏蛇图像之中。

四　猴首人身图像

在滇文化中有许多猴的造型，如石寨山所出的圆形猴边铜牌饰、李家山的长方形猴边扣饰等。在众多以猴为装饰主题的青铜器中，石寨山71号墓出土的一件猴首人身形柄铜剑引起了我们的注意。该猴吻尖突，耳饰两环，全身裸体双臂放于两膝旁，呈蹲坐之姿（见图6-1）。[1] 猴首与人身相结合的造型在滇文化以及国内其他地区都极为罕见，倒是与印度史诗《罗摩衍那》中哈奴曼的形象相吻合。[2]

哈奴曼形象源自印度史诗《罗摩衍那》，成书于公元前4或前3世纪直至公元2世纪。他以智慧和忠诚以及高超的本领帮助十车王之子罗摩（毗湿奴的化身）从罗刹王的控制下救出妻子悉多，而受到人们尊崇和喜爱。石寨山这尊蹲坐的塑像两耳

图6　滇文化与古印度的猴首人身像
6-1　石寨山青铜剑　6-2　印度猴神哈奴曼

佩戴耳环、体不着衣的打扮与哈奴曼形象相似（如图6-1所示）。在印度，哈奴曼的守护者形象源自前雅利安文化的猴崇拜，猴被视为丛林居所的守护者，例如哈拉帕文化就出土过3件猴形费昂斯（faience）护身符。[3] 除了吠陀时期作为罗摩的守护者，哈奴曼在毗湿奴派信仰中，还是守护毗湿

1　赵丽娟主编《古滇王都巡礼：云南晋宁石寨山出土文物精粹》，第45页。

2　〔德〕施勒伯格：《印度诸神的世界——印度教图像学手册》，范晶晶译，第240页。

3　Jonathan Mark Kenoyer, *Ancient Cities of Indus Valley Civilization*, p.157.

奴的战士，是湿婆之子，象征能量的源泉（萨克提）。[1]滇文化中的猴首人像装饰于青铜剑剑柄处，也恰好与哈奴曼作为忠诚的护卫战士形象相呼应。时人相信对哈奴曼的崇拜能够保护他们，借用他的能量可以抵挡鬼怪、亡者魂魄以及邪恶之人的侵害。不过有别于印度哈奴曼手握法器（金刚杵），双臂抬起，作致敬姿势的形象（见图6-2），这尊塑像作冷静、睿智的沉思状。另外，与印度将哈奴曼制成雕像放入神庙或制成护身符不同的是，滇人将其形象铸于青铜剑上，说明滇文化中猴首人像是滇人对印度哈奴曼形象改造的结果。

在印度到云南的通道上，缅甸也常见哈奴曼形象，例如现在缅甸人习惯用象牙等骨料雕成猴像，随身携带，或在刀把上雕刻猴像，认为这样可以避邪驱祸，克敌制胜。[2]缅甸5世纪的陶片上也展现了神猴与十首魔王鏖战的场面。而婆罗门教进入缅甸的时间大致在公元前3世纪或者更早[3]，那么哈奴曼形象很可能是在这个时期传入缅甸进而影响云南。另外，哈奴曼形象流传入云南最好的例证是昆明羊甫头东汉墓发现了一批跟湿婆崇拜有关的人形木

祖，有学者认为这些人形木祖突然涌现与"林伽"（男根）崇拜信仰传入有关。[4]哈奴曼作为湿婆之子的传说主要流行于印度东北部比哈尔地区。这也意味着哈奴曼图像很可能在公元前后跟随湿婆崇拜从印度东北部由缅甸传入云南。

五　中印贸易交流下的文化融合

通过以上图像研究可以发现，在战国秦汉时期，我国云南地区明显受到古印度文化的影响。这种影响更多来源于中印之间的交流。早期中印交流，既有直接交流，也有间接交流。这些交流更多表现为滇缅通道上的商贸活动。哈威《缅甸史》提及："公元前2世纪以来，中国以缅甸为商业通道。商人们在其地以中国的丝绸等名产换取缅甸的宝石、翡翠、木棉；印度的犀角、象牙和欧洲的黄金等珍品。"[5]中国的丝绸等商品经过滇、缅、印商道相互交流。同时，印度文献多处提及中国的丝绸。如SuSruta提及中国丝绸（Cinapatta）在当地用作绷带，因此，有学者指出中国丝

1 Leonard T.Wolcott,Hanu man, The Power-Dispensing Monkey in North Indian Folk Religion, *The Journal of Asian Studies*. 37(1978):653~661.

2 梁立基、李谋：《世界四大文化与东南亚文学》，经济日报出版社，2000，第209页。

3 姜永仁、傅增有：《东南亚宗教与社会》，国际文化出版公司，2012，第233页。

4 谢崇安：《略述石寨山文化艺术品中所见之早期中印交通史迹》，《四川文物》2004年第6期，第28~33页。

5 〔英〕G.E.哈威：《缅甸史》，姚楠译，商务印书馆，1957，第51页。

绸早在公元前 4 世纪已为印度所知，并很可能在贵族中普遍使用。[1]

在丝绸贸易的带动下，云南与印度间流通的物资众多，上引文献所举海贝即是典型商品。江川李家山、晋宁石寨山、呈贡天子庙古墓出土的上万余枚海贝，均出自高级墓葬。海贝的使用和流通控制在滇国的贵族手中，象征财富与权力。这些海贝既没有人为的加工，也不与墓主身上的玛瑙、玉髓、绿松石或金扣等装饰品同出。因此它们不太可能用作装饰品，而应作为货币使用。这些海贝系腹足纲宝贝科，背部高隆有环纹，腹部中间有齿形沟槽，学名为环纹货贝（Cypraea annulus），日本学者称之为"子安贝"。[2]云南经过鉴定的海贝，多产于印度洋沿岸地区，即印度洋马尔代夫群岛。[3]彭信威先生认为云南古代使用贝币是受印度的影响。[4]《瀛涯胜览》溜山国一条中记载"海贝八彼人积采如山，奄烂其肉，转卖暹罗（泰国）、榜葛剌国（孟加拉），当钱使用"。[5]溜山国属

今印度洋马尔代夫群岛。海贝交易计算方式也来源于印度，用四四五进位法。《云南志略》记载白人（大理、永昌一带）"交易用贝子，俗呼为贶，以一为庄，四庄为手，四手为苗，五手为索"。[6]由此推测古代云南的贝是由印度通过缅甸和泰国进口来的，其中陆路是主要线路。

其次为棉布，棉布不像海贝、宝石等物品易于保存，因此很难通过考古发掘发现实物。《后汉书》相关资料证明当时的云南有棉布输入，其产地很可能是印度。但我们在中印交往的中介——东南亚大陆上发现了棉布的遗存。泰国班东枚菲遗址发现了棉布碎片和棉线，对棉花的分析发现，其成分为印度大麻（cannabis sativa）纤维，这些纤维为南亚的棉花。[7]此外，在泰国班清文化（Ban Chiang）也发现了同样的棉花织物。纺织品在印度海外贸易中有重要地位。孟加拉以生产质地优良的细棉而闻名，这里的细棉有"编织空气"之美誉，在罗马及东南亚有广泛

1　〔印〕G.E.Haraprasad Ray:《从中国至印度的南方丝绸之路》，《南方丝绸之路研究论集》，江玉祥译，巴蜀书社，2008，第476~486页。

2　参见日本学者江上波夫、白川静著作。Egami Namio, Migration of the Cowrie-Shell Culture in East Asia, *ActaAsiatica.* 26(1974):29.〔日〕白川静:《白川静文字学的精华》，张莉译，天津人民出版社，2012，第112页。

3　罗二虎:《"西南丝绸之路"的初步考察》，《古代西南丝绸之路研究》第2辑，四川大学出版社，1995，第224页。

4　彭信威:《中国货币史》，上海人民出版社，1965，第28页。

5　（明）马欢:《明钞本〈瀛涯胜览〉校注》，万明校注，海洋出版社，2005，第74页。

6　（元）李京:《云南志略辑校》，王叔武辑校，云南民族出版社，1986，第88页。

7　Glover, I C,The Southern Silk Road, Archaeologicalevidence of Early Trade between India and SoutheastAsia.In: Elisseeff, V (Ed.) *The Silk Roads: Highways of Culture and Commerce* (New York:Berghahn Books,1998），pp.93-121.

的市场需求[1]，这很可能正是《后汉书》中提及的帛叠。[2]

再者，李家山第二次发掘出土的 16 枚[3]和石寨山发现的 1 枚[4]直线纹蚀花肉红石髓珠。在泰国中西部北碧府大约公元前 4 世纪的班东塔碧（Ban Don TaPhet）遗址，出土了数量巨大的直线纹蚀花肉红石髓珠，它们是在同时期印度坦叉始罗（Taxila）影响下由当地生产。[5]因此云南出土的蚀花肉红石髓珠即便不是由印度进口，也是当地学习印度制造技术而生产。

滇印之间相隔万里，彼此的商品之所以能够交流和传播，必然与传播的媒介——人有关。《史记·大宛列传》记载："然闻其西可千余里有乘象国，名曰滇越，而蜀贾奸出物者或至焉。"[6]西汉时期，蜀商通过云南与印度人展开贸易。相对应的，

东汉时期印度有不少移民迁徙到云南。《华阳国志》永昌郡记下云"明帝乃置郡……有闽濮、鸠獠、僄越、裸濮、身毒之民"。[7]僄越、身毒分别为缅甸、印度的移民，濮与僚是云南土族。[8]可见东汉时云南西南隅的永昌杂居着印度、缅甸人，其中很可能就有贸易参与者。《后汉书·南蛮西南夷列传》记载永昌郡内的哀牢"土地沃美……知染采文绣，罽氎帛叠……出铜、铁、铅、锡、金、银、光珠、虎魄、水精、琉璃、轲虫、蚌珠、孔雀、翡翠、犀、象、猩猩、貊兽等"。[9]这些物品中有相当数量来自印缅通道，其中光珠（宝石）、虎魄、水精来自缅甸，琉璃、轲虫（海贝）、帛叠（棉布）出自印度。此外，《后汉书·明帝纪》记载："西南夷哀牢、儋耳、僬侥、槃木、白狼、动黏诸种，前后慕义贡献。"[10]有学者

1　Wild,J P and Wild,F,Roma and India: Early Indian Cotton Textiles from Berenike, Red Sea Coast of Egypt,in: Barnes, R (Ed.) *Textiles in Indian Ocean Societies* (London:Routledge Curzon, 2005), p.11-16.

2　关于"帛叠"为何物，学界有争论如下：饶宗颐先生认为帛叠应是 patta 的音译，指的是蜀布。（饶宗颐：《蜀布与 Cinapatta—论早期中、印、缅之交通》，《古代西南丝绸之路研究》，四川大学出版社，1990，第 201~233 页）藤田丰八先生认为帛叠为永昌当地的木棉制品。（〔日〕藤田丰八：《中国南海古代交通丛考》，何建民译，商务印书馆，1936，第 452 页）劳费尔先生首先否定了帛叠古代语音是突厥语 pakhta，而是古波斯语 bak-dib，bak 这个音素代表中古波斯语 pambak（棉花），其次《旧唐书》所说古贝（木棉）应与外来帛叠（棉花）区分开来，木棉在中国自古就有，在棉花传入中国之前就用以织布，与帛叠（棉花）不同在于前者是一种粗糙的织品，后者是精细的织品〔〔美〕劳费尔：《中国伊朗编》，林筠因译，商务印书馆，2001，第 344~345 页）。我们认为劳费尔先生的观点更有说服力。

3　云南省文物考古研究所：《云南江川县李家山古墓群第二次发掘》，《考古》2001 年第 12 期，第 25~40 页。

4　作铭：《我国出土的蚀花的肉红石髓珠》，《考古》1976 年第 6 期，第 382~385 页。

5　BéréniceBellina,Beads, social change and interaction between India and South-east Asia, *Antiquity* 7(2015):285~297.

6　《史记》卷一二三《大宛列传》，第 3166 页。

7　（晋）常璩：《华阳国志校补图注》，任乃强校注，上海古籍出版社，1987，第 285 页。

8　方国瑜：《云南与印度缅甸之古代交通》，《方国瑜文集·第四辑》，云南教育出版社，2001，第 351 页。

9　（南朝宋）范晔：《后汉书》卷八六《南蛮西南夷列传》，中华书局，1965，第 2849 页。

10　（南朝宋）范晔：《后汉书》卷二《显宗孝明帝纪》，第 121 页。

考证僬侥就是分布在东印度阿萨姆地区与雅利安人语言有异的达罗毗荼人。[1] 也就是说，云南居住的印度人，既有来此商贸长期侨居的，也有可能为了更远的贸易短暂驻留的。这从一个侧面反映了印度商人到云南经商的人数众多，滇印商贸之兴旺。

滇印之间的民间贸易往来，也为两者之间的文化交流创造了条件。汪宁生先生曾考证石寨山出土的一件"双人舞盘铜饰物"，深目高鼻的外国人手持之物亦非盘，而是钹舞。[2] 钹在东亚首见于印度。故可作为印度乐舞文化传入滇之有力证据。另外，人类学的比较材料表明，今天缅甸北部和印度阿萨姆邦的居民，在某些风俗习惯方面似乎仍延续着滇文化的传统。例如在阿萨姆加洛族，羽饰在祭鼓仪式中起重大作用，舞者头上要插上公鸡毛。在上缅甸的克钦族和印度布拉马普特拉南部山区的安呷咪的那加族也流行戴羽冠。只有在外出猎首中砍得人头的武士才拥有佩戴羽毛的荣誉。[3] 这些都与滇文化和东山文化所出铜鼓上的装饰主题羽人竞渡形象一致，即用羽毛作装饰的人像并非汉文化中的仙人，而是武士或巫师。[4] 而且滇人也是盛行猎头之俗的民族，铜牌饰中就常见战士手提人头而归的现象。[5] 不仅如此，印度北大部的那加族在葬礼上使用的船棺，棺两端分别刻成翠鸟的头部和尾部，也与滇文化铜鼓上"羽人竞渡"中的船相似。铜鼓约当春秋时期发源于云南中部偏西地区，成熟于滇池地区，影响至右江流域和红河流域越人文化。[6] 伴随着滇文化铜鼓的传播，印度东北部、缅甸很可能接受了滇人祭祀铜鼓习俗的影响，并将祭鼓文化流传至今。

我们也应该看到由于特殊的地理环境，滇文化受到四面八方的外来影响，除了南亚文化的影响外，还有北方草原文化、斯基泰文化、汉文化等文化因素。其中，汉文化、北方草原文化和斯基泰文化的影响是最直接的，这是汉人以及活动在滇西北一带的游牧民族"白狼羌人""牦牛羌人"移动迁徙的结果。[7] 相对于北方草原文化、斯基泰文化和汉文化而言，古印度对滇文化的影响并不是直接的，而是渗透于滇文化的本土文化中，不易被发现和识别。在滇文化中，我们很难见到与外来文化完全

---

1 段渝：《西南酋邦社会与中国早期文明》，商务印书馆，2015，第 248 页。

2 汪宁生：《晋宁石寨山青铜器图象所见古代民族考》，《考古学报》1979 年第 4 期，第 423~438 页。

3 〔法〕M·P.赛斯蒂文：《石寨山铜鼓在社会生活和宗教礼仪中的意义》，蔡葵译，《云南文物》1982 年第 11 期，第 85~90 页。

4 张强禄：《"羽人竞渡纹"源流考》，《考古》2018 年第 9 期，第 100~112 页。

5 汪宁生：《晋宁石寨山青铜器图象所见"滇"人的经济生活和社会生活》，《民族考古学论集》，文物出版社，1989，第 343~371 页。

6 张增祺：《略论铜鼓的起源与传播》，载《古代铜鼓学术讨论会论文集》，文物出版社，1982，第 79~86 页。

7 张增祺：《中国西南民族考古》，云南人民出版社，2012，第 192~194 页。

相同的遗物。可见，滇文化具有本土文化居主导，而外来文化因素居次位的特点。滇文化中的瘤牛图像组合（牛兽对峙、牛鸟组合）、祭柱（柱顶立动物和蛇绕柱）、踏蛇和猴首人身等图像，从其艺术构思和形制特点来看，显然是受到了古印度文化的影响。但在题材和表现手法上，毫无疑问是源自云南本地。例如滇文化中牛兽对峙题材表现的是瘤牛与当地动物虎的对峙；祭祀柱的顶端有印度不曾见过的蛇、虎等题材，柱身绕蛇是由印度蛇绕树形式改造而来；踏蛇与滇文化祭祀、狩猎及掳掠等

题材相结合；猴首人身是哈奴曼形象本土化的结果。这些都反映了滇文化虽然受到了古印度文化的某些影响，但也有自己的发挥和创造。尤其在表现牛兽对峙题材的动物纹牌饰上，滇文化相比印度更加生动和写实，表现形式也更为多样。可见，云南与这些外来文化的关系，都是不同文化相互交流的结果，并不存在一方派生于另一方的问题。因此，滇文化是以当地文化为主体，融入外来文化，从而构成了云南青铜时期多元统一的文化形态。

林邑、女仙、良药与警兆：中古时期的"琥珀"形象*
——以道教仙话《南溟夫人传》为中心

■ 周能俊（复旦大学历史地理研究中心　浙江水利水电学院马克思主义学院）

在著名的道教仙话《南溟夫人传》中有一段涉及琥珀的细节描述，南溟夫人派一位水仙使者送元、柳二人返家时，"使者谓二客曰：'我不当为使送子，盖有深意，欲奉托也。'衣带间解合子琥珀与之……谓二子曰：'我辈水仙也。顷与番禺少年情好之至，有一子三岁，合弃之，夫人令与南岳郎君为子矣。中间回雁峰使者有事于水府，吾寄与子所弄玉环与之，而为使者隐却，颇以为怅。望二客持此合子于回雁峰庙中投之，若得玉环，为送岳庙，吾子亦当有答，慎勿开启。'……战慄之际，空中有人以玉环授之，二子得环送于岳庙"。[1]其中特意强调了作为水仙嘱托信物乃是合子琥珀，可见，在中古时期的道教认知体系与社会传统中，琥珀是有十分特殊的文化内涵的。本文拟结合有关史料记载，探讨道教仙话《南溟夫人传》中所涉及琥珀的特殊文化意象，分析中古时期人们对于琥珀的传统认知，并在此基础上进一步管窥中古时期道教等宗教神秘思想的发展与社会认知及生活传统之间的相互关系。

一　琥珀的含义

据诸古籍所载，"琥魄，珠也。生地中，其上及旁不生草，浅者五尺，深者八九尺，大如斛。削去皮，成琥魄。初时如桃胶，凝坚乃成"[2]；"虎珀一名红珠"[3]，

---

* 基金项目：2015—2016 年度浙江省高校重大人文社科项目攻关计划"隋唐时期道教的时代变迁与空间分布"（2016QN008）。

1 （宋）张君房：《云笈七签》卷一一六《传·南溟夫人》，李永晟点校，中华书局，2003，第 2556~2559 页。《裴铏传奇》[（唐）张读、裴铏撰《宣室志·裴铏传奇》之《元柳二公》，萧逸等校点，上海古籍出版社，2012，第 89~91 页]、《续仙传》[（宋）李昉等编《太平广记》卷二五《元柳二公》，中华书局，1961，第 166~169 页]与《墉城集仙录》卷八《南溟夫人》[参见（唐）杜光庭：《杜光庭记传十种辑校》，罗争鸣辑校，中华书局，2013，第 685~687 页]所载略同。

2 （宋）李昉等编《太平御览》卷八〇八《琥魄》引《广雅》，中华书局，1960 年影印本，第 3590 页。

3 （宋）李昉等编《太平御览》卷八〇八《琥魄》引《博物志》，第 3590 页。

"丹魄，虎魄也。色赤，故曰丹"[1]，"虎魄，又名为石胆"。[2]可知，在中古时期，琥珀在不同的典籍中有红珠、丹魄、石胆等多种不同的称谓。而根据史籍记载，中古时期人们对于"琥珀"的特征认知主要可分为两类。

（1）构成物质为松脂或枫脂等植物油脂。如"琥珀之本成松胶也，或以作杯瓶"[3]，"枫脂入地为琥珀"[4]，以及"桃沉入地所化也"。[5]

（2）形成耗时极长，以千年计。如"枫脂轮入地中，千秋为琥珀"[6]，"松脂沦入地中，千年化为茯苓，茯苓千年化为琥珀"[7]，以及"案《老子玉策》云：松脂入地，千年变为伏苓，伏苓千年变为虎魄"。[8]

根据现代科学可知琥珀是"松柏树脂的化石。色黄褐或红褐，燃烧时有香气。红者曰琥珀，黄而透明者曰蜡珀。入药，也可制饰物"。[9]但在中古时期，人们缺乏对自然产物与现象的规律性、科学性认识，因此对琥珀的认知只能停留在部分外观特征与具体性状等形象特性的浅层次概括归纳之上。由此而产生对琥珀等自然产物与现象理解的片面与偏颇，甚至谬误自然也就不可避免了。故而当时社会中相当一部分人对琥珀的认知仅仅停留在其是一种十分罕见而极具价值的珍宝上，如"齐东昏侯宝卷，潘氏服御，极选珍宝，琥珀钏一只，直百七十万"。[10]六朝著名文人左思、潘尼等亦有"其间则有虎珀丹青，江珠暇英"[11]，"金楼琥珀阶，象榻玳瑁筵"[12]等极尽堂皇壮丽的文学描写。进而使得中古时期的人们将"鸡卵可作琥珀，其法取伏卵段黄白浑杂者煮，及尚软随意刻作物，以苦酒渍数宿，既坚，内著粉中，佳者乃乱真矣"[13]此等制作假琥珀的方法详细记载下来，并传诸后世。

1　（梁）萧统编，（唐）李善注《文选》卷五〇《史论下·沈休文·恩倖传论》"素缣丹魄，至皆兼两"注，上海古籍出版社，1986，第2225页。

2　（宋）李昉等编《太平御览》卷九八七《药部四》引孝子王册曰，第4368页。

3　（宋）李昉等编《太平御览》卷八〇八《琥魄》引《异物志》，第3590页。

4　（唐）段成式：《酉阳杂俎》前集卷一一《广知》引《玄中记》，曹中孚校点，上海古籍出版社，2012，第61页。

5　（唐）段成式：《酉阳杂俎》前集卷一一《广知》引《世说》，第61页。

6　（宋）李昉等编《太平御览》卷八〇八《琥魄》引《玄中记》，第3590页。

7　（宋）李昉等编《太平御览》卷八〇八《琥魄》引《博物志》，第3590页。

8　（宋）李昉等编《太平御览》卷八八八《妖异部四·变化下》引《抱朴子》，第3944页。

9　何九盈等主编《辞源》，商务印书馆，2015，第2749页。

10　（南朝梁）萧绎：《金楼子校笺》卷一《箴戒篇第二》，许逸民校笺，中华书局，2011，第356页。

11　《文选》卷四《赋乙·京都中·左太冲蜀都赋》，第177页。

12　（宋）李昉等编《太平御览》卷八〇八《琥魄》引，第3590页。

13　（晋）张华撰，范宁校证《博物志校证》卷四《戏术》引《神农本草》，中华书局，2014，第50页。

而从《南溟夫人传》的记叙来看，那位水仙使者的行为显然并不仅仅因为琥珀是极具价值的珍宝，可见其对于琥珀所代表的形象有不一样的认知。而这种认知可能也广泛地存在于中古时期人们的日常生活传统与社会认知体系之中。这一复杂的现象，颇有值得研究的必要。本文即试图以道教仙话《南溟夫人传》中有关琥珀的记述为出发点，解析中古时期人们对于琥珀的社会认知，以及由此衍生而来的文化内涵等相关内容。

二　中古琥珀产地与林邑

既然琥珀在中古时期是极具价值的珍宝，那么该时段人们所熟知的著名琥珀产地就有必要进行一些考察了。根据相关史料记述，中古时期，人们对于涉及琥珀产地较为普遍的认知主要涉及以下几个地域：其一为广大的西域中亚地域，即大秦[1]、伏卢尼[2]、波斯[3]、呼似密[4]、罽宾[5]等；其二为西南地域之益、宁诸州及西南夷，即哀牢[6]、三濮[7]等地

1　《后汉书》所载，"大秦国一名犁鞬，以在海西"，"土多金银奇宝"，特产"虎魄"。[（南朝宋）范晔：《后汉书》卷八八《西域传·大秦》，中华书局，1965，第2919页］又如"拂菻国，一名大秦，在西海之上，东南与波斯接……土多金银奇宝，有……琥珀，凡西域诸珍异多出其国"[（后晋）刘昫等：《旧唐书》卷一九八《西戎传·拂菻》，中华书局，1975，第5313~5314页］等记载。

2　据《魏书》所载，"伏卢尼国，都伏卢尼城，在波斯国北，去代二万七千三百二十里……城北有云尼山，出银、珊瑚、琥珀[（北齐）魏收：《魏书》卷一〇二《西域传·伏卢尼》，中华书局，1974，第2272页］。

3　"波斯国，都宿利城，在忸密西，古条支国也。去代二万四千二百二十八里……出金、银、鍮石、珊瑚、琥珀……"[（北齐）魏收：《魏书》卷一〇二《西域传·波斯》，第2270页］。"波斯国，在京师西一万五千三百里，东与吐火罗、康国接，北邻突厥之可萨部，西北拒拂菻，正西及南俱临大海……出……琥珀"[（后晋）刘昫等：《旧唐书》卷一九八《西戎传·波斯》，第5311~5312页］"琥珀……出波斯及凉州"[（唐）李林甫等撰《唐六典》卷二二《少府军器监·中尚署》，陈仲夫点校，中华书局，1992，第573页］。"（大历）六年九月，波斯国遣使献真珠、琥珀等"[（宋）王钦若等：《册府元龟》卷九七二《外臣部·朝贡第五》，中华书局，1960，第11415页］等。

4　"呼似密国，都呼似密城，在阿弗太汗西，去代二万四千七百里。土平，出银、琥珀"[（北齐）魏收：《魏书》卷一〇二《西域传·呼似密》，第2273页］。

5　"罽宾国，王治循鲜城，去长安万二千二百里。……罽宾地平，温和……出……虎魄"[（汉）班固：《汉书》卷九六上《西域传上·罽宾》，中华书局，1962，第3884~3885页］。《广雅》亦载，琥珀"出罽宾及大秦国"[南朝宋（范晔）：《后汉书》卷四九《王充传》，第1636页注四引］。

6　汉代就有"哀牢夷出光珠琥魄"（《太平御览》卷八〇八《珍宝部七·琥魄》引《续汉书》，第3590页。《后汉书》载哀牢出"虎魄"[南朝宋（范晔）：《后汉书》卷八六《南蛮·哀牢》，第2849页］的记述。《九州记》亦言哀牢地出"琥珀"[（宋）李昉等编《太平御览》卷七八六《四夷部七·南蛮二·哀牢》，第3479页］。元代胡三省亦认为"琥珀出哀牢夷"[（宋）司马光：《资治通鉴》卷一一七《晋纪三十九·安帝义熙十二年》，中华书局，1956，第3688页胡注］。魏晋时期，哀牢地域被纳入中央国家主权管辖，属益州或宁州的永昌郡辖境。故"益州永昌出虎魄"[（宋）李昉等编《太平御览》卷八〇八《珍宝部七·琥魄》引《博物志》，第3590页］与"（宋）武帝时，宁州常献虎魄枕，甚光丽"[（宋）李昉等编《太平御览》卷八〇八《珍宝部七·琥魄》引《宋书》，第3590页］所记之益州或宁州之永昌与汉代哀牢乃是同一地域。《华阳国志》亦载，"郑纯，字长伯，郫人也。为益州西部都尉。处地金银、琥珀、犀象、翠羽所出，作此官者，皆富及十世，纯独清廉，毫毛不犯"[（晋）常璩：《华阳国志校补图注》卷一〇中《广汉士女》，任乃强校注，上海古籍出版社，1987，第561页］。可知，永昌琥珀产量之盛。另有更详细的记载为"琥珀，永昌城界西去十八日程琥珀山掘之，去松林甚远，片块大重二十余斤。贞元十年，南诏蒙异牟寻进献一块，大者重二十六斤，当日以为罕有也"[（唐）樊绰：《蛮书校注》卷七《云南管内物产第七》，向达校注，中华书局，2018，第200页］。

7　"三濮者，在云南徼外千五百里……多白蹄牛、虎魄"[（宋）欧阳修等：《新唐书》卷二二二下《南蛮下·三濮》，中华书局，1975，第6328页］。

域；其三为东瀛倭国之属。[1]

　　然据该仙话之背景叙述，元、柳二人"俱有从父为官浙右，李庶人连累，各窜于驩、爱州。二公共结行李而往省焉。至于廉州合浦县，登舟而欲越海，将抵交阯，舣舟于合浦岸。……夜将午，俄飓风欻起，断缆漂舟，入于大海，莫知所适"，且"几覆没者二三矣"。征诸史籍，廉州合浦县乃属唐岭南道境内、隶治广州之岭南采访使辖下。[2]而"爱州九真郡，下。……户万四千七百。县六"[3]、"驩州日南郡，下都督府"[4]亦皆属唐岭南道境内、隶岭南采访使辖下。可见，元、柳二人出海与目的地之地域皆在今南海之北部湾沿岸。且元、柳二人皆为凡夫俗子，无法在缺水少食的情况下于海上生存太久。由此推测，二人坐船所受飓风之裹挟漂流至东瀛倭国地域的可能性不大，而流落至西南地区之今北部湾附近地域的可能性相对较高。

　　综观西南地域诸国，"环王，本林邑也，一曰占不劳，亦曰占婆。直交州南，

海行三千里。地东西三百里而赢，南北千里……东涯海，汉马援所植也。又有西屠夷……与林邑分唐南境。……产虎魄"。[5]"先天、开元中，其王建多达摩又献驯象、沈香、琥珀等。"[6]可见，林邑的地理位置正好位于西南地区之今北部湾沿岸地域，中古时期人们前往常常以海路为主。与仙话中元、柳二人欲自合浦泛海而行的记述颇有契合之处。且林邑盛产琥珀已通过中古史籍的大量记述而纳入了中古民众的社会认知体系与生活传统。此一史实与仙话中女性水仙的琥珀信物亦颇有巧合之处。

　　除此以外，据史籍所载"至大唐贞观中，其王范头利死，率国人共立头利女为王。诸葛地者，头利之姑子。女王独任，国中不宁。大臣可伦翁定乃立地为王，妻之以女王，其国乃定"。[7]林邑国女主当政之情况与该仙话中南溟夫人在孤岛上生杀予夺的权柄颇有相似之处。

　　此外，据仙话所记该女仙自述"我辈

1　在唐高宗永徽五年"十二月癸丑，倭国献琥珀、码磁，琥珀大如斗，码磁大如五斗器"[（后晋）刘昫等：《旧唐书》卷四《高宗纪上》，第73页]。《唐会要》则更详细地记述为"永徽五年十二月，遣使献琥珀、玛瑙，琥珀大如斗，玛瑙大如五升器。高宗降书慰抚之。……其琥珀好者，云海中涌出"[（宋）王溥：《唐会要》卷九九《倭国》，上海古籍出版社，2006，第2099~2100页]。《册府元龟》亦载，"日本国，言国近于日古倭国之别种也。国在新罗东南大海中。……其王阿母氏。文字与中国同。唐高宗永徽五年，献琥珀大如斗，玛瑙大如五升器。与新罗相接。其琥珀在海中涌出"(《册府元龟》卷九五六《外臣部·风土一》，第11287页)。

2　（宋）欧阳修等：《新唐书》卷四三上《地理志七上》，第1111~1115页。

3　（宋）欧阳修等：《新唐书》卷四三上《地理志七上》，第1113页。

4　（宋）欧阳修等：《新唐书》卷四三上《地理志七上》，第1113页。

5　（宋）欧阳修等：《新唐书》卷二二二下《南蛮下·环王》，第6297页。

6　（宋）王溥：《唐会要》卷九八《林邑国》，第2076页。

7　（唐）杜佑：《通典》卷一八八《边防四·林邑》，王文锦等点校，中华书局，1988，第5092页。

水仙也"。中古道教典籍中关于"水仙"的记述颇有语焉不详之处，且"水仙"本身也有许多含糊难明的地方。如葛洪认为水仙应该是服食金液斋戒百日而不想去世的修道者，"金液太乙所服而仙者也，不减九丹矣，合之用古秤黄金一斤，并用玄明龙膏、太乙旬首中石、冰石、紫游女、玄水液、金化石、丹砂，封之成水，其经云，金液入口，则其身皆金色。老子受之于元君，元君曰，此道至重，百世一出，藏之石室，合之，皆斋戒百日，不得与俗人相往来，于名山之侧，东流水上，别立精舍，百日成，服一两便仙。若未欲去世，且作地水仙之士者，但斋戒百日矣"。[1] 孙思邈则指出水仙与水有极为密切的联系，"夫天生五行，水德最灵。浮天以载地，高下无不至。润下为泽，升而为云，集而为雾，降而为雨。故水之为用，其利博哉。可以涤荡滓秽，可以浸润焦枯。寻之莫测其涯，望之莫睹其际。故含灵受气非水不生，万物禀形非水不育。大则包裹天地，细则随气方圆，圣人方之以为上善。余尝见真人有得水仙者，不睹其方。武德中龙赍此一卷《服水经》授余，

乃披玩不舍昼夜。其书多有蠹坏，文字颇致残缺，因暇隙寻其义理，集成一篇，好道君子勤而修之。神仙可致焉"。[2] 由此衍生出"在人谓之人仙，在天曰天仙，在地曰地仙，在水曰水仙，能通变化之曰神仙"[3] 的叙述。可见，在中古时期的道教神仙体系中，水乃是道教水仙成道的重要因素与典型标志。

再征诸现存中古时期有关水仙的"子胥死，王使捐于大江口，乃发愤驰腾，气若奔马，乃归神大海，盖子胥水仙也"[4]、"尹吉甫子伯奇至孝，后母谮之，自投江中，衣苔带藻，忽梦见水仙赐其美药，唯念养亲，扬声悲歌，船人闻而学之，吉甫闻船人之声，疑似伯奇，作《子安之操》"[5]、"（孙）恩穷蹙，乃赴海自沉，妖党及妓妾谓之水仙，投水从死者百数"[6] 等记载。可以进一步肯定水仙与江河湖海有极其密切的联系，甚至因水而生、凭水而居、依水而活、由水而神。

恰巧林邑丧葬有"皆以函盛尸，鼓舞导从，轝至水次，积薪焚之。收余骨，王则内金罂中，沉之于海；有官者以铜，沉之海口；庶人以瓦，送之于江。男女截发，

---

1 王明：《抱朴子内篇校释》卷四《金丹》，中华书局，1985，第82~83页。

2 （唐）孙思邈：《千金翼方》卷一三《辟谷·服水第六》，人民卫生出版社，1955，第158页。

3 （唐）司马承祯：《天隐子·神解章》，参见文物出版社等编《道藏》第21册，上海书店，1988，第700页。

4 （唐）李善注《文选》卷五《赋丙·京都下·左太冲·吴都赋》，第227页。

5 （宋）李昉等编《太平御览》卷五七八《琴中》引扬雄《琴清英》，第2608页。

6 （唐）房玄龄等：《晋书》卷一〇〇《孙恩传》，中华书局，1974，第2634页。

随丧至水次，尽哀而止"[1]的传统。此种丧葬传统可能反映了中古时期的林邑民众认为水可以令逝者永生或者超脱的祈愿。而这种社会认知与中古道教水仙因水而生、凭水而居、依水而活、由水而神的特性让中古时期的信道民众可以做某些联想性的联结。因此，尽管中古时期的人们对于林邑"人皆奉释法……王事尼乾道"[2]的宗教信仰情况有所认识，但中古时期民众的社会认知中可能仍意向性地推测林邑是水仙相对集中的聚居之所。

另一方面，根据现存史籍所见，该仙话最早见于唐代裴铏的《传奇》。裴铏曾在"咸通中，为静海军节度高骈掌书记、加侍御史、内供奉，后官成都节度副使、加御史大夫"。[3]据《新唐书》所载，咸通中，唐懿宗派高骈平定安南后，"以都护府为静海军，授（高）骈节度，兼诸道行营招讨使。始筑安南城"。[4]又据《旧唐书》所载，安南都护府在唐邕管之西，治交州，与林邑接壤；辖下林州州治林邑县，在贞观时期"乃于驩州南侨治林邑郡以羁縻之，非正林邑国"。[5]可知，唐静海军节度即原安南都护府辖地，与林邑接壤，其辖境内还有贞观时期侨治的林邑郡。可见，当时可能有不少林邑国人流寓于静海军辖下。由此推

测，裴铏在静海军节度任职期间，似乎有相当的机会可以接触当时林邑国的相关政治资讯与各种人文风俗。因此，裴铏在对该则仙话进行著录与艺术加工，特别是描述琥珀细节时，暗喻林邑的可能性似较为显著。

综上所述，在中古时期的社会认知与生活传统中，自廉州合浦泛海可达的琥珀产地有东瀛倭国属地与林邑地域。结合仙话中元柳二人乃肉身凡胎，在缺少淡水食物的情况下无法在海上长途跋涉漂流至倭国海域。因此，元柳二人所达之孤岛可能即在林邑国辖境。且南滇夫人之威势也暗合贞观时期林邑女主当政的史实，林邑的丧葬习俗也可能令中古民众与道教水仙做某些意向性的联结。再结合裴铏本人的仕宦经历，《南滇夫人传》中的水仙使者以琥珀作为信物可能是在暗示回雁峰使者自己乃是林邑国地域的水仙身份，提醒其隐匿了自己的玉环信物。

三 女性与神仙

在中古的社会认知与生活传统体系中，琥珀常常与女性紧密地联系在一起。其中

1 （唐）杜佑：《通典》卷一八八《边防四·林邑》，第 5091 页。

2 （唐）杜佑：《通典》卷一八八《边防四·林邑》，第 5091 页。

3 （清）董诰等编《全唐文》卷八〇四《裴铏》，上海古籍出版社，1990，第 3751 页。

4 （宋）欧阳修等：《新唐书》卷二二四下《叛臣下·高骈》，第 6392 页。

5 （后晋）刘昫等：《旧唐书》卷四一《地理四》，第 1756 页。

的一个很重要的联结点就是琥珀常常被用来作为女性最重要的首饰或装饰品之一。除了上文涉及的南齐东昏侯宠妃潘氏价值一百七十万钱的琥珀钏外，"汉武帝所幸宫人，名曰丽娟。年始十四，玉肤柔软，吹气如兰，身轻弱，不欲衣缨拂，恐伤为痕。每歌，李延年和之。于□芝生殿旁，唱回风之曲，庭中树为之翻落。……娟以琥珀为佩，置衣裾里，不使人知，乃言骨节自鸣，相与为神怪也"[1]的传说，也说明了琥珀饰品对于中古女性装扮的重要性。甚至在当时南蛮地域"妇人一切不施粉黛。贵者以绫锦为裙襦，其上仍披锦方幅为饰。两股辫其发为髻。髻上及耳，多缀真珠、金贝、瑟瑟、琥珀"[2]的现象也蔚然成风。

其次，在中古时期，琥珀常常作为贵重的礼物被馈赠给高贵或美貌的女性。如"赵飞燕为皇后，其女弟在昭阳殿，遗飞燕书曰：'今日嘉辰，贵姊懋膺洪册，谨上襚三十五条，以陈踊跃之心：……琥珀枕……'。"[3]甚至在仙话中，仙郎也以"琉璃琥珀器一百床……赠奏乐仙女"。[4]

最后，在中古时期的社会认知体系与生活传统中，琥珀常常与女性的美貌紧密地联系在一起。如"吴主潘夫人，父坐法，夫人输入织室，容态少俦，为江东绝色。同幽者百余人，谓夫人为神女，敬而远之。……工人写其真状以进，吴主见而喜悦，以虎魄如意抚按即折，嗟曰：'此神女也，愁貌尚能惑人，况在欢乐！'乃命雕轮就织室，纳于后宫，果以姿色见宠"。[5]又如"孙和悦邓夫人，常置膝上。和于月下舞水精如意，误伤夫人颊，血流污袴，娇姹弥苦。自舐其疮，命太医合药。医曰：'得白獭髓，杂玉与琥珀屑，当灭此痕。'……和乃命合此膏，琥珀太多，及差而有赤点如朱，逼而视之，更益其妍"。[6]再如唐玄宗"帝即日命立西幢，遂封某为西明夫人。因赐琥珀膏，润于肌骨"[7]的传说亦证明了琥珀乃中古女性美容养颜膏方的重要成分。

此外，在中古时期的社会认知体系与生活传统中，琥珀也与道教神仙有十分密切的联系。中古时期的人们认为琥珀珠玉等是"山生水藏，择地而居，洁清明朗，润泽而濡，磨而不磷，涅而不淄，天气所

1　(宋)李昉等编《太平广记》卷二七二《美妇人·丽娟》引《洞冥记》，第 2139 页。

2　(唐)樊绰：《蛮书校注》卷八《蛮夷风俗第八》，第 209 页。

3　(晋)葛洪：《西京杂记》卷一《赵昭仪遗飞燕书》，周天游校注，三秦出版社，2006，第 62~63 页。

4　(宋)李昉等编《太平广记》卷五〇《嵩岳嫁女》引《纂异记》，第 312 页。

5　(晋)王嘉撰，(梁)萧绮录《拾遗记校注》卷八《吴》，齐治平校注，中华书局，1981，第 181 页。

6　(晋)王嘉撰，(梁)萧绮录《拾遗记校注》卷八《吴》，齐治平校注，第 189~190 页。

7　(宋)李昉等编《太平广记》卷三七三《杨祯》引《慕异记》，第 2964 页。

生，神灵所治，幽闲清净，与神浮沉，莫不效力为用，尽情为器"。[1]可见，当时人们认为琥珀乃天地灵秀所钟而产生，自有其天然的灵性，与神灵有其天生的同质性。

与此同时，《吴书》载，"虞翻少好学，有高气。年十二，客有候其兄者，不过翻，翻追书与曰：'仆闻虎魄不取腐芥，慈石不受曲针，过而不存，不亦宜乎！'客得书奇之，由是见称"。[2]《本草经》亦载"磁石引针，琥珀入芥"。[3]可知，琥珀可以吸芥是中古时期的认知共识。道教便利用中古人们对琥珀的这一认知共识，将其引入道教理念宣传与修炼体系中，"琥珀不能呼腐芥，丹砂不能入燋金，磁石不能取愈铁，元气不能发陶炉。所以大人善用五行之精，善夺万物之灵，食天人之禄，驾风马之荣。其道也，在忘其形而求其情"。[4]

中古人们对琥珀的特性认知，也被道教吸收为道教修仙的一个重要特质。如"持明砂者，虽禀阳精，从阳所养，体如琥珀，质似桃胶"。[5]显见肉体修炼中是否具有琥珀特性，乃是中古道教神仙修持是否精深的重要判断标准之一。再如《异物志》载，"琥珀之本成松胶也"。[6]中古道教即在此认识的基础上衍生出"真人去三尸延年反白之方，宜服丹光真华之母，宜食浮水玄云之髓。此自然能生，千岁一变，百岁一化。先变后化，药之精英也，故可服之而得长生也。丹光之母者，松脂也。浮水之髓者，茯苓也。能伏鬼神，却死更生。松脂流入地中，千年变为茯苓，茯苓千年化为琥珀，琥珀千年变为丹光，丹光之色，赫然照人。丹光千年变为蜇节芝，蜇节芝千年变为浮水之髓，浮水之髓千年变为夜光，夜光千年变为金精，金精千年化为流星，流星千年化为石胆，石胆千年化为金刚，金刚千年化为木威喜。夫金入火不耗，入水益生。夫松脂变化，盖无常形，故能沉沦无方，上升太清。此飞仙之法，勿传其非人。……但过万日，仍自纵横，变名易姓，升天游岳皆可耳"。[7]可见，在中古的社会认知体系与生活传统中，构成琥珀的重要物质——松脂是道教长生成仙的关键要素。而琥珀亦是普通松脂变化成仙药"丹光之母""浮水之髓"的重要环节之一，构成"药之精英"不可或缺的部分。

1　王利器撰《新语校注》卷一《道基第一》，中华书局，1986，第23~24页。

2　（晋）陈寿撰，（南朝宋）裴松之注《三国志》卷五七《吴书·虞翻传》，中华书局，1959，第1317页注一引《吴书》。

3　马宗霍：《论衡校读笺释》卷一六《乱龙篇》，中华书局，2010，第216页"宗霍按"转引。

4　（五代）谭峭：《化书》卷二《术化·琥珀》，丁祯彦等点校，中华书局，1996，第29页。

5　（宋）张君房：《云笈七签》卷六八《金丹部·九还金丹二章·第一章六篇·修金合药品第三》，第1506页。

6　（宋）李昉等编《太平御览》卷八〇八《琥魄》引，第3590页。

7　（宋）张君房：《云笈七签》卷八二《庚申部二·神仙去三尸法》，第1863~1864页。

综上所述，在中古社会认知与生活传统中，琥珀与女性有十分紧密的联系，既是中古女性重要的装饰品，也是馈赠女性的贵重礼品，更是中古女性美容养颜丹方的重要构成。与此同时，琥珀更是中古道教修炼所需"丹光之母""浮水之髓"变化而成的重要环节。加之，琥珀的某些物理特性被应用于中古道教的理念宣传与修炼体系之中。由此推测，《南滇夫人传》中的水仙使者以琥珀信物代表自己作为女性道教神仙的特殊身份是极为契合与恰当的。

四　良药与奇效

在中古医典与道教典籍中，琥珀是一味十分重要的良药。如东晋义熙十二年（416），"宁州献琥珀枕于太尉（刘）裕。裕以琥珀治金创，得之大喜，命碎捣分赐北征将士"。[1]可见琥珀已经成为治疗外伤的重要药材。又如琥珀"味甘平，无毒。主安五藏，定魂魄，杀精魅邪鬼，消瘀血，通五淋，生永昌"。[2]可见，在中古社会认知与生活传统中，琥珀已被认为可以治疗许多疑难杂症。与此同时，在中古医典与道教典籍中，琥珀亦是一味十分重要的药材。

首先，琥珀是治疗小儿眼疾的重要药材。如"七宝散　主目瞖经年不愈方"其第一味药就是"琥珀一分"，"上九味下筛极细，敷目中如小豆，日三，大良"。[3]由此可见，琥珀在治疗小儿眼疾的七宝散中的重要性，及其疗效的显著与高效。

其次，琥珀可以调理因体虚而引发的各种疾病。如"琥珀散　主虚劳百病，阴痿精清，力不足，大小便不利如淋，脑间寒气，结在关元，强行阴阳，精少余沥，治腰脊痛，四肢重，咽干口燥，饮食无味，乏气少力，远视眈眈，惊悸不安，五藏气虚，上气闷满方"中的主药就是"琥珀二两"，其疗效则是"长服令人志性强，轻身，益气力，消谷能食，耐寒暑，百病除愈，久服老而更少，发白更黑，齿落更生矣"。[4]尽管此方法从现代医学来看其疗效恐怕值得怀疑，却可以管窥在中古的医疗观念与道教认知中，琥珀有其独特的医疗价值。而《千金要方》更记载"可御十女不劳损，令精实如膏，服后七十日可得行房"。[5]显见，在道教认知与医疗体系中，琥珀可以提升男性性能力的认识亦是长期存在并影响深远的。

复次，琥珀还可治疗小便不畅。如"疗胞转不得小便方　真琥珀一两　葱白十四

1　（宋）司马光：《资治通鉴》卷一一七《晋纪三十九·安帝义熙十二年》，第3688页。

2　（唐）孙思邈：《千金翼方校释》卷三《本草中·木部上品》，李景荣等校释，人民卫生出版社，2014，第79页。

3　（唐）孙思邈：《千金翼方校释》卷一一《小儿·眼病第三》，第292~293页。

4　（唐）孙思邈：《千金翼方校释》卷一五《补益·五脏气虚第五》，第391~392页。

5　（唐）孙思邈：《备急千金要方校释》卷二〇《膀胱腑·杂补第七》，李景荣等校释，人民卫生出版社，2014，第722页。

茎 右二味，以水四升，煮取三升，去葱白，末琥珀细筛下汤中，温服一升，日三服佳。又张苗说，有容忍小便令胞转，大小便不得，四五日困笃欲死无脉，服此差方"。[1] 又如"治胞转，小便不得方"需"琥珀三两"。[2]

再次，琥珀对治疗因外伤而造成的昏闷不省人事有奇效。如"肘后疗卒从高堕下，瘀血胀心，面青短气，欲死方。……刮琥珀屑，酒服方寸匕，取蒲黄二三匕，日四五服良"。[3] 又如"琥珀散 主弓弩所中，闷绝无所识方。琥珀 上一味随多少，捣筛为散，以童男小便服之，不过三服，瘥"。[4]

最后，琥珀亦为治疗各类肿瘤的辅药之一。如"陷脉散 主二十三十年瘰瘤及骨瘤石瘤肉瘤脓瘤血瘤，或大如杯盂，十年不瘥，致有漏溃，令人骨消肉尽，或坚或软或溃，令人惊惕，寐卧不安，体中掣缩，愈而复发，治之方"的 11 味药材中即有"琥珀"一味。[5]

综上所述，在中古时期的社会认知与生活传统中，琥珀是治疗外伤良药的形象是深入人心的。且在中古医药与道教典籍记载中，琥珀作为一味重要的药材对治疗多种疑难病症具有突出的疗效，特别是在治疗小儿眼疾与提升男性性能力时有奇效。由此推测，琥珀的这些认知特征可能也恰好符合该位女性水仙期盼以此疗伤与男性圣药作为交换打动回雁峰使者，令其返还玉环信物让自己家人团聚的动机。

五 征兆与警示

据《拾遗记》载，建安三年（198），有道师云"昔汉武宝鼎元年，四方贡珍怪，有琥珀燕，置之静室，自然鸣翔，此之类也。《洛书》云：'胥图之宝，土德之徵。大魏嘉瑞焉。'"[6] 可见，在中古的社会认知与生活传统中，人们将琥珀物品视为有特殊象征意义的征兆。那么琥珀到底代表什么样的征兆或警示呢？

其一，昭示着君主贤明。如"宋高祖德舆，清简寡欲，严整有法度，未尝视珠玉舆马之饰，后庭无纨绮丝竹之音。宁州尝献琥珀枕，光色甚丽。时诸将北征，以琥珀治金疮。帝大悦，命捣碎分付诸将"。[7]

其二，从琥珀谐音衍生出警告、威胁

1 （唐）王焘：《外台秘要》卷二七，人民卫生出版社，1955。

2 （唐）孙思邈：《备急千金要方校释》卷二〇《膀胱腑·胞囊论第三》，第 707 页。

3 （唐）王焘：《外台秘要》卷二九。

4 （唐）孙思邈：《千金翼方校释》卷二〇《杂病下·金疮第五》，第 516 页。

5 （唐）孙思邈：《千金翼方校释》卷二〇《杂病下·瘰病第七》，第 525~526 页。

6 （宋）李昉等编《太平广记》卷四六一《沉鸣鸡》引，第 3783 页。

7 （南朝梁）萧绎：《金楼子校笺》卷一《兴王篇第一》，第 196 页。

等警示。如"（齐）明帝大渐，托（萧遥光）以后事，后主疑焉。常就王索宝物，王奉琥珀盘，螭二枚，枚广五寸，炯然洞澈，无有瑕滓。后主怒云：'琥珀者，欲使虎来拍我也。'仍匍匐下地作羊行，遂动心疾"[1]的记述中，齐后主就因琥珀谐音"虎拍"而怀疑此乃萧遥光欲暗害自己的征兆。又如"荆州陟屺寺僧那照善射，每言照射之法，凡光长而摇者鹿，贴地而明灭者兔，低而不动者虎。又言夜格虎时，必见三虎并来。狭者虎威，当刺其中者。虎死，威乃入地，得之可却百邪。虎初死，记其头所藉处，候月黑夜掘之。欲掘时，必有虎来吼掷前后，不足畏，此虎之鬼也。深二尺，当得物如琥珀，盖虎目光沦入地所为也"[2]的描述，也是将琥珀谐音虎之魂魄，而演进故事的。

征诸该仙话中元柳二人"乃登衡岳，投合子于回雁峰庙。瞬息之间，有黑龙长数丈，激风喷电，折木拨屋，霹雳一声，庙宇立碎。战慄之际，空中有人以玉环授之，二子得环送于岳庙"[3]的记述，投琥珀合子而有"霹雳一声"似乎也预示着这位女性水仙借琥珀所具有的警告与威胁之寓意，警示回雁峰使者若隐匿自家玉环信物就将受到天谴。

综上所述，在中古社会认知与生活传统中，琥珀被视为有特殊象征意义的征兆，更因其谐音而引申出威胁、警告等种种不同的寓意。由此推测，《南滇夫人传》中的水仙托付元柳二人将琥珀信物给其子时，想必也隐含了该水仙期盼上仙贤明成全自家团圆的美好祈愿，以及警告回雁峰使者勿再阻挠的警示。而这些祈愿与警示恰好与中古时期人们认知体系中琥珀所具有的特殊征兆及谐音所衍生的警示相吻合。

结　论

诚如陈寅恪先生所言此类"寓意之文"，"要在分别寓意与纪实二者，使之不相混淆。然后钩索旧籍，取当日时事及年月地理之记载，逐一证实之。穿凿附会之讥固知难免，然于考史论文之业不无一助"[4]。结合道教仙话《南滇夫人传》所处中古时期的社会背景，可知琥珀这个"纪实"点正可以用来解读中古时期的社会认知体系与生活传统这个被"加密的未来"。道教仙话《南滇夫人传》中，该仙话的创作者利用"琥珀"在中古时期社会认知体系与生活传统中丰富而特殊的文化意象，在南滇夫人派该女性水仙送元柳二人返程

1　（南朝梁）萧绎：《金楼子校笺》卷三《说藩篇第八》，第 742 页。

2　（宋）李昉等编《太平广记》卷二二七《陟屺寺僧》引《酉阳杂俎》，第 1747 页。

3　（宋）张君房：《云笈七签》卷一一六《传·南滇夫人》，第 2559 页。

4　陈寅恪：《桃花源记旁证》，载陈寅恪《金明馆丛稿初编》，生活·读书·新知三联书店，2009，第 198 页。

的特定时刻，该水仙将隐喻自身所在地域与身份、对家人团聚美好祈愿与警告回雁峰使者完美结合的琥珀信物托付元柳二人交给回雁峰使者。元柳二人因之得以自回雁峰使者处得到玉环信物交托水仙之子，得到了许诺的酬金。这一仙话情节在推论创作者利用中古时期"琥珀"的文化意象隐喻水仙的身份与期望，以推动仙话情节的发展后，豁然开朗。《南滇夫人传》的创作者利用"琥珀"在中古时期社会认知体系中的特殊文化意象作为女性水仙隐喻自身特殊身份和殷切期盼的信物证明，使得该仙话的情节可以自然随着元柳二人前往南岳寻仙而进一步深入展开，故其设计是成功的。

道教仙话《南滇夫人传》作者之所以能够利用"琥珀"的特殊文化意象作为该仙话情节展开的关键细节，是因为中古时期在社会认知与生活传统中对于"琥珀"特殊文化意象的广泛认识。中古时期的人们受制于当时的科学技术水平对以琥珀为代表的自然生物认识不多不深，对于自然现象和规律也多因神秘难测而误解迷信；随着汉魏六朝时期佛教、道教等宗教信仰的发展，加之传统天人感应思想的桎梏，

对琥珀等自然现象的误解与想象更趋复杂，因而《南滇夫人传》作者得以利用"琥珀"的文化意象进行文学创作。《南滇夫人传》的创作者也并非中古时期唯一利用"琥珀"特殊文化意象进行文学创作的人，《酉阳杂俎》等中古典籍所录有关"琥珀"故事均试图通过自身对中古社会认知和生活传统的理解，利用"琥珀"的特殊文化意象开展文学创作。

由此可见，中古时期，"琥珀"等自然生物与现象的特殊文化意象的演化与传播，大多囿于认知水平的局限，以及由此引发的想象与误解。与此同时，以"琥珀"为代表的自然生物与现象的特殊文化意象之所以在中古时期的社会认知体系与生活传统中大行其道、经久不衰，除了中古时期自然科学认知水平的局限之外，更重要的是反映了以道教为代表的宗教神秘思想在中古兴起后，或主动或被动地吸收了中古时期社会认知体系与生活传统中的大量要素，融入其逐渐构建完善的宗教信仰与认知体系的历史进程。而这些宗教信仰与认知体系在形成以后，亦对以"琥珀"等自然生物与现象的特殊文化意象的演进与传播起到了极大的促进作用。

紫光阁旧藏《新封安南国王阮光平像》考[*]

■ 宗 亮（湖北大学历史文化学院）

　　紫光阁初设于明代，原为皇帝阅射的场所，清代康乾年间进行了改建，自乾隆朝以后成为筵宴和陈设收藏之处。紫光阁的藏品甚为丰富，有画像、战图、诗册、兵器、贡品等数以千计，其中最为后世所熟知的是"紫光阁功臣像"。[1]"紫光阁功臣像"原是清高宗为展示"十全武功"而命人绘制的，据学者考证，乾隆年间紫光阁的"功臣像"共有185幅，以后几朝又续有增加。这批"功臣像"后来由于各种原因，大多流散海外，近年来拍卖热兴起，陆续有部分"功

臣像"出现，成为拍场新宠。[2]

　　除了功臣像之外，紫光阁画像中还有一些比较特殊的成分，即曾有清代"外藩"幅绘。聂崇正先生整理的《清代宫廷绘画》附表部分记有"《安南国阮光平像》"，并系时间为"乾隆五十五年庚戌"（1790）。[3]这是一处值得注意的信息，因为乾隆五十五年安南国王阮光平入华朝觐是清代中越关系史上十分重要的一幕，围绕着这一事件还产生了"真假国王"的学术公案，长期以来众说纷纭。[4]如果能发现并考察

---

* 本文是 2019 年度国家社科基金青年项目"明清官修史书在越南的流传与影响研究"（19CZS003）和 2018 年度国家社科基金重大项目"越南汉喃文献整理与古代中越关系研究"(18ZDA208) 的阶段性成果。本文初稿撰写成于 2015 年，后得到众多师友指正，在此谨致谢意。

1　张小锐：《紫光阁改建与陈设收藏》，载中国紫禁城学会编，郑欣淼，朱诚如主编《中国紫禁城学会论文集》第 5 辑，紫禁城出版社，2007，第 506~517 页。

2　聂崇正先生对"功臣像"有相关论考，详参聂崇正《谈清代〈紫光阁功臣像〉》，《文物》1990 年第 1 期，第 65~69 页；《流散海外的〈紫光阁功臣像〉》，《紫禁城》1993 年第 6 期，第 3~6 页；《纽约观紫光阁功臣像记》，《收藏家》2002 年第 2 期，第 32~34 页；《聂崇正先生谈紫光阁功臣像》，《紫禁城》2008 年第 1 期，第 142~173 页；《紫光阁功臣中的〈阿桂像〉轴》，《中国历史文物》2008 年第 6 期，第 25~27 页；《试说〈渥巴锡油画像〉的作者》，《紫禁城》2012 年第 8 期，第 106~107 页；《原参赞大臣西安提督哈国兴像轴》，《收藏家》2013 年第 5 期，第 55~56 页；《再说清宫油画半身像》，《紫禁城》2013 年第 3 期，第 48~71 页。

3　故宫博物院编《清代宫廷绘画》，文物出版社，1995，第 284 页。

4　孙宏年：《清代中越关系研究（1644—1885）》，黑龙江教育出版社，2013，第 35 页。张明富：《乾隆末安南国王阮光平入华朝觐假冒说考》，《历史研究》2010 年第 3 期，第 60~67 页。

"阮光平像"，无疑可以为此学术公案提供某种参考。然而此前的史学研究，均未提及阮光平有画像传世，更不清楚该画像的源流以及是否存世，也就无从由侧面探究"真假"问题。最近，笔者有幸得见了这幅《新封安南国王阮光平像》（以下简称"新封像"或"阮光平像"）的照片，该图片虽非高清，但基本元素已经齐备，时人手笔的阮光平真容终于现世。有鉴于该画像的重要性，笔者试结合中外文献资料对其进行初步探讨，不当之处，尚祈方家指正。

一 阮光平像的基本面貌

此幅《新封安南国王阮光平像》（见图1）为网友"大岳太和山人"最先提及，据该网友介绍："紫光阁旧藏的新封安南国王像以为遗失了，没想到80年代苏富比拍卖过。"[1] 近年来，市场上火热的"紫光阁功臣像"大多由苏富比（Sotheby）拍卖公司经手拍卖，如《头等侍卫固勇巴图鲁伊萨穆像》《二等侍卫特古思巴图鲁塔尼布像》《二等侍卫哈什哈巴图鲁达尔汉像》等[2]，可知该网友所言"阮光平像"20世纪80年代曾经在苏富比拍卖应当有一定根据。经与该网友联系，笔者获得了该图片的扫描

件，确定该画像出自苏富比公司1981年的拍卖图录"CATALOGUE OF CHINESE DECORATIVE ARTS"，拍卖日期为当年7月5日，拍卖地点为伦敦。该图录有对画像的简短介绍："新封安南国王阮光平像，彩色绢本，画中人物头戴皇冠、身着红色蟒袍，落款日期为1790年，尺寸为39英寸×22英寸（99厘米×56厘米）。"[3]

虽然苏富比图录已经介绍了画像的一些信息，但在探讨画像详细情况及相关问题之前，我们仍有必要对其真伪进行判断，

图1 《新封安南国王阮光平像》（现藏海外，录自1981年7月5日苏富比拍卖图册）

1　"大岳太和山人"微博，http://m.weibo.cn/1700265115/3691035337794033?sourceType=sms&from=1044195010&wm=5311_4002，发布日期：2014年3月22日。

2　详前揭聂崇正诸文。

3　原文为英文，此处系笔者翻译。据图录，"阮光平像"拍卖号为"169"。感谢湖北荆州的黎国亮先生在2015年8月提供该图录的扫描件。

图 2　苏富比拍卖图录中的"傅恒像""阿桂像"（录自 1981 年 7 月 5 日苏富比拍卖图册）

然而由于无法得见实物，给我们的甄别带来了一定难度，我们只能根据该画的内容来进行研读。图录所收照片是否为《新封安南国王阮光平像》的全貌尚不得而知，图录著录的尺寸为"39 英寸 ×22 英寸"（99 厘米 ×56 厘米），比拍卖场所见"紫光阁功臣像"的平均尺幅略小。

苏富比图录中著录的同批次拍品中尚有拍卖号为"171""172"的两幅清代人物画像，其图录介绍为"博 [傅] 恒""阿桂"（见图 2）。今据相关资料，这两幅画像实际应是"紫光阁功臣像"中的《大学士一等忠勇公傅恒像》与《定西将军一等诚谋英勇公大学士吏部尚书阿桂像》（见图 3）。[1]《大学士一等忠勇公傅恒像》又曾见于 1987 年纽约苏富比拍卖图录，现为美

国藏家黄惠英女士收藏，聂崇正先生曾于 2001 年在藏家家中见到过该图原作。[2] 据苏富比图录介绍，1981 年拍卖的《傅恒像》的尺寸为"152.8 厘米 ×95 厘米"，这与今日所见画像的"纵 155 厘米、横 95 厘米"大体一致。[3]《定西将军一等诚谋英勇公大学士吏部尚书阿桂像》于 2007 年复由香港苏富比公司征集到，该公司将图片发给聂崇正先生过目，他曾对相关情况予以披露。[4] 同批次的这两幅"紫光阁功臣像"的流转情况，或可旁证《新封安南国王阮光平像》当时的现世非全然无据。

《新封安南国王阮光平像》依内容可分为两个部分，上半部分为题诗，下半部分为人物半身像。下方右侧题有"新封安南国王阮光平"字样，这是笔者认定其

1　拍卖图录中所见的《傅恒像》与《阿桂像》与今所见画像稍有区别，即它们均略去了画幅诗堂及题赞。

2　聂崇正：《流散海外的〈紫光阁功臣像〉》，《紫禁城》1993 年第 6 期，第 3~6 页；《纽约观紫光阁功臣像记》，《收藏家》2002 年第 2 期，第 32~34 页；《聂崇正先生谈紫光阁功臣像》，《紫禁城》2008 年第 1 期，第 142~173 页。

3　聂崇正：《纽约观紫光阁功臣像记》，《收藏家》2002 年第 2 期，第 32~34 页。

4　聂崇正：《紫光阁功臣中的〈阿桂像〉轴》，《中国历史文物》2008 年第 6 期，第 25~27 页。

图3　左为《大学士一等忠勇公傅恒像》（现为美国纽约黄惠英收藏，录自《紫禁城》2008年第1期）
右为《定西将军一等诚谋英勇公大学士吏部尚书阿桂像》（录自《中国历史文物》2008年第6期）

为紫光阁藏阮光平像的重要依据。之所以言"新封"，是因为在经过一番交涉权衡之后，西山朝的阮光平取代了黎皇，被清廷正式认定为安南地区新的统治者。而该字样除与《清代宫廷绘画》所言《安南国阮光平像》对应，还可见诸其他史料，如《八旬万寿盛典》言"新封安南国王阮光平赐封始末"[1]、董诰有诗"恭和御制新封安南国王阮光平遣陪臣进贡"[2]、《明清史

料》庚编收入《新封安南国王阮光平谢恩奉贡表文》与《新封安南国王阮光平谢恩表文》[3]，最权威的说法来自清高宗，他作有《新封安南国王阮光平遣陪臣进贡并称明年三月起程入觐诗以志事适唐张谓戏赠杜侍御送贡物诗在侧即用其韵》诗，称"阮光平新膺封号"，可视为对此一名称的直接肯定。[4]

清代紫光阁档案则直接载有此图的名称——"新封安南国王像二轴"[5]，该文字虽与画中题字有差异，但考虑到有略称，则并不相违。清代有"新封"之称的安南（越南）国王并不只有阮光平[6]，但曾被清廷绘半身脸图者则无出其右，所以档案所言"新封安南国王像"必指阮光平像。相关的问题，后文还将予以考释。

画中除"新封安南国王阮光平"文字外，尚有题诗一首。翻拍图片清晰度有限，经笔者辨识后，发现所题为清高宗吟诗，即乾隆五十五年阮光平入觐时所作《安南国王阮光平至避暑山庄陛见诗以赐之》[7]，其诗言曰：

1　阿桂纂《八旬万寿盛典》卷五一，清乾隆武英殿聚珍版印本，第8页。

2　董诰等编《皇清文颖续编》卷八九，清嘉庆武英殿刻本，第47页。

3　参见中研院历史语言研究所编《明清史料》庚编，中华书局，1987年影印，第306~307页、第318~319页。越南文献也收录了《新封谢表》原文，内称："新封安南国王谨奏为恭谢天恩，仰祈圣鉴事。"参见《吴时任全集》第3集，（河内）社会科学出版社，2005，第686页。

4　故宫博物院编《钦定安南纪略》，海南出版社，2000，第10页。

5　中国第一历史档案馆编《清代中南海档案23》"紫光阁楼上存贮战图功臣像"，西苑出版社，2004，第34页。

6　如阮福映被称为"新封越南国王"，见吴振棫《养吉斋丛录》卷二〇，浙江古籍出版社，1985，第234页。

7　参见清高宗《御制诗集》五集卷五九，《景印文渊阁四库全书》本，第10页。亦收于故宫博物院编《钦定安南纪略》，第10~11页。又载《清高宗实录》卷一三五八，中华书局，1986，第14页。《清高宗实录》版省去了其间小注。

瀛藩入祝值时巡，初见浑如旧识亲。

伊古未闻来象国，胜朝往事鄙金人。

原注云：明正德间，安南黎譓之臣莫登庸逼逐其主，明兴师讨之，逾年师不出，登庸进代身金人，遂封为都统。其后譓孙维潭夺莫茂洽都统，亦进金人，复封为王。是明代既不能致彼入朝，而为金人以代，兼有黩货之讥，其行事殊为可鄙。

九经柔远祇重译，嘉会于今勉体仁。

武偃文修顺天道，大清祚永万千春。

阮光平像中所题，较见于乾隆诗文集的文字多出数字，其诗题为“御制安南国王阮光平至避暑山庄陛见诗以赐之”，中间内容同于诗集（见图4），落款则有“乾隆庚戌孟秋 □□”[1]，“乾隆庚戌”即乾隆五十五年，“孟秋”即农历七月，正与阮光平入朝时间吻合。从标题有“御制”字样看，其或为臣工所书。

画中共钤有印章八枚，可辨者为三处较大的方印，从上至下依次是“五福五代堂古稀天子之宝”“八徵耄念之宝”“太上皇帝之宝”，这几枚印章均为清高宗所用，

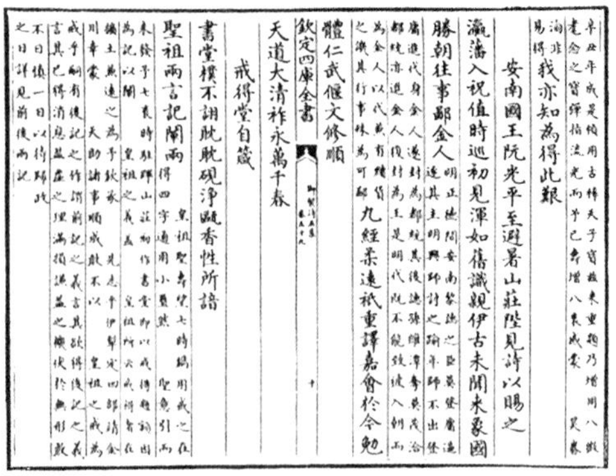
我亦知為得此艱
安南國王阮光平至避暑山莊陛見詩以賜之
瀛藩入祝值時巡初見渾如舊識親伊古未聞來象國
勝朝往事鄙金人
九經柔遠祇重譯嘉會於今勉
體仁武偃文修順
欽定四庫全書
天道大清祚永萬千春

图4 乾隆《御制诗集》五集所录赐安南国王诗

清宫所藏书画上多可见到此类用印，《石渠宝笈》及其《续编》中更是对它们有详细记载。由用印可以推知，此画当绘于乾隆年间。

画的下部为人物半身像，画中人物清瘦有须，并着有冠带。按画名所题，此当即来华朝觐的安南国王阮光平。目前所知的安南国王肖像共有四种，分别为见于《十全敷藻图册》的《安南国王黎维祁至避暑山庄》（见图5）、阿桂等纂《八旬万寿盛典图》的安南国王像（见图6）、彩绘《乾隆八旬万寿庆典图》中的阮光平肖像（见图7）以及本文所提的《新封安南国王阮光平像》。《十全敷藻图册》所绘并非阮光平，而是“弃国北上，在承德避暑山庄编入汉军旗下，改易服色穿了大清衣冠”[2]的黎皇黎维祁，且该画像只有黎皇背影，未见正面。如此看来，今可见的阮光平肖像就只剩三种。其中，阿桂等纂的

1 图像中无法辨识处，笔者暂用“□”替代。

2 参见葛兆光《朝贡、礼仪与衣冠——从乾隆五十五年安南国王热河祝寿及请改易服色说起》，《复旦学报》（社会科学版）2012年第2期，第1~11页。

图 5 《十全敷藻图册》之《安南国王黎维祁至避暑山庄》图 6　阿桂等纂《八旬万寿盛典图》中的阮光平肖像
　　（现藏中国国家博物馆，录自《中国国家博物馆馆藏　　　（录自《八旬万寿盛典》，哈佛大学哈佛燕京图书
　　文物研究丛书·绘画卷·历史画》）　　　　　　　　　馆藏）

 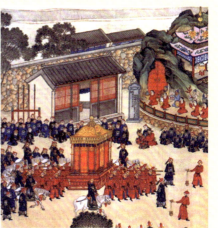

图 7 《乾隆八旬万寿庆典图》局部及阮光平肖像放大照（据 Evelyn S. Rawski，Jessica Rawson：China: The Three Emperors 1662-1795）

《八旬万寿盛典》中的阮光平像和彩绘《乾隆八旬万寿庆典图》中的阮光平像，均为人物群像中的局部。阿桂等纂《八旬万寿盛典》，卷七十八至卷八十为图绘《八旬万寿盛典图》，是书动议于乾隆五十四年（1789），五十五年庆典过后开始编纂，至五十七年十月编纂完毕，现存乾隆五十七年武英殿套印本。彩绘《乾隆八旬万寿庆典图》创作者不详，据推测当制于嘉庆二年（1797）。

对比阿桂等纂的《八旬万寿盛典》中的阮光平像和彩绘《乾隆八旬万寿庆典图》中的阮光平像，可知后者当是在前者的基础上进行加工创作。二者所选取的人物模板大致相似，安南国王亦留有长须，着安南衣冠，作跪地状，据画中的碑文题字介绍是"安南国王阮光平及蒙古王公朝鲜缅甸南掌各国使臣恭祝万寿来京于此瞻觐"。唯《八旬万寿盛典》中的阮光平脸像较《乾隆八旬万寿庆典图》清瘦，与"新封像"中的阮光平形象更为接近。

《八旬万寿盛典》与《乾隆八旬万寿庆典图》中的肖像均属追绘，但《八旬万寿盛典》中阮光平像的创作时间，当不晚于乾隆五十七年（1792），甚至有可能始作于五十五年，似更能反映原始状态。而《乾隆八旬万寿庆典图》的创作，离乾隆五十五年已经过去近七年，属时间相去更久的追绘，或有"失真"。不过，"彩绘本"中国王的脸型虽较《八旬万寿盛典》与"新封像"圆润，但也可看出非粗犷、肥硕之相，该画还是可以给我们鉴别《新封安南国王阮光平像》的真伪提供一个参照。几类画像中脸型及长须的基本一致倒可反证"新封像"所绘是真实可信的，后之画工在追绘阮光平形象时，或许都曾参考过"新封像"。

《新封安南国王阮光平像》中的人物形象及服饰，也有文献佐证。当时与安南君臣一同入贡的朝鲜使臣对庆典前后相关情形观察细致，并留下了丰富的文字记录。据他们描绘的安南君臣形象[1]：

光平骨骼颇清秀、仪容亦沉重，似是交南之杰。然者从臣则虽稍解文字，而躯材短小残劣、言动狡诈轻佻。

又云[2]：

既日创业之主，疑其有异表，屡察之，略似清秀，别无异于人者。

再谓[3]：

其从臣吏部尚书潘辉益、工部尚书灏泽侯武辉晋。二人躯材短小，颜色焦枯，齿疏而黑。大[太]和殿宴礼，以本国旧仪入参，三人所着，顿改前观：幞头金带，其袍或红或碧，有蟒龙文，但袍领过高，出两肩上。双角网巾，以丝结之，网太疏，不能紧着，第围之。皆戏子物贽者。

朝鲜使臣所观察到的"光平骨骼颇清秀、仪容亦沉重""略似清秀"正与"新封像"中阮光平清瘦严肃的形象相符，而使臣对于安南服饰的描绘，虽不乏偏见，但其所言"幞头金带""袍领过高，出两肩

1　徐浩修：《燕行记》，林基中主编《燕行录全集》第 51 册，东国大学校出版部，2001，第 44 页。

2　柳得恭：《滦阳录》，《丛书集成续编》第 65 册，上海书店出版社，1994，第 433 页。

3　成海应：《研经斋全集》外集卷六〇，"柳惠风热河诗注"，韩国民族文化推进会编《影印标点韩国文集丛刊》，1999。

上"等，恰若图中所绘。由此，我们不难想见，非亲身经历当时场景者，不能绘出画中人物形图，则《新封安南国王阮光平像》真实可信，非后之伪造品，当有定论。

不过，还有一个疑问不能解除。即画中阮光平的清瘦形象与越南史料及图像、雕塑等所反映的样貌有一定冲突。据越南阮朝典籍《大南实录》记载，阮光平"声如巨钟，目闪闪若电光，狡黠善斗，人皆惮之"[1]，而《西山述略》则称："惠发鬓面疮，一目细而眼睛甚异，昏坐无灯，光射烛席。临戎制胜，英威凛冽。"[2]根据这种记载，现今越南国内塑造的阮光平形象均是粗犷魁梧、浓眉方脸的将军装扮[3]（见图8）。对比"新封像"与越南史料及图像，可以发现差异除了脸型外，主要集中在气质和眼睛两个部分。越南史料称其"英威凛冽"，而"新封像"所见基本上是一位恭顺谦和、具有儒家风范的"纯臣"；越南史料说阮光平"目闪闪若电光""眼睛甚异……光射烛席"，显然是说双目有神，而"新封像"中阮光平的眼神并非如此。该如何理解这种差异？前文已经述及朝鲜使臣的现场观察，加之如意馆画臣多追求写实写真，"新封像"应不存在作伪或失真问题。而越南史料方面，由于阮朝与西山朝政治对

立，固然存在阮朝史家记述相关史事时污名或丑化阮光平的可能，但如果我们观察阮光平阵营中史家的记述，发现他们笔下的阮光平也是容貌不够"端整"[4]，可见阮光平其貌不扬是基本事实，无论是哪一方的越南史家，都没有在叙其外貌上太偏离真相。既然"阮光平像"和史料两者都未作假，问题出在哪？笔者认为，这只能有一种合理解释，即阮光平确实使人"冒名入觐"，到清廷的非他本人，画工录下的是这位"容貌端整"的顶替者之面容。

图8　越南阮光平塑像

以上，笔者据翻拍画像的内容讨论了《新封安南国王阮光平像》为真的合理性，实际上如果仔细翻检中越史料，即可知所谓"安南国王阮光平像"是真实存在的，中国的清宫档案、《钦定安南纪略》及越南

1　阮朝国史馆：《大南正编列传初集》卷三〇《伪西列传·阮文惠》，庆应义塾大学言语文化研究所，1961年影印，第327页。

2　佚名：《西山述略》，越南汉喃研究院图书馆藏，编号A.928。原书作者及成书年代不详，据书中地名及避讳制度推测大概成于1834~1840年。

3　约撰成于1940年代的越南喃字本《阮光中传》也说阮光平"魁梧"，可见关于其长相长期以来已经有一个固定印象。参见阮南旦《阮光中传》（Truyện Vua Quang Trung），耶鲁大学图书馆藏，编号不详，第8页。

4　吴家文派：《皇黎一统志》，载陈庆浩、王三庆主编《越南汉文小说丛刊》第5册，学生书局，1987，第240页。

的《皇黎一统志》《大南实录》等文献都可印证该幅图像的存在。既然肯定了此幅画像为真，那么我们就有必要研究一下画像的流变情况。以下笔者试结合中越典籍做一解说。

二 究竟有几幅阮光平像

据"紫光阁档案"，此画原系"紫光阁楼上存贮战图功臣像"之中的一种，且有"二轴""楠木匣藏"。[1] 这说明我们见到的这幅图仅是其一，另一幅下落不明。提供信息的黎国亮先生也感叹："不知另一幅安好。"[2] 据研究者称，"紫光阁功臣像"大致是在清末被八国联军劫掠流出，则此画究其根源应属从中国流出。[3] 然而越南方面的材料却显出阮光平像是作为入觐的赏赐物品而存在的，那么到底哪一种说法更可信？如果确实有赏赐画像存在，它与紫光阁画像又有何种关联？

越南典籍中最早记录赏画事的为《皇黎一统志》，又称《安南一统志》，该书为吴家文派三兄弟吴俶、吴悠、吴任所撰，约成书于18世纪末19世纪初，亦即大抵相当于阮光平活动的时期。其书谓：

> 吴任乃择义安军校南塘幕田人阮光值者，容貌端整，诈为国王。文楚为武重臣，辉益为文重臣，都督阮聿充扈侍，武辉瑨充词臣，奉国王如清展觐职方例外。又荐雄象二匹。清人沿途驿递劳顿，中外皆知其假而不敢言。迨进京，清帝大喜，以为真光中的，于入觐时，赐与诸亲王因同宴。又加恩并行抱膝，一如家人父子之亲。及拜谢归国，乃命工画传神像赐之。恩礼隆厚，诚千古之旷格也。[4]

此处既说假冒入觐，又明言阮光平归国时，清廷曾命人"画传神像赐之"。《皇黎一统志》虽被归为历史小说一类，但"其书所叙之事，均见于正史"[5]，况且撰者之一吴任（又称吴时任，1746~1803），曾同阮光平一道入觐，是事件的亲历者，其所叙当非虚构。文中言"传神像"，亦可说明"阮光平像"所画之逼真。

稍后记载此事的则有阮朝官方典籍《大南实录》，作为阮朝地位最高的史书，

1　中国第一历史档案馆编《清代中南海档案23》，第34页。

2　"大岳太和山人"微博，http://m.weibo.cn/1700265115/3691035337794033?sourceType=sms&from=1044195010&wm=5311_4002，发布日期：2014年3月22日。

3　《聂崇正先生谈紫光阁功臣像》，《紫禁城》2008年第1期，第142~173页。

4　吴家文派：《皇黎一统志》，载陈庆浩、王三庆主编《越南汉文小说丛刊》第5册，第240页。

5　吴家文派：《皇黎一统志》，载陈庆浩、王三庆主编《越南汉文小说丛刊》第5册，第4页。

也是东亚实录体史书典型之一,《大南实录》所记之事多较权威。《大南实录》在继承中国实录体史书的基础上,形成了一定变体,即既有记载国政的编年系事,又附有人物列传。[1] 其书正编部分说:"阮文惠使人朝于清。初,惠既败于清兵,又称为阮光平求封于清,清帝许之,复要以入觐。惠以其甥范公治貌类己,使之代,令吴文楚、潘辉益等俱。清帝丑其败,阳纳之,赐赍甚厚。"[2] 这段话只笼统言及清廷赏赐甚为丰厚,我们不清楚这种"赐赍甚厚"是否包括赏赐肖像画,但是《大南实录》的《列传》部分则有这次赏赐的详细信息:

清帝欲表异之,赏赐甚渥。(到热河行宫入觐,行抱膝礼。御笔"拱极归诚"四大字,并对联一句:"祝嘏效尊亲永失丹忱知弗替,觐光膺宠锡载稽青史未前闻"。御诗一章:"瀛藩入祝值辰巡,初见浑如旧识亲。伊古未闻来象国,胜朝往事鄙金人。九经柔远只重译,嘉会于今勉体仁。

武偃文修顺天道,大清祚永万千春。"以赐之。赏赐衣服器皿与亲王同,加赏银一万两。及陛辞回国,宣近御榻旁,亲抚其肩,慰谕温存。令画工绘其形赐之)及归,驰赐福字及尚方珍玩。使者络绎于道。[3]

这里不但有"令画工绘其形赐之"这样明确的记载,还收录了更多的信息,包括"阮光平像"上所题的御赐诗[4],此外还有乾隆御笔的"拱极归诚"墨宝以及未见于中国史料的乾隆对联一副。《大南实录》是阮朝最重要的史籍,其权威性使我们有理由相信赏赐阮光平画像一事是真实存在的。但为谨慎起见,我们不妨再用中国资料稍加对比。

关于这幅画像,中国官方史书如《清实录》《清史稿》等均未登载,《清实录》留下了详细的赏赐阮光平物品名单,其中并无画像[5];《清史稿》虽记阮光平"使其弟冒名来,光平未敢亲到也",但关于赏赐,仅用"赐御制诗章受冠带归"一笔带

---

1 有关实录史学与实录体史书的研究,可参见谢贵安的系列成果《中国实录体史学研究》,武汉大学出版社,2007;《中国已佚实录研究》,上海古籍出版社,2013;《宋实录研究》,上海古籍出版社,2013;《明实录研究》,上海古籍出版社,2013;《清实录研究》,上海古籍出版社,2013。

2 阮朝国史馆:《大南实录正编第一纪》卷四,第70页。后出的《阮氏西山记》《皇越龙兴志》《越史新约·西山始末考》(均越南汉喃研究院图书馆藏)以及同名的《大南实录正编》(法国国家图书馆藏)等所记文字与此大致相同。早于《大南实录》的《西山述略》记载事件经过稍有不同,但也录下了乾隆赐诗中的"伊古未闻来象国,胜朝往事鄙金人"二句。

3 阮朝国史馆:《大南正编列传初集》卷三〇《伪西列传·阮文惠》,第338页。

4 此处文字与中国文献略有差异,如"时巡"改为"辰巡",是因要避阮朝嗣德帝阮福时之讳。

5 关于赏赐物品的讨论,参见孙宏年《清代中越关系研究(1644—1885)》。

过，从中无法考知是否有赐画。[1] 但在档案文献中，除上文谈到的"紫光阁档案"，还有"各作成做活计清档"的记录。《钦定安南纪略》[2] 并无关于此图题名的文字，然在乾隆五十五年（1790）八月二十日阮光平所上奏折中提及"再蒙不弃，陋容登之图绘"，可见确实给阮光平画了像。阮光平奏折还称：

> 宣臣近御座旁，亲抚其肩，
> 谕以温语，……仰惟圣慈眷怜，
> 谆恩周到……[3]

仔细观察这几句话，可以发现它同《大南实录》中的"宣近御榻旁，亲抚其肩，慰谕温存"几近一样，也与《皇黎一统志》所谓"又加恩并行抱膝，一如家人父子之亲"的场景暗合。众所周知，作为外藩，安南在修史时是无法看到中国内廷档案或官修典籍的，那么出现文字如此雷同则只有几种解释：其一，修史者得知该内容于亲历者的转述或回忆性文字。阮朝初年，确曾多次下诏征求遗老耆旧口述

历史，而部分燕行使臣也留下了诗文传世；其二，修史者参考了阮光平奏折所留的副本或者西山朝的档案。作为仇敌之国，阮氏政权与阮光平的西山政权之争斗可谓你死我活，阮朝在灭亡西山朝时，不但采取了挫骨扬灰、诛灭全族的举动，还对西山朝的相关文献资料进行了销毁。[4] 尽管如此，仍有部分档案典籍保存下来，比如《西山邦交集》《大越国书》就保存了一些求封、议和、交好的文件[5]，修撰《大南实录》的史官或许从其中撷取了材料。这种档案的可靠性，进一步表明中越典籍中关于清廷赏赐给阮光平肖像画的记载不虚，越南历史上确实也曾有一幅"阮光平像"存在。

如此说来，加上紫光阁所藏的两幅，曾经应该有三幅《新封安南国王阮光平像》存世，事实果是如此？的确，"各作成做活计清档"明确了此事。该档案中的"如意馆"部分，清晰记录了画工曾"画安南国王阮光平半身脸像三幅"。[6] 据此，则阮光平画像更值得玩味，下文就结合资料进一步阐述三幅画像的诞生与收藏。

1　《清史稿》卷五二七，中华书局，1977，第14640页。

2　《钦定安南纪略》虽是方略馆所编的官修典籍，所录却多采自谕令、奏折，也可以说是档案类材料。

3　故宫博物院编《钦定安南纪略》，第412页。

4　据《越史纲目节要序》言："西山一代事迹，嘉隆初诏毁之。"见邓春榜《越史纲目节要》，越南汉喃研究院图书馆藏，编号VHV.2383。明命帝在位期间，也曾下令毁弃西山朝图籍，"意甚为无用，近岁者皆令烧之"，参见宗亮《〈大南实录〉研究》，博士学位论文，武汉大学，2017，第103页。

5　见《西山邦交集》，越南汉喃研究院图书馆藏，编号A.2364。《大越国书》，（胡志明市）文化文艺出版社，2016。

6　《乾隆五十五年各作成做活计清档·如意馆》，中国第一历史档案馆、香港中文大学文物馆合编《清宫内务府造办处档案总汇》第52册，人民出版社，2005，第26页。

三 阮光平像的来龙去脉

阮光平像诞生的大背景是乾隆朝征安南之役，关于此战的经过，已经有众多论述[1]，笔者仅略陈从阮光平授封至入觐的过程。乾隆五十四年（1789）十月，阮光平在黎城接受了清朝的授封。五十五年四月，阮光平及随行150员起程入华觐见，于七月抵达京郊。七月初八日，阮光平等抵达热河，七月初九日，受到乾隆帝接见。八月至京师，参加乾隆八十万寿庆典，并行庆贺礼。八月二十四日，启程离京。十一月二十九日行抵镇南关，其后回到安南国内。清廷对阮光平及其随众、子女的赏赐就发生在这段时期内，而阮光平像也在此间出炉。

前文已经述及，阮光平在入觐后，清廷对其颇为优待，绘像及赐赏正是其中一项。绘画活动完成于乾隆五十五年八月间，是由如意馆画臣缪炳泰主笔的。据"乾隆五十五年各作成做活计清档"，绘图开始于八月二十日，这一天"厄鲁里传旨：着缪炳泰画安南国王阮光平半身脸像三幅。钦此。"[2] 之所以选在这天绘像，是有其缘由的，该日在清宫举行了盛大的正宴，各国使臣均有参加，而此次筵席后，来贡诸国人员已确定将陆续离华，如果当天不绘图，则势必在行程上有所耽搁，故而要迅即进行。绘图当天，阮光平就上了一道情词恳切的奏折，作为辞陛之言，细数入华以来受到的礼遇，向高宗表达自己的感激之情，特别提到了画像一事。

由于绘画命令下得很急，且是连作三幅，画工最后选定了如意馆的缪炳泰（1744~1807）。缪炳泰是清代颇具风格的画家，他"注重人物内在的精神气质表现"，追求"以形传神"，他多次受命绘制御容，都做到了形神兼备，颇受乾隆赞赏。此外，紫光阁功臣像中多幅都出自其手，"他事先仔细地揣摩功臣们的外貌特征，然后又了解他们的脾气秉性，最后精细摹画，令其笔下的功臣们个个栩栩如生"。[3] 由这样的名家担纲，画像质量自然有保障。

乾隆五十五年，缪炳泰出任万寿盛典纂修官，并在七月扈从滦河，但其间"目病甚，特命回京，赐太医"。[4] 尽管当时缪炳泰还处于目病的恢复阶段，但考虑到事件的庄重性，绘制阮光平画像的工作还是落到了他身上。为配合画像，清廷还调动了其他资源，如匣裱作档案记载"二十日

1　参见李光涛《记乾隆年平定安南之役》，中研院历史语言研究所，1976；庄吉发《清高宗十全武功研究》，台北故宫博物院，1982。

2　《乾隆五十五年各作成做活计清档·如意馆》，中国第一历史档案馆、香港中文大学文物馆合编《清宫内务府造办处档案总汇》第52册，第26页。

3　李湜：《紫禁丹青：清宫绘画的创作与收藏》，中国国际广播出版社，2012，第84~86页。

4　《奉政大夫兵部职方司郎中缪君墓碣铭》，张伯行：《正谊堂文集》卷一五。该墓碣铭又言："自癸卯至乙卯，恭绘圣容凡五次，并更定紫光阁后五十功臣像。戊申春台湾平复，绘功臣像藏紫光，自嘉勇公福康安、超勇公海兰察以下，皆君笔也。"缪炳泰绘"紫光阁功臣像"事又可见《郎潜纪闻》卷一四。

郎中五德员外郎大达色催长舒兴来说，太监厄鲁里传旨：着缪炳泰画阮光平像，应用之绢向造办处要用"。[1] 这就是选定了绘像所用的材料。由此也可知道，今所见《新封安南国王阮光平像》，同市面所见"紫光阁功臣像"一样，也应为绢本设色画。

　　缪炳泰完成三幅作品应当很迅速，阮光平在当天的辞陛奏折中提到"陋容登之图绘"，可能是说像已大致画好。不过，这并不意味着画像当天即可到达阮光平手中，因为后期还要有一些加工工作。画像实际上发给阮光平已经是在十余天之后，"九月初二日军机处传：赏安南国王阮光平像一匣、赏叶尔羌办事大臣明兴墨刻共三种，俱配木匣盛装、棉花塞垫包裹发报。记此"。[2] 即画像是在阮光平已经离京后，在其归国途中驰递。[3] 对于赏赐物品，阮光平均会具折谢恩或请清朝大臣代为奏谢，九月十五的福康安奏折中即有"代阮光平奏谢赏蜜饯菜干图像"的记录。九月廿二日

有朱批"览"。[4]

　　在赏给阮光平画像中一幅的同时，清宫开始了对另外两幅画像的装裱保存事宜。如意馆档案记载，"（十月）初二日接得员外郎福庆等押贴，内开九月初八日懋勤殿交安南国王院[阮]光平半身像二幅，传旨：交如意馆裱挂轴二幅。钦此"。[5] 该件档案详细记载了装裱用材："杉木杆二根，长三尺见方八分；地杆二根，长三尺经一寸八分；紫桕轴头二对，长二寸经一寸六分。"[6] 虽然我们暂时无法得见"新封像"的实物，但从这样的材料尺寸，或许可以推测画像最初的装裱尺寸。

　　后期工作并未就此结束，"（十一月）十七日接得员外郎福庆等押贴，内开十月十七日懋勤殿交来阮光平半身像一幅，传旨：交启祥宫，着伊兰泰添画数珠，急速画。钦此。"[7] 传达"添画数珠，急速画"旨意的是谁？显然只能是高宗，大概是乾隆帝对其中一幅画像的细节还不太满意，于是又命令另一位著名画师伊兰泰继续加工。

1　《乾隆五十五年各作成做活计清档·匣裱作》，中国第一历史档案馆、香港中文大学文物馆合编《清宫内务府造办处档案总汇》第 52 册，第 305 页。

2　《乾隆五十五年各作成做活计清档·记事录》，中国第一历史档案馆、香港中文大学文物馆合编《清宫内务府造办处档案总汇》第 52 册，第 111 页。

3　九月初六日给福康安的谕旨记载："赏阮光平菜干一匣，同发，又阮光平像一匣随同发去，四百里。"见中国第一历史档案馆编《乾隆朝军机处随手登记档》第 42 册，广西师范大学出版社，2000，第 558 页。

4　中国第一历史档案馆编《乾隆朝军机处随手登记档》第 42 册，第 594 页。

5　《乾隆五十五年各作成做活计清档·如意馆》，中国第一历史档案馆、香港中文大学文物馆合编《清宫内务府造办处档案总汇》第 52 册，第 29~30 页。

6　《乾隆五十五年各作成做活计清档·如意馆》，中国第一历史档案馆、香港中文大学文物馆合编《清宫内务府造办处档案总汇》第 52 册，第 29~30 页。

7　《乾隆五十五年各作成做活计清档·如意馆》，中国第一历史档案馆、香港中文大学文物馆合编《清宫内务府造办处档案总汇》第 52 册，第 34 页。

现在无法确知三幅绘像内容是否一致，如果内容相似，对照翻拍的"新封像"，"添画数珠"的位置大概只能在"幞头"处。一直到十一月，对画像的存贮工作仍在继续，"十七日接得员外郎福庆押贴，内开十月二十三日懋勤殿交安南国王阮光平半身像挂轴二轴，传旨：着配一色锦囊套安白绫签。钦此"。[1] 或许在这之后不久，《新封安南国王阮光平像》的保存事务才算告一段落。

三幅画像最终各有归宿。赏赐给阮光平的一幅，应该是被安南使团带回了国内。至于是不是像阮光平回国后奏折里所说，对清廷赏赐之物，"置诸殿堂之上，几案生乎春风，公同瞻仰"[2]，今已无从知晓。笔者认为，这幅画像极有可能同其他宝物珍玩一样，已经毁在了西山末年的兵燹之中。而清宫所藏的两幅，从前述"乾隆御览之宝"以及乾隆要求添画珠饰来看，乾隆帝应该是赏玩过一段时间，而后归紫光阁陈列。嘉庆年间，画工可能参考过此图。一直到咸丰年间，才又有帝王寓目的记录，紫光阁陈设档记载："咸丰四年三月十九日，上留安南国王像二轴"[3]，在此前后被撤掉的还有三月十八日功臣像中的"阿桂像

一轴、海兰察一轴、傅恒像一轴、兆惠像一轴"[4]，三月二十日"谐奇趣图二分，计四十页"。[5]

紫光阁陈设档为同治元年（1862）编修，可知在同治时期"阮光平像"仍存清宫，此后则未见相关记录。现在我们发现苏富比20世纪80年代拍卖过这幅《新封安南国王阮光平像》，或可循此了解更多的递藏线索，甚至说不定能寻得另外一幅清宫旧藏阮光平像的蛛丝马迹。

四 阮光平像在中越双方的争议

前面简要介绍了三幅阮光平像的概况，其源流已经基本清晰，但仍有一些问题需要解释，特别是该如何理解中越双方对该画像的建构与解构。

中国方面，前文已经述及大部分学者认为来华入觐的阮光平可能是冒名顶替的，如果是这样，清廷究竟有没有察觉？如果有所察觉，为何还要大费周章地赏赐物品、绘赐图像？笔者认为，其中因素颇为复杂，我们需要从几个不同角度去思考。

对于此次封授，应该说清廷方面是十

1　《乾隆五十五年各作成做活计清档·如意馆》，中国第一历史档案馆，香港中文大学文物馆合编《清宫内务府造办处档案总汇》第52册，第34页。

2　故宫博物院编《钦定安南纪略》，第426页。

3　中国第一历史档案馆编《清代中南海档案23》，第34页。

4　中国第一历史档案馆编《清代中南海档案23》，第33页。

5　中国第一历史档案馆编《清代中南海档案23》，第26页。

分慎重的。经过安南之役的败绩之后，双方在力量对比上维持了某种程度的平衡，这使得他们有机会达成妥协。在这种情况下，出于更长久的"怀柔远人"之考虑，清廷顺势而下，接受阮光平的求封，并允许其亲身入觐，在政治上是具有重要意义的。从高宗赐给阮光平诗句中所言"伊古未闻来象国，胜朝往事鄙金人""明代既不能致彼入朝，而为金人以代，兼有黩货之讥，其行事殊为可鄙视"等句可以看出，阮光平入觐不仅仅是颜面的问题，还涉及与前代相较、通过外藩入贡这一具有重大象征意义的活动来彰显正统地位的需要。清廷在礼仪、规范等方面可谓要求严格，也做到了细致入微，绘像赏赐自是其中的必然之事。如果入觐人物为真，一切自然没有疑问，如果入觐人物为假，清廷也必须照既定方针办，按部就班地完成所有环节，而不致产生纰漏，影响其权威。

中越典籍或言乾隆对假冒事毫不知情，或言"清帝丑其败，阳纳之"，即将乾隆描绘成"政治弱智"的形象，这显然不符合史实。对于阮光平假冒事，清方臣工出于政治正确的需要，有可能不刻意揭露其事，但这并不意味着最高层对此事毫不知情。事实上，在当时就有人提出了疑问，如乾隆五十五年六月，即有安南人高春旺等言"据称外面纷纷传说阮光平亲身进京，恭祝大皇帝万寿，想此事未真"[1]，又如阮光平在回国后乾隆五十六年（1791）三月的奏折中称"臣之国人见臣起身入觐，乃本国前姓李陈黎所未有之事，辄敢妄意猜度，间有浮言"[2]，可见普通民众已经有所疑心，一些风声已走漏出来，具有政治智慧的清高宗，大概也能窥知其中破绽。有可能存在的一种情况是，清高宗出于政治目的，有意对相关行事未做声张，而且还配合来者演绎了一幕戏剧。当然，高宗对于几幅阮光平画像的态度也值得玩味，即他明知其为假，也赐了像，却并未大肆宣扬赐像之事，而同时又对留下来的"阮光平"像十分挑剔，对各种细节都不放过，表现了他只追求结果的权谋之术，可能正是出于使"阮光平像"成为其"十全武功"演武场及展示台布景的考虑，他才会如此慎重对待两幅画像。在这个背景下，画中人物究竟是谁，是不是阮光平已经不重要，能够留下画像使其具有宣示特质才更符合其心思。[3]政治宣示需要从符合礼仪规范、服从君臣名分的角度去考量，因而高宗更重视的是"冠服"（"添画数珠，急速画"），而非人物外貌，毕竟"定正朔、明服色"才

---

1 故宫博物院编《钦定安南纪略》，第414页。

2 故宫博物院编《钦定安南纪略》，第426页。

3 日本学者绵贯哲郎亦指出："对于乾隆帝通过自己的八十寿辰典礼而使'安南国王'入觐来朝，来理解其不仅要向中华世界，还要对内陆亚洲世界宣扬自己伟业达成的本意，当无不妥。至于出席八旬万寿典礼者，无论是黎氏也好、阮氏也罢（或是替身亦无妨），如何能使'安南国王'入觐来朝，才是乾隆帝的一片苦心。"参见绵贯哲郎撰，史可非译《安南黎氏佐领编设始末考》，《中国边疆民族研究》（第四辑），中央民族大学出版社，2011，第342~355页。

是传统。

高宗的这种"怀柔远人"之方式也为其后的统治者所继承，紫光阁中陈设的外国君臣画像共有两种，另一种也是来自越南。据档案，有"越南国使臣黎伯品像一轴，楠木匣藏"[1]，该画作于嘉庆九年（1804）十一月，为如意馆画臣冯宁所作，亦为半身像，然今亦不知去向，仅在《皇清职贡图》中可见"越南国夷官"（即黎伯品）全身像一幅（见图9）。清仁宗朝为越南使臣画像的背景是越南已改朝换代，新得国的阮福映遣使求封，仁宗效法其父，不仅同意锡封，还命人绘图并亲自题写"识语"："阮福映接奉敕封恩命，遣其圭成侯黎伯品表贡虔谢。嘉庆九年万寿节前到京，因命画工写其冠状貌，增绘图中。"[2]与乾隆帝的思路相似，嘉庆帝所采用的策略也是澄清正统、维护藩封，其旨以稳定为主，绘形赐像再次成为重要手段。由是观之，绘形赐像不单单是一种礼节，更成为一种礼制性传统沿袭，如此反向推导，便可知高宗虽知其假，仍例行赐赏，并非一时心血来潮。如再联系到咸丰朝清文宗特意留下两幅"阮光平"像观览，其间疑义更能释然。

在越南方面，对阮光平的态度有一个逐步转变的过程。在西山朝，阮光平作为一国之君，地位自然毋庸置疑；在阮朝，

图9 《皇清职贡图》中的黎伯品像（现藏故宫博物院，录自《紫禁城》1993年第1期）

由于与西山朝政治对立，阮光平是作为"伪西""西贼"而存在的；近代以来，随着越南政治体制的变化，阮光平的"农民"出身，使其一跃而成为农民起义的领袖；最近数十年，随着越南的革新开放，民族意识增强的越南国人又将阮光平视为抵抗"侵略"的民族英雄——阮光平的身影在各个时代的舆论场中均有呈现，其身份标签不断转换，颇值得探讨。近年来，随着资料的新发现以及几次阮光平纪念活动的开展，越南学者对阮光平形象问题也进行了一些探讨。其中有新意的是一幅所谓的"光中"（即阮光平）画像引起了争论。

据越南学者转述，该画像是一幅戎装像（见图10），曾经广泛流传，被人们

1　中国第一历史档案馆编《清代中南海档案23》，第34页。

2　转引自畏冬《嘉庆时期〈皇清职贡图〉的再次增补》，《紫禁城》1993年第1期，第44~46页。

认为是历史上流传下来的"光中"真实图形。[1]1975年南越政权将这张肖像印在了纸币上，在许多地方它也被用作"光中"崇拜仪式的封面插图。围绕这幅画像的真伪，有一些越南学者进行了讨论，其中有学者指出，该画像为假，因为它是对郎世宁所绘《乾隆戎装大阅图》（见图11）的仿冒，或即便为真，也只是清廷所赐的乾隆像，而非"光中"像。[2]另一部分学者则坚持认为，该图就是阮光平（或冒名者"范公治"）的肖像，因为乾隆在绘图当年已经80岁，不可能绘出如此年轻的神形。双方分歧的根源在于对《皇黎一统志》及《大南列传》中文字的不同解读，即对"乃命工画传神像赐之"及"令画工绘其形赐之"两句，认定是假的学者指出被作画对象应当是乾隆帝，认为是真的学者则断定"其"字指代"光中"，双方为此有一番讨论，到最后各执己见。[3]

应该说，从所谓"光中"像和《乾隆戎装大阅图》的对比上看，"质疑派"学者的讨论是有道理的，而从对史料解读上看，"支持派"学者的研究亦有其合理之处。然

图10 越南流传的"光中"图像

图11 郎世宁绘《乾隆戎装大阅图》（故宫博物院藏，录自聂崇正《郎世宁的绘画艺术》）

1　据笔者最近掌握的越南资料，此像最早出现于越南《东城杂志》1932年第1期，文中将郎世宁所画乾隆像误为"光中王"像，此后越南相关书籍迭次转载引用，使该图流传甚广。

2　越南史料《大越国书》收录了乾隆五十五年七月"请御容呈福公爷贴"，内言："小番由荒远入觐，仰蒙大皇帝垂慈，视如家人父子，区区微忱，无任欢忭感激之至。自思摩顶放踵，穷海罄山，无可仰答鸿恩于万一。窃欲吁祈御容一轴，捧归下国，敬谨恭奉于敬天殿，俾得时时跪祝，如在帝左右，庶乎依依慕恋之忱。"按此，则安南方面似有请乾隆画像的动议，但结合前后档案材料以及当时的制度情况考察，这一要求或未被清廷准许，连安南使团自身也清楚"事出干冒"，故越南学者所言肖像为乾隆像之说恐亦不能成立。参见《大越国书》，（胡志明市）文化文艺出版社，2016，第403页。

3　参见《"假王光中"像还是青年乾隆帝像？》，http://khamphahue.com.cn/vanhoa-dulich-Hue/l-3/C1D436B5-C476-4D26-92C3-86473C9723C5/10679-buc-tranh-gia-vuong-quang-trung-hay-tranh-chan-dung-can-long-thoi-tre.aspx#.VOGfY9JmT_o；《关于范公治"假王"画像》，http://www.baobinhdinh.com.vn/nguyetsan/2009/3/72628/。又越南学者关于"假王"觐见的集中讨论可参看阮维正《历史疑案再探：假王入觐，光中帝赴华真实考辨》，（胡志明市）文化文艺出版社，2016。Nguyễn Duy Chính, Giở Lại Một Nghi Án Lịch Sử: "Giả Vương Nhập Cận" - Có Thực Người Sang Trung Hoa Là Vua Quang Trung Giả Hay Không?, NXB Văn hóa - Văn nghệ, 2016.

而，根据我们所掌握《新封安南国王阮光平像》的情况来看，他们的研究都偏离了事实。一般来说，在清朝最高统治者的万寿庆典上，很难容许有外藩的戎装形象存在，而越南历史上又多次遭遇兵革之祸，作为阮氏王朝眼中的"反贼"，阮光平的痕迹曾被大肆抹除，恐怕极难有清晰展现其英勇形象的图绘成为孑余。

无论是认为假冒入觐是对清廷的"玩弄"，还是笃定阮光平有真形传世，均是不同立场和视角所导致的必然结果。尽管清安（清越）之间曾维系了较长时间的宗藩关系，政治与文化上有其种类似性，但正如学者所指出的，东亚早自蒙元时代已降，"各国'自我中心主义'也就是政治上的自尊意识，其实使得'分歧'越来越强"。[1] 至清代以后，中越之间这种表面上平和稳定的"朝贡秩序"已经十分脆弱，相互之间的离散趋势日益明显。透过本文所述对某种画像的各自不同心态以及相关问题的不同解读，正可以看出这种"分歧"愈演愈烈。无论是政治活动还是文化交流，一直存在的隔膜，确实很难让双方始终形成一种"共同的书写模式"。

余 论

本文循着网友提供的一幅照片，结合前人的部分成果以及中外典籍，系统讨论了《新封安南国王阮光平像》的相关情况。笔者挖掘了现在所能找到的所有资料，但仍存在一些遗憾。

其一，笔者缕述了从乾隆五十五年八月二十日绘图，到咸丰四年（1854）三月十九日咸丰帝留览两幅画像的经过，弄清了画像流传的大致脉络，但同治以后的流传轨迹，笔者未能进一步探索。虽然可以推测《新封安南国王阮光平像》或是与其他"紫光阁功臣像"一同流出，但其究竟被何人于何时采用何种方式携走，还是一个疑问，这也有待新文本的助力。此外，咸丰朝以后，是否有帝王浏览过该画像，亦属未知。

其二，赐像说的依据除了中国档案材料的记录之外，主要得之于越南史籍。但越南史籍也有其局限。越南历史上文献损毁严重，传世的可凭借的材料有限。即使是官方史书的记录，也可能阙失了许多关键的细节。想要完全弄清阮光平画像的问题，尚需要进一步研读各种类型的汉喃典籍。

总体而言，笔者详考画像，落脚点并不只在画像本身，围绕"阮光平像"的叙事试图呈现东亚格局的微小层面、折射同一文化圈不同族群相歧的认知与理念。东亚关系中的"中心与边缘""分歧与认同""离散与聚合"，内涵十分丰富，各自表征形式也不尽一致，就中越文化关系而言，在语言习惯、社会风俗、宗教形态、历史记忆等众多方面都存在不小的变量，在这个维度观察，对更复杂东亚关系的探讨，我们尚有许多工作要做。

1　葛兆光：《中心与边缘·分歧与认同·离散与聚合》，《文汇报》2015 年 3 月 6 日，第 17 版。

清末民初国民异域常识的构建 *

■ **邵小龙**（上海大学文学院，西华师范大学文学院）

引言　常识的建立

在《晚清女子国民常识的建构》（以下简称《常识的建构》）一书中，夏晓虹教授指出，"国民常识"是借自梁启超的说法，而本文所谓的"国民常识"，又借自夏晓虹的著作。《常识的建构》引用大量清末的经典译注、报章杂志等启蒙读物，来分析女子国民常识的产生、发展和传递。但《常识的建构》立意在启蒙，对研究的材料自然有所选择。实际上在清末民初这样的过渡时代，各类知识思想呈现多元并存的形式，启蒙思潮及其产物仅为其中一端。[1] 我们在关注清末启蒙知识的同时，也不可忽略传统国民常识的发展及延续。因此，本文特别选取了清末民初的万宝全书和版刻图像，来分析其对国民常识，特别是对异域常识的构建产生的作用。与新出现的启蒙读物相比，这些材料是明清以来各种传统知识的延续，它们在较长的一段时间内，依然有一部分人将其作为可信的常识来对待，并从中汲取相应的域外认知。

一　万宝全书的不变与新变

作为体现国民常识的读物，清代以来万宝全书的异域知识在其"诸夷门"内有集中体现。但有清一代，"夷"始终是一个敏感而特殊的词语。[2] 清代前期尤其在雍乾两朝，对言论、思想等进行的严密控制，可谓人所共知，其中便包括对"蛮夷戎狄"等一系列词语的忌用，以及对北方民族历史名称的改易。[3] 受此影响，在清前期所编

* 〔基金项目〕西华师范大学 2017 年英才科研基金项目（项目批准号：17YC475）阶段性成果。

1　罗志田：《道出于二：过去时代的新旧之争·自序》，北京师范大学出版社，2014，第 3~15 页。

2　详见刘禾《帝国的话语政治：从近代中西冲突看现代世界秩序的形成》，杨立华等译，生活·读书·新知三联书店，2014。

3　关于这一问题，以陈垣所著《旧五代史辑本发覆》所论甚详，此后更有人通过不同的个案来揭举清廷的特殊用意。详见陈垣《旧五代史辑本发覆》，北平辅仁大学，1937。

纂的典籍中，相关的表述都有一定的变化，类书自然也不例外。

明清鼎革以后，清朝统治者也效法宋明诸代，网罗人才广修类书，康雍乾时期便相继完成了《渊鉴类函》《佩文韵府》《骈字类编》《子史精华》甚至《古今图书集成》等著名类书。[1]然而由于清朝统治者的特殊身份，与华夏相对应的四夷等知识在类书中也被改换。

如《渊鉴类函》卷四五〇所引《汉书》，便将"胡虏"改为"无雷"。[2]而在《古今图书集成》中，包含历代类书中四夷知识的门类也被改称"边裔典"，并归入方舆汇编之下。更有甚者，文渊阁本《四库全书》所收入的《群书考索》，竟然将前集中有关四夷的部分尽数删去。

官修的类书形成这样的范例，私集的类书更难以豁免，纷纷展开自我省察。如顺治十四年（1657）万卷楼所刊朱虚的《古今疏》中，便将有关四夷的部类命名为四陲，更是以"彝"代替通行的"夷"字。方若珽于康熙初年编成的《正续文献通考识大编》内，将马端临原书中的"四裔"改为"外国"。其余如康熙时期陈枚所辑《留青采珍集》，则将有关诸夷的部分归入"方外"，嘉庆间陆凤藻辑《小知录》，也

将相关内容分置于"边陲"和"四裔"两类，更多清代士人所编的类书干脆不设立与诸夷有关的类目。[3]

道咸以后，随着列强外侵而引发的危机，时人对"夷"的概念又有新的认识，到清末民初，虽然许多人已意识到中华仅是世界一国，但人们所接触所获取的异域常识，已远远超越了此前任何时代。在这样的背景之下，万宝全书及其诸夷门又经历了怎样的变化呢？

虽然一般类书和万宝全书都是相关知识的汇集，但相对而言，清代万宝全书的制作群体及社会效用，与一般类书还是有相当的差别。从康熙年间刊印的《敬堂订补万宝全书》，到乾隆四年（1739）刊印的《万宝全书》《增补万宝全书》和《绘图万宝全书》，进而到乾隆三十四年世德堂刻印的《增补万宝全书》，其中表现域外知识的门类一直存在，依然被固定称为"外夷门"或"诸夷门"，与明代的万宝全书并没有太大的变化。[4]可以看到，清代万宝全书特别是其中的诸夷门，似乎并未受到统治意志的影响，也没有因为朝代改换出现太大的变化，并被保留到民国。

所以到了民国二年（1912），上海尚古山房印行的《万宝全书》依然出现了诸夷门。

1 这些类书的纂修也与明末清初以来学风、文风的变化有关，参见戴建国《渊鉴类函研究》，博士学位论文，华东师范大学，2009，第70~76页。

2 参戴建国《渊鉴类函研究》，博士学位论文，华东师范大学，2009，第75页。

3 参赵含坤《中国类书》，河北人民出版社，2005，第368~426页。

4 参吴蕙芳《万宝全书：明清时期的民间生活实录》，花木兰文化出版社，2005，第370~383页。

这部《万宝全书》共有八册，分两部分，前六册共有二十卷，名为《改良新万宝全书》，另外五卷增补的部分被装订成两册，名为《改良续万宝全书》（以下将八册统称为《改良万宝全书》）。但是翻开第一册的封面，又可以看到"《绘图增补万宝全书》壬子秋日上海尚古山房印行"等内容。我们认为封面上的壬子，便是"辛亥革命"发生后的1912年。这类临时在封面加载"改良"字样的举动，大概也是书商为趋新求利而为。

然而这部万宝全书的复杂性还不止于此，其中卷三"人纪门"的历代帝系包含顺治以来的清代诸帝，并记载"顺治皇帝在位十八年，康熙皇帝在位六十一年，雍正皇帝在位十三年，乾隆皇帝在位六十年"，此后便再没有延续，因此这可能是《改良万宝全书》的底本中较早的内容，大致完成于嘉庆或者更晚的时期。但同卷的最后部分又出现了一首介绍朝代变迁的歌谣，最后两句称："中华民国主，总统万万秋。共和咸纳庆，五族颂仁猷。"其实类似内容在该卷的"历朝目录"内就已出现，并写作"五族共和允纳庆，中华民国万方欢"。这些通俗上口的歌诀不仅从三皇讲到了宣统，甚至连"中华民国""五族共和"等新词语也融入其中，明显是民国建立以后为顺应时势变化而添加。虽然中华民国建立后，帝制已被终止，却并不影响尧舜禹至元明清的朝代更替，作为常识在民众间继续留存。

相较于"人纪门"的小"改良"，《改良万宝全书》卷四的"文学门"可谓经历了大"革命"。该卷的内容分别为"礼制服制""陆军条例""新订轮船章程""临时约法"和"水火保险章程"，其中具体又收录了《临时大总统咨交参议院决议》《中华民国临时约法》《参议院议决男女服制》等，甚至对民国政府重整冠裳与改良仪节的举措都有详细列举，但这些内容与文学几乎没有关系。通观明清两代的万宝全书，并无文学一门，倒是有与其内容相近的"文翰""书启""律例"等类。两相对比就可以看到，明清万宝全书中"文翰"等门类的内容，在《改良万宝全书》内被悉数剔除，取而代之的是《参议院决议》和《临时约法》等新时期的政策文件，甚至连门类的名称也改换为有别于"文翰"等旧词语的"文学"，以此来对应时代的变化。

然而在这样一个看似革故鼎新的时代，《改良万宝全书》的诸夷门却被保留了下来，而且和明清万宝全书的基本结构完全一样，依然由《山海经》中的异物以及诸夷人物和土产三部分组成，实现了从清代到民国的平稳过渡。但清代以来的万宝全书与许多明代万宝全书不同的一大特征，就是将诸夷人物和土产统称为"外夷土产人民图"。根据何予明的研究，"外夷土产人民图"这个概念其实早在崇祯元年（1628）所刻的《万卷搜奇全书》的诸夷门中就已出现。[1]并且崇祯十四年所刊

1　参见〔美〕何予明《书籍与蛮夷：〈臝虫录〉的历史》，载程章灿主编《古典文献研究》第十六辑，时文甲译，凤凰出版社，2013，第96页。

刻的《新刻人瑞堂订补全书备考》（以下简称《全书备考》）的诸夷门就袭用了这一概念。通过对比《全书备考》和《改良万宝全书》诸夷门的内容，就可以发现二者之间的密切联系。无论是这两部万宝全书上栏有关《山海经》以及土产的部分，还是下栏有关诸夷人物的部分，都可以看到二者明显的因袭关系，特别是《全书备考》误将"昆仑层期"写作"昆仑层斯"，《改良万宝全书》依旧沿袭了这样的错误。《全书备考》把《山海经》中的"无磬国"写为"无臀国"，《改良万宝全书》同样将其写为"无臀国"。另外，与《全书备考》仔细对比，就会发现《改良万宝全书》的诸夷人物部分没有占城国，诸夷土产部分缺少占城国、爪哇国、真腊国和西洋古里国，而这些信息恰好出现在《全书备考》诸夷门的最后一叶（见图1）。因此我们虽然不能确定《全书备考》的诸夷门对《改良万宝全书》有直接影响，但是这两者应该有共同的知识来源，甚至彼此的版式结构都极为相似。

《改良万宝全书》的诸夷门与《全书备考》的另外两处小区别，却揭示了它的确

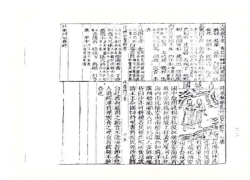

图1　《全书备考》诸夷门的最后一叶

切来源，如《改良万宝全书》将《山海经》中的"玄鹤"写作"元鹤"，又将"女直"写作"女国"，并且将女国人绘制为一位女性。"元鹤"的处理方式是出于避康熙皇帝名讳之故，而将"女直（真）"改为"女国"却体现了万宝全书的编者对清廷所形成的特殊应对。也就是说民国二年所刊行的《改良万宝全书》中，所收录的诸夷门依然是受明代万宝全书影响的清代万宝全书的内容。

除诸夷门外，《改良万宝全书》更多的异域常识则反映在续编内。虽然续编卷一与卷二的内容与类目正好相反，但其中许多内容却不见于传统的万宝全书。如续编卷一在列举了中华民国国旗、海军旗和陆军旗之后，又依次对英国旗、英国官旗、英国民旗、法国旗、日本国旗、朝鲜旗乃至土耳其国民旗、土耳其国官旗、埃及国旗等三十九面异国的旗帜加以介绍。这些异国旗帜通常悬挂在轮船上，以便水手在航行时识别，这类载于万宝全书的常识，应当产生在道光开埠以后。续编卷二有一部分内容主要收录外国银圆的知识，其上栏还对外国钱币上的字母有所解释，如将字母"L"注解为"此真银鬼字式，音噫厘"。又称字母"W"的读音是"踏步天"，进而指出"此鬼字在草尾银面中"。除在上栏用图像的形式对各种洋圆有所介绍外，编者在下栏也用文字记述了这些货币的特征，如其中有一种名为"睡鬼"的银圆，书中指出这种钱币的图案像"有一番鬼睡在银面上"。还有一种名为"日影"的银圆，编者则形象地称"其形如日影中有一

小鬼，通身体毛者"。类似的知识后五卷还有很多，如《通商章程条约》《行船防碰撞条款》以及"外国戏园""租界价目"等，这些更像是道光末期以后逐渐从异地传来，或者伴随通商口岸逐渐形成。

在这部八册的万宝全书内，却存在种种值得分析的现象。《改良万宝全书》后续两册的内容不可谓不新，特别是其中出现的各国国旗和银圆，已经体现出相当的国际视野，也向民众传递了全新的异域常识。在这样一个朝代更替并且积极倡导改良变革的时局之下，这部民国时期万宝全书的编者对知识的态度和取舍的方式，却体现出极大的差异。其中"人纪门"的内容从乾隆延续到宣统，从清朝延续到民国，实现了局部的新续。"文学门"内集中了新的约法、条例、章程等，原来的内容被彻底地革除。《改良万宝全书》对"诸夷门"的处理，却与前两者都不相同，编者一方面完整保留了清代万宝全书内"诸夷门"的全部内容，另一方面又在后两册额外汇入大量的异域常识，使整部书与现实的联系更加密切。不仅如此，许多新知与旧识在这部民国二年刊行的万宝全书中皆并行不悖，既可以看到编者对五族共和理念的强调，也能够发现女真依然被作为诸夷加以介绍；既有对"博物馆""马戏"等新事物的介绍，也未革除"青楼俗例"等传统社会所遗留的旧知识。

然而这种多元的特征并不能够完全解释"诸夷门"在民国的际遇，"诸夷门"作为明代万宝全书的核心内容，在历代的万宝全书中一直保有一席之地。即使在清代

前期，士大夫面对文字狱的压迫，对华夷问题噤若寒蝉之时，万宝全书的编者仅对其中的内容做了简单处理，就在顺治以后诸朝不断翻刻出版。作为非汉族入主的清王朝，其特殊的文化政策对万宝全书特别是其中的"诸夷门"，并未产生较大的影响。同样也是在清代，由于西方殖民势力所引发的危机，又使清王朝逐渐从天朝大国转变为世界万国之一，这样的转变在万宝全书内已暗暗有所体现。甚至到了民国时期，当许多新的风尚与观念开始发生变化时，"诸夷门"并未像传统万宝全书文学门的内容那样，完全退出历史舞台，这也就意味着这类知识并未被时人所抛弃，依然具有一定的效力。

二 异域常识的不变与畸变

当然相比于书籍，版刻图像在传播知识方面的效力，在既有的研究中尚未得到充分的关注。不同于文字材料的识字要求，图像所传递的信息更为直观形象，也更受底层民众的欢迎。毋庸置疑，这些材料对常识的传播同样有不容否认的作用。本文接下来的部分，便围绕这些材料展开。

俄罗斯圣彼得堡俄罗斯科学院彼得大帝人类学与民族学博物馆（珍宝馆）内，收藏有一件名为《新刻万国进贡异相分野全图》（以下简称《分野全图》，见图2）的印刷品，其长宽分别为92厘米和48厘米，远远超过书籍等一般印刷品的开本尺寸，因此有研究者将其归入年画。1912年，

受俄国中亚东亚委员会和人类学与民族学博物馆的派遣，俄苏学者阿理克（一译阿列克谢耶夫，Alexeev，1881–1951）在上海、宁波、福州、厦门、汕头和广州负责收集年画，而他本人早在1906年开始便对中国的年画产生兴趣，并且广泛加以搜集。[1]这幅年画便在1912年由阿理克带回俄国，此后一直收藏在圣彼得堡。

严格意义上来说，这份材料与传统的年画有很大不同。但我们也不能忽视清末以来美术界所兴起的改良口号，对年画等

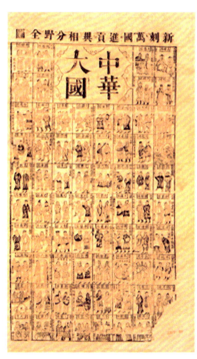

图2　《新刻万国进贡异相分野全图》
（俄罗斯科学院彼得大帝人类学与民族学博物馆藏，
92厘米×48厘米）

传统艺术的影响[2]，因此这幅年画传递知识的特征非常明确。另外，通过这份材料还可以看到清代万宝全书诸夷门对其形成的影响。

《分野全图》的作者、产地和印制年代都难以考证[3]，其顶端印有"新刻万国进贡异相分野全图"的字样，上端的中心位置标注为"中华大国"，围绕这一区域分布了七十二个国家的人物图像和文字介绍，因右下角有所破损，故位于彼处的国名难以确定，其他七十一国的名称都基本可以辨识。通过这份材料的题目和格式，大致就可以看出其主要内容为记载来中华朝贡各国的信息。

这份材料形式特殊而且印制粗陋，不便于直接辨认，因此我们对其内容加以整理后，列于表1之中。可以看到，年画中的七十余国自右向左计，以高丽国开始，至黑人国结束，国名统一表现为三个字，而且除大琉球和小琉球以外，其他国家的国名都被规范为某某国。通过对这些国名初步的考察，就会发现这份材料上大部分国家的名称都见于万宝全书的诸夷门，而且对万宝全书中的国名进行了巧妙的改易。如《分野全图》中的摆里国便出自摆里荒，深烈国则来源于深烈大，还有万宝全书中的婆罗遮，被《分野全图》改为罗遮国，

1　参〔俄〕李福清主编《中国木版年画集成·俄罗斯藏品卷》，阎国栋译，中华书局，2009，第450~466页、512~513页。材料图片见第439页。

2　梁绸：《传统年画概况及清末民初改良年画的出现》，《北京理工大学学报》（社会科学版）2005年第2期，第6~9页。

3　这幅年画的结尾部分大致可以看到"陈聚宾"三个字，此人或许为《分野全图》的编者，姑且聊备一说。其印制的年代上限难以确定，下限应该不会晚于民国。

五溪蛮被改为五溪国，苏门答腊和阿里车卢分别为简称为苏门国和车卢国。大致因制作者的水平有限，爪哇国被误作大哇国，火州国被误作大川国。其余如佛啰安、撒马儿罕、黑契丹、大食勿斯离、南尼华罗、三佛齐、西南夷、巴赤吉还有方连鲁蛮，统统被改为相应的新名称。可能受版面格式的影响，《分野全图》不仅对万宝全书诸夷门中的国名加以缩减，同时对万宝全书的记载有所删削，如其中不死国的记载便简化为“有赤泉水，食之长生”。

除国名之外，《分野全图》上异国人物的图像也和万宝全书非常接近，如《分野全图》中女儿国的图像中绘两女子在井边探照，而这样的表现模式在万宝全书中早已有所反映，另外《分野全图》天竺国的图像中左边男子手中持瓶的形象，不仅见于万宝全书，甚至可以上溯到《异域图志》《臝虫录》和《三才图会》。再如《分野全图》底端的小人国的图像可以看到有几位小人并排行走，空中还有一只向地上探视的大鸟，这样的表现同样在万宝全书中也可以看到。《分野全图》中的一些国家采用了万宝全书的图案，却对其文字记载有所改写，如《分野全图》中五溪国的图像明显受到万宝全书的影响，但前者却记载其国中“出名鼓，好音乐”，与万宝全书所引《酉阳杂俎》所记国中人于父母故后行乐踏鼓之风有差异，让人难免怀疑《分野全图》的部分文字有望图而生之嫌。另外《分野全图》对万宝全书的记载也有所移植篡改，如其中称瘦面国“吃物无，拿鸟食之”，便借用了万宝全书中对道明国的记述。又如《分野全图》中安南国的图像与文字，同样对万宝全书中波斯国的相关内容有所吸收。

然而《分野全图》对万宝全书诸夷门也并非一味借鉴和采纳，其中所记高丽国出人参和纸，暹罗国出龙涎香，红夷国出火炮以及日本国出刀，都较为接近历史事实，而且这些异域的物产也未见于万宝全书。

既然万宝全书的诸夷门已经对异域的常识有所汇集，为何还会出现这样一份名

表 1 《分野全图》所载国家梳理

<table>
<tr><td>孝臆国</td><td>顿逊国</td><td colspan="4" rowspan="2">中华大国</td><td>大秦国</td><td>高丽国</td></tr>
<tr><td>西洋国</td><td>印度国</td><td>大琉球</td><td>小琉球</td></tr>
<tr><td>红夷国</td><td>日本国</td><td>佛齐国</td><td>大罗国</td><td>茄南国</td><td>佛罗国</td><td>天竺国</td><td>黑蒙国</td></tr>
<tr><td>安南国</td><td>交趾国</td><td>西秦国</td><td>幽俞国</td><td>火州国</td><td>马儿国</td><td>回监国</td><td>扶桑国</td></tr>
<tr><td>乌衣国</td><td>西南国</td><td>吐蕃国</td><td>尼华国</td><td>苏门国</td><td>浡泥国</td><td>真腊国</td><td>暹罗国</td></tr>
<tr><td>都播国</td><td>巴赤国</td><td>大汉国</td><td>蛇鲁国</td><td>女慕国</td><td>土麻国</td><td>深烈国</td><td>摆里国</td></tr>
<tr><td>铁东国</td><td>穿心国</td><td>鞑靼国</td><td>无臀国</td><td>车卢国</td><td>回回国</td><td>罗遮国</td><td>女儿国</td></tr>
<tr><td>马孙国</td><td>长人国</td><td>安罗国</td><td>近佛国</td><td>黑契国</td><td>五溪国</td><td>长手国</td><td>不死国</td></tr>
<tr><td>弼茶国</td><td>瘦面国</td><td>连鲁国</td><td>占城国</td><td>勿斯国</td><td>爪哇国</td><td>哈密国</td><td>佛牙国</td></tr>
<tr><td>黑人国</td><td>三面国</td><td>人身国</td><td>阿兰国</td><td>小人国</td><td>独眼国</td><td>大耳国</td><td>□□□</td></tr>
</table>

资料来源：据《分野全图》整理。

为《万国进贡异相分野全图》的印刷品。我们认为这主要是因为相对于《分野全图》而言，万宝全书虽然包含的内容丰富，但卷帙浩繁，因此印制成本也不菲，其中的诸夷门更不会单独出售。《分野全图》则将万宝全书诸夷门的核心内容展现在一张纸上，便于购买和欣赏，其价格也不如万宝全书昂贵。另外也可能由于民间对万宝全书诸夷门的兴趣不断深入，因此出现了作为万宝全书诸夷门替代品的《分野全图》，使得一些粗识文字的人能够借助图像和简要的叙述，来对天下诸国的知识有所了解。

《分野全图》与万宝全书诸夷门最显著

的差别，其实体现在对这些异国至京距离的描述（见表2）。到京城的距离是历来异域记录中不可或缺的内容，这个传统甚至可以上溯至《史记》和《汉书》。[1]但与《分野全图》有密切关系的《异域图志》《嬴虫录》《三才图会》以及万宝全书，也并未列举所有异国至京的距离，大概他们也明白部分异国实际上罕有人至，不过存在于文字和意识之内。但《分野全图》的制作者却悉数列举了七十余国至京的距离，不仅让人觉得这些异域皆为舟车可抵之地，而且结合文字记载来看，图中的大中华国无疑就成为诸国拱卫进贡的中央之国。因此

序号	国名	至京距离	风土
		表2 《分野全图》中各国至京距离及风土情况	
1	高丽国	至京八千六百里	出人参、纸品
2	小琉球	至京一年	在东海
3	黑蒙国	至京二万里	出芭蕉叶
4	扶桑国	至京六万四千里	出空□八的日
5	暹罗国	至京二年	出龙涎
6	摆里国	至京八年	出海马、珊瑚
7	女儿国	至京六万里	无男子，隔井水人准到
8	不死国	至京马行	有赤泉水，食之长生
9	佛牙国	至京十二年	出玉□
10	□□□	至京二十□	□□□
11	大秦国	至京七万里	出金子财□等物
12	大琉球	至京一年	出异物
13	天竺国	至京八万八千里	出马琉
14	回监国	至京八年半	出奇物

1　详见芮传明《粟弋地望考》,《甘肃民族研究》1994年第1期，第95~101页。余太山《关于两汉魏晋南北朝正史"西域传"的体例》,《西北大学学报》(社会科学版) 1997年第1期，第17~22页、第92页。

序号	国名	至京距离	风土
15	真腊国	至京三年	人好善
16	深烈国	至京二年	大小俱带刀
17	罗遮国	至京九年	在海边，身有毛
18	长手国	至京九年	出奇草
19	哈密国	至京九年	出金子
20	大耳国	至京□九年半	出耳□□双手并之
21	佛罗国	至京一万一千里	出真金
22	马儿国	至京四年	出宝
23	浡泥国	至京七年	人勇，行路持刀
24	土麻国	至京三年	出明珠、珊瑚
25	回回国	至京七年	出明珠、犀牛
26	五溪国	至京廿年	出名鼓，好音乐
27	爪哇国	至京十八年	无米吃树叶
28	独眼国	至京十□里	人有三身，有三□
29	茄南国	至京二万八千里	出□香
30	火州国	至京五年	出全□至琵琶
31	苏门国	至京三年半	人良，好进宝贝
32	女慕国	至京四年	出山羊、羽毛
33	车卢国	至京八年	人有毛，行北如屋
34	黑契国	至京五年	□富有
35	勿斯国	至京廿年	出不吃烟火食
36	小人国	至京卅年半	良力王有□二人□
37	大罗国	至京二万九千里	出胡（？）牛
38	幽俞国	至京八万里	出奇香
39	尼华国	至京三年	无日，不怕寒
40	虼鲁国	至京一年	出异器、海宝
41	无臀国	至京六年	出奇宝、珊瑚
42	近佛国	至京卅年	出沉人，渡海不用舟
43	占城国	至京十五年	出珊瑚、玛瑙

序号	国名	至京距离	风土
44	阿兰国	至京三年半	出异牛、异马
45	佛齐国	至京一万八千里	出居西方□，有五色庆云
46	西秦国	至京二年	出珊瑚
47	吐蕃国	至京六年半	出龙驹
48	大汉国	至京九年	人大胆
49	鞑靼国	至京六千二百里	出貂鼠矢
50	安罗国	至京九年	无身穿毛皮
51	连鲁国	至京十八年	出奇物异宝
52	人身国	至京二十年	人有□拿延寿
53	顿逊国	至京□万二千里	出兽名白泽
54	印度国	至京六万二千里	出天鼠皮、独峰驼
55	日本国	至京一万一千里	出刀□
56	交趾国	至京三年	人黑，好杀不怕死
57	西南国	至京二年半	出手万
58	巴赤国	至京五年	出有刀，昔是官
59	穿心国	至京一万九千里	奇珍异宝，胸前日照
60	长人国	至京九年	人长丈二尺，穿鳞披发
61	瘦面国	至京二十三年半	吃物无，拿鸟食之
62	三面国	至京卅年	人纹身牙□□
63	孝臁国	—	钦大夫子
64	西洋国	至京□□二千里	出奇珍□□
65	红夷国	至京一万二千里	出火炮
66	安南国	至京二万三千里	人有官坐兜转，无冠带
67	乌衣国	至京九千里	出奇米异宝
68	都播国	至京卅八年	出□□
69	铁东国	至京卅年	盘头
70	马孙国	至京卅年	盘头象足
71	弼茶国	至京廿年	此国日出如雷，城数人打鼓
72	黑人国	至京十年	出金子

资料来源：据《分野全图》整理。

其中所强调的朝贡观念，比万宝全书等似乎更为强烈。

但现实环境的冲击和变化，也让一部分当时的民众对华夏以外的种族有了相对确切的认识。如同我们在上文所讨论的万宝全书的改良问题，这样的革新不仅见于万宝全书，在一些与《分野全图》形式相近的印刷品上也有体现。

同样藏在俄罗斯伊尔库茨克州艺术博物馆的一件的雕版印刷品就具有比《分野全图》更强的写实性，这件名为《台湾平服生番图》（见图3）[1]的材料原藏俄国皇家地理学会东西伯利亚分会，依据画中的内容应该产生于1874年"牡丹社事件"之后。这份材料的宽和高都比《分野全图》要小，分别为54厘米和33厘米。画面右上方主要表现了袭向台湾的日本人与当地的生番作战的场景，画面左下方则有一队清军军士奔向战场，结合文字部分所写的"唐统领跨海平生番，东洋人自退而去"[2]，便可以知道这是在

表现唐景崧率兵救援的情景。

在圣彼得堡俄罗斯科学院彼得大帝人类学与民族学博物馆的藏品内，另外有一件1907年入藏的线版印刷品，这件材料和上一件差不多，宽高各为37厘米和57厘米。画面的标题写作"刘大将军擒获倭督桦山审问"（见图4），标题下又有十余行小字对画面的背景有所介绍，其具体内容如下：

> 厦门各商号来信云及，倭总督桦山氏被刘军擒获。倭奴见主将被获，随即恳请西国大员向刘帅恳请，情愿出五百美金赎回。刘帅不允，定要合约见，还方可赎回耳。倘合约不还，将倭递审明，首级示众。[3]

在画面中，日军将领桦山资纪跪在

图3 《台湾平服生番图》
（俄罗斯伊尔库茨克州艺术博物馆藏，54厘米×33厘米）

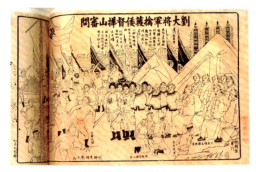

图4 《刘大将军擒获倭督桦山审问》
（俄罗斯科学院彼得大帝人类学与民族学博物馆藏，
37厘米×57厘米）

1　材料图片见《中国木版年画集成·俄罗斯藏品卷》，第435页。

2　这段文字没有出现"倭"和"日本人"，却使用了"东洋人"这一概念，其中的情感趋向值得注意。

3　材料图片见《中国木版年画集成·俄罗斯藏品卷》，第407页。

"常胜将军"刘永福面前，另一群日本军官也在先锋飞天豹和生番兵头的押解之下，准备接受刘永福的审问。在这件印刷品下方的左右两边，分别印有"台湾捷报馆印"和"上海吴文艺斋画店"的字样，由此可见这份材料是在上海完成后，又被销售到其他地区。

无论图像的制作者是否亲临一线战场，这些材料都在表现时局现状的同时，向诸多民众传递了部分域外常识。因为从整体来看，图3、图4两幅图像中的人物可以分为三个群体，分别是以唐景崧、刘永福为首的清军将士，以桦山等为首的日本俘虏和入侵者，还有台湾生番这一特殊的群体。明清易代以后，清与日本并无官方往来，因此许多民众对日本人的认识，还停留在万宝全书上。这两幅与时务有关的图像中的日本人显得更真实，也更新了民众对日本人的了解，填补了认知的空缺，使日本人的形象成为一种新的常识。跟日本人情况相近的台湾生番，虽然在康熙以来与大陆建立了联系，但他们在很长时间内也不为大陆民众所知，与其有关的图像也仅限流通于皇帝和部分士大夫。同样拜《台湾平服生番图》等所赐，台湾的生番在普通民众眼中也不再是神秘群体。

然而值得注意的倒是后两份材料对日本人和台湾生番的表现，尤其在最后一份材料中生番兵头身上的体毛被夸张地加以突出，使他们更接近明代图像材料所表现

的日本倭寇，而原本被表现为倭寇的日本人，在图像中倒显得更为文明。[1]

结语　因与革

作为反映社会常识的万宝全书，在清代初期、清代中期乃至清末民初，一直处于变动中，其中的异域常识也不例外。康熙以后，由于明清之间的差异，对有关诸夷的内容颇为敏感，传递异域常识的万宝全书诸夷门，仅对其中一小部分内容做了简单修改。道光以后，随着社会环境的变化，各种新知识和新理念也不断出现在万宝全书中，但这些内容并未对诸夷门形成冲击。中华民国建立以后，万宝全书的内容再次经历变革，但其中的诸夷门依然保存了清代的形式。通过对比就可以发现，万宝全书中的异域知识与时代有密切联系，但新常识的出现并未取代旧常识，二者甚至出现并存的状况。这种现象同样表现在清末形成的一些传递异域常识的图像上，其中有些图像所传递的观念甚至比诸夷门更保守，也有部分摆脱传统的理念，对其他国家的认知有所改变。通过分析清末民初异域常识的种种变化，就可以看到作为知识的常识，与社会现实并不存在相关性，而且这些常识形成一个新与旧、变与不变、演进与倒退、冲击与反抗等并列的复杂面向。

1　详见邵小龙《禽兽之性与蠃虫之相——明代万宝全书诸夷门中图像与观念的互动》，《民族艺术》2017年第6期，第106~114页。

五

文本与图像

"辰在斗柄，星在天鼋"考

■ **安子毓**（中国社会科学院古代史研究所）

《国语·周语下》云：

> 王曰："七律者何？"对曰："昔武王伐殷，岁在鹑火，月在天驷，日在析木之津，辰在斗柄，星在天鼋。星与日辰之位，皆在北维。颛顼之所建也，帝喾受之。我姬氏出自天鼋，及析木者，有建星及牵牛焉，则我皇妣大姜之侄，伯陵之后，逢公之所凭神也。岁之所在，则我有周之分野也。月之所在，辰马，农祥也，我大祖后稷之所经纬也。王欲合是五位三所而用之。自鹑及驷，七列也。南北之揆，七同也，凡人神以数合之，以声昭之，数合神和，然后可同也。故以七同其数，而以律和其声，于是乎有七律。"[1]

此段记载关乎武王伐纣之时间，故古今研究者对此颇为重视。这段文字中，日、月、岁星之位言之甚明，然星、辰之位却不甚明了。韦昭注云：

> 辰，日月之会。斗柄，斗前也。

又云：

> 星，辰星也。天鼋，次名，一曰玄枵。[2]

其说与《汉书·律历志》所载刘歆[3]

1　徐元诰：《国语集解》卷三《周语下》，王树民、沈长云点校，中华书局，2002，第123~126页。

2　徐元诰：《国语集解》卷三《周语下》，王树民、沈长云点校，第124页。

3　《汉书·律历志》云："至元始中王莽秉政，欲耀名誉，征天下通知钟律者百余人，使羲和刘歆等典领条奏，言之最详。故删其伪辞，取正义，著于篇。"《汉书·楚元王传》云："太后留歆为右曹太中大夫，迁中垒校尉，羲和，京兆尹，使治明堂辟雍，封红休侯。典儒林史卜之官，考定律历，著《三统历谱》……刘氏《洪范论》发明《大传》，著天人之应；《七略》剖判艺文，总百家之绪；《三统历谱》考步日月五星之度。有意其推本之也。"是知《律历志》之说当袭自刘歆。参见（汉）班固《汉书》卷二一上《律历志上》、卷三六《楚元王传》，中华书局，1962，第955、1972、1973页。

之说略同[1]，当是本之于《汉书》。此说释"辰"为"日月之会"，即朔日；释"星"为辰星，即水星；释"天鼋"为"玄枵"，是为"十二星次"之一，大致相当于二十八宿的危、虚两宿。至于"斗"，结合下文，是将其释为南斗，即二十八宿中的斗宿了。

韦昭注影响甚大，故后世研究者多从之。然细究其说，似仅"辰"之解释可见于先秦古籍。《左传》云：

> 公曰："何谓六物？"对曰："岁、时、日、月、星、辰，是谓也。"公曰："多语寡人辰而莫同。何谓辰？"对曰："日月之会是谓辰，故以配日。"[2]

其余如"星""天鼋"等解释似乏根据。从文意上看，这一解释亦存在问题。既称"月在天驷，日在析木之津"，则二者并未相会，又何来"辰在斗柄"呢？而水星距太阳极近，最远也不超过28度。而析木与玄枵二星次之间，却隔了星纪这一星次，其相距最近也在30度以上，如果"日在析木之津"，则水星断不可在"玄枵"。

为解释此问题，《汉书·律历志》云：

> 自文王受命而至此十三年，岁亦在鹑火，故《传》曰："岁在鹑火，则我有周之分野也。"师初发，以殷十一月戊子，日在析木箕七度，故《传》曰："日在析木。"是夕也，月在房五度。房为天驷，故《传》曰："月在天驷。"后三日得周正月辛卯朔，合辰在斗前一度，斗柄也，故《传》曰："辰在斗柄。"明日壬辰，晨星始见。癸巳武王始发，丙午还师，戊午度于孟津。孟津去周九百里，师行三十里，故三十一日而度。明日己未冬至，晨星与婺女伏，历建星及牵牛，至于婺女天鼋之首，故《传》曰："星在天鼋。"[3]

依此说，"岁在鹑火，月在天驷，日在析木之津"是武王发兵时的天象，而"辰在斗柄"则是数日之后的天象，"星在天鼋"甚至是一个多月后的天象。此说为韦昭注继承，影响甚广，今人之研究亦多受此说之影响。然若此天象发生在不同的时间，又何奇之有，值得如此大书特书？细究原文，岁、月、日排列甚明，明指一天之事，岂又会忽以他日之事言之？此外，为了照应"星在天鼋"这一天象，此说提出了每日"师行三十里"这一解释。此说出自汉

---

1 参见（汉）班固《汉书》卷二一下《律历志下》，第1015~1016页。

2 杨伯峻：《春秋左传注》第四册之《昭公七年》，中华书局，2009，第1297页。

3 （汉）班固《汉书》卷二一下《律历志下》，第1015页。

人之手，关于汉里的长度，学界有 414 米、400 米、325 米等说法[1]，换算下来，"三十里"多则 12 公里有余，少则不到 10 公里，与正常的行军速度相去太远，牵强之甚。此说之曲，实不言自明。

至于"星与日辰之位，皆在北维"一句，显然亦存在问题。从文字上讲，"星与日辰之位"的"与"字位置不合一般表达习惯，从内容上讲，更是不通："辰"若为"日月之会"，则复言"日"，实属多余。一些研究者可能已经意识到了这一问题，在引用此句时径引作"星与辰之位"。[2]

若依韦昭注，或可释此处"日"之所指为初发兵时之天象，然其时"日在析木之津"，析木者，韦昭注云：

> 析木，次名，从尾十度至南斗十一度为析木，其间为汉津。谓戊子日宿箕七度也。[3]

按此，析木对应尾宿的一部分、箕宿全部以及斗宿的一部分。这三个星宿中，尾、箕两宿皆属东宫苍龙，只有斗宿属于北宫玄武而已，将"析木"视为"北维"实在不知所谓。若依上引韦昭注，"日"的精确

位置为"箕七度"的话，更是和"北维"毫无半分关系了。是知"日"当为衍字。

综上所论，"辰在斗柄，星在天竃"二句之本意并未得到完善的解释，实有重新探讨之必要。

一 "辰在斗柄"解

笔者以为，所谓"辰在斗柄"，"斗"之所指应为北斗，而"辰"实为大火星。《尔雅·释天》云："大火谓之大辰"。[4]该星为心宿第二颗星，又名心宿二，即天蝎座 α 星，因其光泛出鲜亮的红色，故名大火星。

大火星是我国先秦时期极其重要的一个纪时天体。《左传·襄公九年》云：

> 古之火正，或食于心，或食于味，以出内火。是故味为鹑火，心为大火。陶唐氏之火正阏伯居商丘，祀大火，而火纪时焉。相土因之，故商主大火。商人阅其祸败之衅，必始于火，是以日知其有天道也。[5]

1　参见王子今《秦二世元年东巡史事考略》，载《秦文化论丛》第三辑，西北大学出版社，1994。
2　江晓原、钮卫星：《回天：武王伐纣与天文历史年代学》，上海人民出版社，2000，第 102 页。黄荣武：《〈周易〉革卦中的武王伐纣日——"戊子"说质疑》，《北京化工大学学报》(社会科学版) 2004 年第 3 期。
3　徐元诰：《国语集解》卷三《周语下》，王树民、沈长云点校，第 123~124 页。
4　《尔雅注疏》，北京大学出版社，2000，第 195 页。
5　杨伯峻：《春秋左传注》第三册之《襄公九年》，第 963~964 页。

《左传·昭公元年》云:

> 昔高辛氏有二子,伯曰阏
> 伯,季曰实沈,居于旷林,不相
> 能也,日寻干戈,以相征讨。后
> 帝不臧,迁阏伯于商丘,主辰。
> 商人是因,故辰为商星。迁实沈
> 于大夏,主参,唐人是因……[1]

是知大火星纪时当源自商代历法。这一历
法在先秦时期影响颇大,相关传世史料甚
多,如《诗经》"七月流火"一句即针对大
火星而言。学界对此总结已详,这里不再
赘述。[2]

按"辰"之义项甚多,历来研究者
不以"大火"释之者,当是认为大火星亦
为恒星,与"斗"的位置相对固定,称
其"在"斗柄似难以说通。此解看似有
理,但实际上并不成立。《史记·天官书》
云:

> 杓携龙角,衡殷南斗,魁枕
> 参首。[3]

《汉书·律历志上》云:

> 斗纲之端连贯营室,织女之
> 纪指牵牛之初,以纪日月,故曰
> 星纪。五星起其初,日月起其中,
> 凡十二次。[4]

"龙角""南斗""参首""营室"皆
在黄道附近,距北斗尚远,何来
"携""殷""枕""连贯"?显然,其意但
指方向而言,而与距离无关,其所指实为
"杓""衡""魁""纲"的延长线与对应的
星宿相交。

不过,如上所引,正所谓"杓携龙
角",北斗七星勺柄的延长线所指的为角宿
的大角星,并不指向大火星。

但这种斗柄指向或许并非自古皆然。
北斗作为观象授时的重要星宿,对其的观
测可以追溯到史前,而其授时方法主要是
靠观测其初升时之斗柄指向。《鹖冠子·环
流》即云:

> 斗柄东指,天下皆春;斗柄
> 南指,天下皆夏;斗柄西指,天
> 下皆秋;斗柄北指,天下皆冬。[5]

然而,北斗七星的这种指向只与春秋
战国时的天象相合,由于岁差的存在,夏

1 杨伯峻:《春秋左传注》第四册之《昭公元年》,第1217~1218页。

2 参见庞朴《火历初探》,《社会科学战线》1978年第4期;冯时《殷历岁首研究》,《考古学报》1990年第1期。

3 (汉)司马迁:《史记》卷二七《天官书》,中华书局,1959,第1291页。

4 (汉)班固:《汉书》卷二一上《律历志上》,第984页。

5 黄怀信:《鹖冠子汇校集注》卷上之《环流第五》,中华书局,2004,第76页。

商以前北斗七星的指向与此并不相合。[1]

事实上，所谓"北斗七星"并非"北斗"之原貌。李约瑟《中国科学技术史》云：

> 我们已经看到，中国古代用北斗斗柄的位置（或指上下，或指东西）作为季节的指标。现在《星经》中仍然载有一种古老的传说，即北斗原来不是七星而是九星，不过其中两颗后来已经看不到了。事实上，如果把斗柄延长下去，便碰到牧夫座的某些星，这些星很可以认为原属于北斗。《淮南子》（公元前120年左右）有一整卷全部叙述每个月的社交仪式，按照招摇所指的方位——加以叙述……因为招摇大概就是牧夫座 γ，它已经在公元前1500年前后离开恒显区，所以，这部书所描述的大概是一种很古老的说法。[2]

文中提到《淮南子》的记载，见于《淮南子·时则训》，其文以十二月分指十二辰：

> 孟春之月，招摇指寅……仲春之月，招摇指卯……季冬之月，招摇指丑……[3]

按，李约瑟此说或本之于近人竺可桢先生。竺先生在《二十八宿起源之时代与地点》一文中，对"北斗九星"之史料梳理甚详：

> 梁刘昭注《后汉书》卷二十《天文志》有云："璇玑者，谓北极星也。玉衡者，谓斗九星也"。其言出自星经。《黄帝素问灵枢经》有"九星悬朗，七曜周旋"之语。唐王冰注："上古九星悬朗，五运齐宣，中古标星藏匿，故计星之见者七焉。"孙星衍以为九星者，即现有北斗七星外加招摇、大角。《淮南子》卷五《时则训》："孟春之月，招摇指寅，昏参中，旦尾中……"……南宋王应麟引《春秋运斗枢》云："北斗七星……第七摇光，摇光即招摇也"。按《天官书》："杓端二星：一内为矛招摇；一外为盾天锋。"招摇如为杓之一部，则天锋亦应属杓。《晋书·天文志》："梗河三星在角北，招摇一星在其北，玄戈一星在招摇北。"石氏《星经》："招摇在梗河北，入氐二度，去北辰四十一度。"是则招摇非摇光明矣，北斗

1　参见陈久金《北斗星斗柄指向考》，《自然科学史研究》1994年第3期。

2　〔英〕李约瑟：《中国科学技术史》第三卷之《天文学》，科学出版社，1978，第180~181页。

3　刘文典：《淮南鸿烈集解》卷五《时则训》，冯逸、乔华点校，中华书局，1989，第159~183页。

杓三星玉衡、开阳、摇光相距自五度至七度，而自摇光至玄戈，自玄戈至招摇亦各六七度。星之光度，玄戈稍弱为四等星，招摇足与七星中天权相比，故玄戈、招摇殆为北斗最后两星。[1]

今人陈久金先生亦持北斗九星之说。他指出，《续汉书·天文志》刘昭注云：

> 星经曰……璇、玑者，谓北极星也。玉衡者，谓斗九星也……第八星主幽州……第九星主并州。[2]

《宋史·天文志》云：

> 又曰一至四为魁，魁为璇玑；五至七为杓，杓为玉衡：是为七政，星明其国昌。第八曰弼星，在第七星右，不见，《汉志》主幽州。第九曰辅星，在第六星左，常见，《汉志》主并州。
> ……
> 按：北斗与辅星为八，而《汉志》云九星，武密及杨维德皆采用之。《史记》索隐云："北斗

星间相去各九千里。其二阴星不见者，相去八千里。"而丹元子《步天歌》亦云九星，《汉书》必有所本矣。[3]

此外，《后汉书·刘玄盆子列传》注引《春秋汉含孳》亦有云：

> 三公在天为三台，九卿为北斗，故三公象五岳，九卿法河海……合为帝佐，以匡纲纪。

据此，上古北斗实当为九星。较今日北斗所多的两星中，"招摇"星即牧夫座 γ，其指向作用明载于《淮南子》。但对于另一颗星，陈先生与竺先生的观点尚有不同。《史记·天官书》云：

> 杓端有两星：一内为矛，招摇；一外为盾，天锋。有句圈十五星，属杓。[4]

据此，陈先生认为另一星当为"天锋"，即牧夫座 ε。

然如上文所引，竺先生认为另一星当为"玄戈"。按，关于玄戈一星，自古即有异说。《史记》集解注释"天锋"云：

1　竺可桢：《二十八宿起源之时代与地点》，载《竺可桢文集》，科学出版社，1979，第249页。

2　（南朝宋）范晔：《后汉书》志第一〇《天文上》，中华书局，1965，第3213~3214页。

3　（元）脱脱等：《宋史》卷四九《天文志二》，中华书局，1977，第975、976页。

4　（汉）司马迁：《史记》卷二七《天官书》，第1294页。

晋灼日："外，远北斗也。在招摇南，一名玄戈。"[1]

按此说，"玄戈"即为"天锋"，在"招摇"之南。但《晋书·天文志》则云：

北三星日梗河，天矛也。一曰天锋，主胡兵……其北一星日招摇，一曰矛楯，其北一星日玄戈，皆主胡兵，占与梗河略相类也。[2]

依此说，则"玄戈"当在招摇之北，其所指当为牧夫座 λ 。竺先生所从者为《晋书·天文志》之说。

二说虽异，然查之星图，玄戈、招摇、天锋三星实大致处于一条直线上，则无论二说何者为是，其所代表的北斗九星之指向皆基本相同。如陈久金先生所论，北斗九星第五、七、八、九四星所连恰为一条直线，在四千年前，其指向之东南西北恰为春夏秋冬。直至春秋战国时，这一指向发生了偏差，后两星才不再列于北斗。[3]

尤其重要的是，正如陈先生所论，北斗九星的指向恰为大火星（见图1），斗柄指南之时亦是大火"南中"之时。[4] 这一点与上古时期大火星的重要授时作用是完全相合的，所谓"辰在斗柄"实当指此而言。

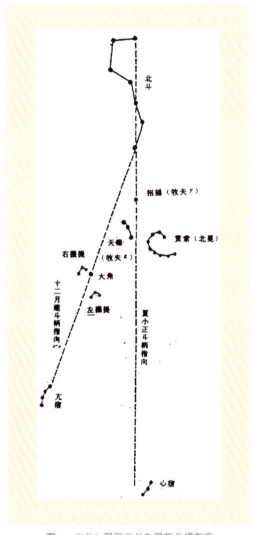

图 1 北斗七星与北斗九星的斗柄指向
（转引自陈久金《北斗星斗柄指向考》，《自然科学史研究》，1994 年第 3 期）

---

1 （汉）司马迁：《史记》卷二七《天官书》，第 1295 页。

2 （唐）房玄龄等：《晋书》卷一一《天文志上》，中华书局，1974，第 294 页。

3 竺可桢、李约瑟则指出，北斗最后两颗星脱离恒显圈亦当为"九星"变为"七星"之原因。

4 参见陈久金《北斗星斗柄指向考》。

二 "星在天鼋"解

至于"星在天鼋",个人以为,所谓"星",亦指北斗星而言。

《国语》此篇所言之日、月、星、辰、岁亦见于《管子·四时》,被称为"五德",在以"五"为名的体系中,列在首位,可见这是在春秋战国间流传甚广的一组组合。《管子·四时》将"星"分在东方,称"东方曰星",刘师培注云:

> 《御览》卷十七、卷二十四并作"曰岁星"。[1]

然其后文有云:

> 中央……此谓岁德。[2]

可见"岁"实已被配至中央,则此处当不作"岁星"。

况其他几德为"曰日""曰辰""曰月",皆一字,此处亦不当为二字。《太平御览》此误,或源于《淮南子·天文训》的影响,其文云:

> 东方,木也,其帝太皞,其佐句芒,执规而治春。其神为岁星……[3]

然《淮南子》此篇实以五大行星配五方,与《管子·四时》之搭配完全不同,不当以此为据。至若《汉书·律历志》《国语》韦昭注所释之"辰星",如前所论,既难明出处,又与是时之天象难合。

事实上,综合分析这一体系,可以发现"日""月""辰""岁"皆是用于观象授时的重要天体,则"星"之所指当不出这一范围。在上古观象授时的体系中,除日、月、大火星、木星之外,影响较大的授时天体实非北斗莫属,"星"之所指实已不言自明。今西南诸多少数民族所过的火把节又名"星回节",即以北斗指向为言。[4]

至于"天鼋",先秦传世文献似仅此一例,刘歆、韦昭之解未知何据。依郭沫若先生考证,商周青铜器上常见的"天"字下加一龟形之符号当即"天鼋",是商周时常见之族徽。[5] 将"天鼋"释为"玄枵",盖因"玄枵"对应的危、虚两宿恰恰组成了北宫玄武的龟形,与"鼋"正为同类。

按,战国中期以后,北宫的形象为玄

1 以上两条见黎翔凤《管子校注》卷十四之《四时第四十》,中华书局,2004,第842~843页。

2 今本《管子》中,中央所对应的除"岁德"外,还有所谓"土德",然实为衍文,参见拙作《管子·四时校勘一则》,待刊。

3 刘文典:《淮南鸿烈集解》卷三《天文训》,冯逸、乔华点校,第88页。

4 张君:《六月六、伏日与星回节——源于北斗和大火星神崇拜的三个古代节日》,《安徽史学》1992年第4期。

5 郭沫若:《殷彝中图形文字之一解》,载《郭沫若全集》考古编第四卷之《殷周青铜器铭文研究》,科学出版社,2002。

武，即龟，或龟蛇合体。然而，根据当代之考古发现，此象并非自古如此。在两周之际的虢国四象铜镜[1]、战国早期的曾侯乙漆箱[2]上，其北宫形象皆为鹿形，在更早以前的考古材料上亦能见到类似的搭配。冯时先生据此指出，在战国中期以前的五宫体系中，北宫形象并非神龟，而为神鹿，其象实为麒麟[3]，陈久金先生亦略同此论。[4]

春秋以前北宫玄武之象既非龟形，则此族徽固难视为北宫之象。况群星之中，最尊者是居中不动的北极诸星，随天而转的北宫并无特殊尊贵之处，何以商周两代皆以之为族徽？

不过，如果"天鼋"并非北宫之象，则后文称其在"北维"又当如何理解？事实上，北宫只是人为之设定，其星象随天而转，位置并不固定。常年居于人之北的，恰为中宫北天极。

殷代甲骨卜辞有所谓四方风名，据胡厚宣、陈梦家等先生考证，其北方风名为"宛"或"元"，与《山海经》"北方曰鹓"恰相印证。[5]按照郭锡良先生的拟音，"元""鼋"上古音、中古音皆同[6]，而四方风本以中原为中心而言，是知所谓"天鼋"，实即"天元"，亦即北天极。

从史料中对"天元"的记载实已可推出其本意。《史记·历书》云：

> 王者易姓受命，必慎始初，改正朔，易服色，推本天元，顺承厥意。

索隐注云：

> 言王者易姓而兴，必当推本天之元气行运所在，以定正朔，以承天意，故云承顺厥意。[7]

按，此意甚晦。事实上，所谓"推本天元"，当是历家之术语，古人历算必要推出一个日、月、五行皆处于初始位置的原始时间，视为时间之原点，称为"天元"。

《后汉书·陈忠传》云：

1 中国科学院考古研究所：《上村岭虢国墓地》，图二一，科学出版社，1959，第27页。冯时：《中国天文考古学》第六章"星象考源"第五节"四象起源考"，图6-33，中国社会科学出版社，2010，第426页。

2 冯时：《中国天文考古学》第六章"星象考源"第三节"古老的天官体系"，图6-5，第373页。

3 冯时：《中国天文考古学》第六章"星象考源"第五节"四象起源考"，第426~432页。

4 陈久金：《从北方神鹿到北方龟蛇观念的演变——关于图腾崇拜与四象观念形成的补充研究》，《自然科学史研究》1999年第2期。

5 胡厚宣：《甲骨文四方风名考证》，载胡厚宣《甲骨学商史论丛初集》，河北教育出版社，2002。赵载光：《从卜辞中的四方神名看五行的演化》，《湘潭大学学报》（社会科学版），1991年第2期。

6 郭锡良：《汉字古音手册》（增订本），商务印书馆，2010，第354页。

7 以上两条见《史记》卷二六《历书》，第1256页。

> 臣愿明主严天元之尊……[1]

此处称君主为"天元",与北极之喻象完全相同。[2]

《三国志·管辂传》裴松之注转引《辂别传》云:

> 夫入神者,当步天元,推阴阳,探玄虚,极幽明……[3]

此处将"天元"与"阴阳"对称,与代表北天极的"太一""太极"的用法极其相类,其意不言自明。[4]

这种含义在发源于先秦时代的围棋中体现得最为直观,围棋棋盘中心点称为"天元",恰象处于天之中心的北天极。宋代的《棋经十三篇》即云:

> 夫万物之数,从一而起。局之路,三百六十一。一者,生数之主,据其极而运四方也。三百六十,以象周天之数。[5]

现代围棋耆宿吴清源说得更为明白:

> 多余一个是天元,也就是太极,代表宇宙的本元。[6]

那么,"天鼋"若指北天极,其龟象又当何指呢?个人以为,常年处于人们视线当中,终年可见的恒显圈当即龟形之来源。

事实上,所谓北宫玄武之象,本有两说,一说为龟,另一说则称为龟蛇,而后一种说法更为流行。北宫危、虚两宿连成一个五边形,算是构成了龟象,但蛇之象却无从着落。大约在龟象形成之后,天文家才在危、虚之北设计了"滕蛇"这一星官,勉强算是构成了龟蛇之象。[7]龟蛇两种动物共占一宫,而蛇之象又居于二十八宿之外,这在四宫之中是独一无二的。天文家打破常规也

---

1 (南朝宋)范晔:《后汉书》卷四六《郭陈列传》,第1563页。

2 《史记·天官书》云:"中宫天极星,其一明者,太一常居也。"张守节注云:"泰一,天帝之别名也。"《史记·太史公自序》云:"二十八宿环北辰,三十辐共一毂,运行无穷,辅拂股肱之臣配焉,忠信行道,以奉主上……"《晋书·天文志》云:"北极,北辰最尊者也……第二星主日,帝王也。"杜甫诗更云:"北极朝廷终不改,西山寇盗莫相侵!"参见(汉)司马迁《史记》卷二七《天官书》,第1290页;卷一三〇《太史公自序》,第3319页。《晋书》卷一一《天文志上》,第289页。《全唐诗》卷二二八,第2480页。

3 (晋)陈寿:《三国志》卷二九《魏书·方技传》之《管辂传》,中华书局,1959,第819页。

4 "太一"所指实为北天极,除前注所引《史记·天官书》外,《周易·系辞》有谓"易有太极,是生两仪",汉代学者马融云"易有太极,谓北辰也",郑玄云"太一者,北辰之神名也",虞翻云:"太极,太一。"《吕氏春秋》亦云:"太一出两仪,两仪出阴阳"。参见(清)李道平《周易集解纂疏》卷八《系辞上》,第600页;许维遹《吕氏春秋集释》卷五《仲夏纪第五》之《二日大乐》,中华书局,2009,第108页。

5 (宋)张拟:《棋经十三篇》之《棋局篇第一》,载(宋)李逸民《忘忧清乐集》,蜀蓉棋艺出版社,1987,第3页。

6 〔日〕吴清源、田川五郎:《吴清源——天才的棋谱》,廖八鸣译,蜀蓉棋艺出版社,1987,第27页。

7 冯时:《中国天文考古学》第六章"星象考源"第五节"四象起源考",第432页。

要加入蛇之象，自难以一时兴起释之，当有深刻之渊源。个人以为，蛇之象本为北斗，所谓"斗折蛇行"，北斗与蛇本有相像之处。北斗居于恒显圈之内，原始中宫之象本为龟身上盘蛇，渊源既在，移至北宫方会有此周折。西安交通大学西汉墓星象图中（图2下部），凭空绘一蛇在危、虚二宿组成的龟象之内，其象既非以星象构成，更不处于龟象之旁[1]，正折射出了龟、蛇的原始位置关系，亦即所谓"星在天鼋"。这种位置关系在后世文献中亦有体现，如《文选·思玄赋》李善注云"龟与蛇交曰玄武"[2]，《后汉书·王梁传》李贤注称玄武为"龟蛇合体"[3]，后世之玄武塑像为龟蛇相缠绕之状，至明代终于衍生出了"雌龟偷蛇"的民间传说，"乌龟"成了骂人的毒语。[4]上述这些显然与危、虚、螣蛇之象难以联系，而与北斗天鼋之象更为相合。

盖因此故，天鼋虽迁到北宫，其与中宫北天极的关系却总是藕断丝连。从"玄武"这一名字来说，与其他三宫迥异，既不命之以鸟兽之名，更占据了代表天的

图2　西安交通大学西汉墓星象图
（转引自冯时《洛阳君屯西汉壁画墓星象图研究》2005年第1期）

"玄"字。[5]而其与北斗的关系更是剪不断理还乱，历代厌胜钱中，龟与北斗经常联袂出现，用于辟邪。[6]宋人诗更云"龟拜北斗白"。[7]至于后世，在真武大帝传说的流传过程中，北斗与玄武更是难分你我了。

是知所谓"辰在斗柄，星在天鼋"实为固定天象，周人自神其事而已。至于"星与日辰之位，皆在北维"一句，"日"当为衍字。所谓"北维"，当即指北天极。此句称"之位"，较之于后面叙岁、月"所

1　冯时：《中国天文考古学》第六章"星象考源"第五节"四象起源考"，图6-29，第420页。

2　（梁）萧统编，（唐）李善注《文选》卷一五《张平子思玄赋》，上海古籍出版社，1986，第667页。

3　（南朝宋）范晔：《后汉书》卷二二《朱景王杜马刘傅坚马列传》，第774页。

4　秦牧：《释龟蛇》，《理论与实践》1958年第2期。

5　"玄"是与"黑"相近的一种颜色，但有尊崇之意，在先秦文献中常被作为"天"的代表颜色。《考工记》云："东方谓之青，南方谓之赤，西方谓之白，北方谓之黑，天谓之玄，地谓之黄。"（闻人军：《考工记译注》卷上之《画缋第十一》，第68页。）《仪礼》云："方明者，木也，方四尺。设六色：东方青，南方赤，西方白，北方黑，上玄，下黄。"（《仪礼注疏》卷第二七《觐礼第十》，北京大学出版社，2000，第610页）《周易》则云："夫玄黄者，天地之杂也，天玄而地黄。"[（清）李道平：《周易集解纂疏》卷二之《坤》，第84、94页]

6　参见余榴梁、徐渊、顾锦芳、张振才《中国花钱》之《钱文花钱》，上海古籍出版社，1992。

7　（宋）杨万里：《遍游庐山示万杉长老大琏》，载《杨万里集笺校》，中华书局，2007，第1808页。

在"，正可见其固定归属性。其后称"星与辰之位"是"颛顼之所建也"，则此意更明。伶州鸠称此固定天象为颛顼所建，正可神圣其事。此外，当时"辰在斗柄"已发生变化，其意或已发现岁差导致的天象变迁，唯将原因归之于天帝迭兴而已。

三 "我之卯酉"与"天之卯酉"

如上所论，龟象所指本为北天极周围，那么，何以战国中晚期以后其形象却被移至北宫？北宫原来的麒麟之象又去何处了呢？

事实上，麒麟之位并非被简单取代而已。《吕氏春秋·季夏纪》云：

> 中央土……其虫倮…

高诱注云：

> 倮虫，麒麟为之长。[1]

据此，冯时先生认为麒麟被从北宫移到了中宫。按，冯先生所论甚是，麒麟位中宫

之事在后世虽渐消湮，然在汉人记载中尚多有保留。纬书《礼稽命征》云：

> 古者以五灵配五方：龙木也，凤火也，麟土也，白虎金也，神龟水也。[2]

东汉许慎《五经异义》云：

> 龙，东方也；虎，西方也；凤，南方也；龟，北方也；麟，中央也。[3]

蔡邕《月令章句》亦云：

> 天官五兽之于五事也：左有苍龙大辰之貌，右有白虎大梁之文，前有朱雀鹑火之体，后有元武龟蛇之质，中有大角轩辕麒麟之位。[4]

是知玄武之象并非在移走麒麟后凭空而设，而系麒麟、天鼋互换位置而来。

北宫与中宫的这种错位并不是偶然的。在"五方五行"体系中，除了"玄武"以

---

1 许维遹：《吕氏春秋集释》卷六《季夏纪第六》之《一曰季夏纪》，第133页。

2 〔日〕安居香山、中村璋八：《纬书集成》，河北人民出版社，1994，第515页。

3 （清）王谟：《增订汉魏丛书 汉魏遗书钞》第6册，西南师范大学出版社、东方出版社，2011，第659页。

4 （清）王谟：《增订汉魏丛书 汉魏遗书钞》第6册，第276页。以上三条可参见吴庆洲《春秋至六朝麒麟的演变研究》，《古建园林技术》1997年第3期。

外,《周礼》有云:"以玄璜礼北方"[1],《左传》所言"水正"为"玄冥"[2],在《淮南子·天文训》中被列为北方之神佐。[3]这几个与北方有关的概念均占据了代表天的"玄"字,与其他几向截然不同。另一个典型的错位例子是"后土"。在《管子·五行》中,其神位尚居于北[4],但在《吕氏春秋》中,其神位已居于中位。[5]

之所以发生此种错位,很大程度上应是人们对天、地两个坐标系的混淆。

如前所述,甲骨文中早有所谓"四方"的观念,其渊源极早。其定义显然是以大地为坐标的,坐标原点即为所谓"地中"。《周礼》有云:

> 日至之景尺有五寸,谓之地中……[6]

之所以做此规定,是为了使"地中"能与中原君主的活动区域相合,以神化君权。符合"日至之景尺有五寸"的登封市一直号为"地中",直到今天。所谓四象、诸神之类,其最初方位所指当系以"地中"为

本——事实上,如前所述,在地球看来,天上诸星随天而转,本无所谓东西南北可言,其根源来自大地,当是不言自明之事。

随着天文历法之发展,产生了在天空建立坐标体系,定位群星的要求。北半球的历算学家如果要在天上建立坐标体系,这一坐标原点自然只能是北天极,以此为中心方有四象、二十八宿之设置。是以《史记·天官书》会将北极星称作"中宫天极星"。[7]而其位置显然是不能与"地中"重合的。

事实上,对北半球的观测者而言,无论将"地中"定在哪里,都注定是在"天中"的南面,二者绝无法合二而一。是以汉人赵爽注《周髀算经》时强调:

> 我之所在,北辰之南,非天地之中也。我之卯酉,非天地之卯酉。[8]

然而,历算学家的精确区分往往抵不住民间口耳相传之讹变,"我之卯酉"与"天地之卯酉"往往被混为一谈。"玄

1 (清)孙诒让:《周礼正义》卷三五《春官宗伯·大宗伯下》,中华书局,1987,第1390页。

2 杨伯峻:《春秋左传注》第四册之《昭公二十九年》,第1502页。

3 刘文典:《淮南鸿烈集解》卷三《天文训》,冯逸、乔华点校,第89页。

4 黎翔凤:《管子校注》卷一四《五行第四十一》,第865页。

5 许维遹:《吕氏春秋集释》卷六《季夏纪第六》之《一曰季夏纪》,第133页。

6 (清)孙诒让:《周礼正义》卷一八《地官司徒·大司徒上》,第721页。

7 (汉)司马迁:《史记》卷二七《天官书》,第1289页。

8 程贞一、闻人军:《周髀算经译注》卷上,上海古籍出版社,2012,第96页。

武""后土"等概念发生"北"与"中"的错位实当源于此。这一点在后世"真武大帝"的信仰中体现得更为明显。

"真武"即"玄武",如前所述,其位置本自中宫迁来,与北极的关系藕断丝连。由于上述坐标系错位造成的混淆,其地位始终在"北宫"与"北极"(即中宫)间游移,使得这一传说变得更加复杂。按,玄武虽被称为四象之北宫,然其位置并不总居人之北,其"北宫"的定位是以"天之卯酉"确定的。然而"真武大帝"却又往往会被称为"北极玄天上帝","北极"之"北"显然是按照"人之卯酉"定位的,按"天之卯酉",其位当居中,与"玄武"本非一体。

这种讹变是逐渐形成的,南北朝时,道教创造了主管酆都鬼城的"北帝",后来"北帝"被和北斗相联系,其地位遂一步登天,发展至宋代成为"北极紫微大帝"。而玄武原本只是北帝手下的神将,与黑煞、天蓬、天猷并称为"北极四圣"。这一分配虽尚未混淆玄武与北极,然而四象之中,唯玄武进入四圣,显然已有此种趋势。到宋真宗时,因其为宋代帝室编造了一个始祖"赵玄朗","玄武"一词遂因避讳被改作"真武"。北帝降妖伏魔之事在宋代已被附会到"玄天上帝大圣真武"的身上,然其尚受"北极紫微大帝"的管辖,二帝共居北极。至明代,因永乐帝诡称其"靖难"时有"真武大帝"保佑,于是真武终于被永乐皇帝封为"北极镇天真武玄天上帝","天之卯酉"与"我之卯酉"遂竟浑然而一。此崇拜历经明清两代而不衰,清末三元里抗英时,其所用北帝庙旗帜即为黑底七星旗。直至今天,这种崇拜仍广泛存在,在两广、闽、台等地区尤其流行。[1] 玄武的这一地位是青龙、白虎、朱雀三象所望尘莫及的,而这种悬殊背后,正折射出了其原始位置的特殊性。

1　参见刘莉《道教文化中"北帝"的信仰及发展》,《贵州文史丛刊》2011 年第 3 期;〔日〕二阶堂善弘《玄天上帝的身份蜕变》,贾征铭译,《郧阳师范高等专科学校学报》2009 年第 3 期;秦牧《释龟蛇》,《理论与实践》1958 年第 2 期;梅莉《真武信仰研究综述》,《宗教学研究》2005 年第 3 期;肖海明《真武信仰研究综述》,《民俗研究》2006 年第 3 期;王辉《玄天上帝信仰研究——以闽台为研究中心》,硕士学位论文,福建师范大学,2002。

全真像教的早期历史及其宗教学意义初探

■ 宋学立（中国社会科学院古代史研究所）

道教从神道设教的角度发扬光大道家思想。二者既有联系，又有区别。以道教神像为例，原始道家注重对自然法则的尊崇和内在生命境界的提升，并不过于属意外在形象。《老子》讲"大音希声，大象无形"。东汉五斗米道的主要经典《老子想尔注》传承了这一思想："道至尊，微而隐，无状形象也，但可以认其诚，不可见知也。"[1]魏晋以降，随着道教作为一种宗教组织的发展壮大，教内对神像及其意义的认识开始发生转化。特别是南北朝时期，是道教神像从无到有并逐渐在殿堂坛宇中模刻尊奉的过渡期。北魏始光初，太武帝崇道抑佛，支持寇谦之为首的新天师道，"起天师道场于京城之东南，重坛五层，遵其新经之制"。[2]《隋书·经籍志》对拓跋焘的崇道活动有更为详细的描述："于代都东南起坛宇，给道士百二十余人，显扬其法，宣布天下。太武亲备法驾，而受符箓焉。自是道业大行，每帝即位，必受符箓，以为故事，刻天尊及诸仙之象，而供养焉。"[3]

唐释法琳《辩正论》虽立足扬佛抑道的立场而著，然其中对道教神像的发展源流却有相对比较客观的认识，提出"梁陈齐魏之前，（道教）唯以瓠卢成经，本无天尊形像"，同时征引《陶隐居内传》指出，南朝时陶弘景曾在茅山修道，立佛道二堂，隔日朝礼，但尚处于"佛堂有像，道堂无像"的阶段。又据王淳《三教论》指出，道教徒为了吸收信众，仿照佛教造像之制，在道堂内部刻立神像，"假号天尊，及左右二真人，置之道堂，以凭衣食。梁陆修静之为此形也"。[4]陈国符《道藏源流考》附录二《道教形像考原》亦有交代，可

---

1 饶宗颐：《老子想尔注校证》，上海古籍出版社，1991，第 17 页。

2 （北齐）魏收：《魏书》卷一一四《释老志》，中华书局，1974，第 3053 页。

3 （唐）魏征、令狐德棻：《隋书》卷三五《经籍四》，中华书局，1973，第 1093~1094 页。

4 （唐）法琳：《辩正论》卷六，《大正新修大藏经》卷五二，株式会社，1961，第 535 页 a、b。

参看。[1]

关于神像的出现，道教内部的相关典籍亦有记载。《洞玄灵宝千真科》云："殿属天尊，堂属道士。"[2]《道藏提要》据《千真科》文中出现"上清""洞玄灵宝""洞神三皇"等文字推断，该书"出于陆修静网罗道书，总括三洞之后"，大体时间在南朝之后、唐之前。《元始洞真决疑经》假托元始天尊回答太上道君之语，阐明了道教图像之于大众修行的教化意义："自我得道以来，经无量劫，恒在世间，未曾舍离。若应度者，恒见我身；运会迁移，则不能见。此劫众生，机宜所感，当由道君而得度脱。是故我今升玄入妙，汝等肉眼不能见我真实之身，谓言灭尽。但修正观，自当见我，与今无异。若于空相，未能明审，犹凭图像，系录其心，当铸紫金，写我真相，礼拜供养，如对真形，想念丹到，功德齐等。所以者何？身之与像俱非实故。若能明了，非身之身，图像真形，理亦无二。是故敬像随心，获福报之轻重，唯在汝心。贫穷之人，泥木铜彩，随力能办，殿堂帐座，幡花灯烛，称力供养，如事我身。承此因缘，终归正

道，必当与我期在大罗。"[3]《太玄真一本际妙经》、唐孟安排《道教义枢》对上述引文均有载录，所不同的是只有个别文字的出入。[4]按，《元始洞真决疑经》又称《太上决疑经》，唐潘师正《道门经法相承次序》、史崇《一切道经音义妙门由起》对此经均有引述。《道藏提要》据此判断"此经盖成于隋唐"。[5]补充一句，《太玄真一本际妙经》又称《本际经》。唐玄嶷《甄正论》卷下称："至如本际五卷，乃是隋道士刘进喜造，道士李仲卿续成十卷。"[6]如果《本际经》征引《决疑经》的内容出自刘进喜之手，就不排除后者出自隋朝甚至更早的可能。故《道藏提要》对《决疑经》成书时代的判断恐怕是一种"稳妥的保守"。

由此可见，以《魏书》《隋书》为代表的相关正史，以及以法琳《辩正论》为代表的佛家典籍对道教神像出现时间的记载，与道教内部的记载是基本吻合的。此外，保存至今的南北朝时期大量的道教造像（碑），更是该时期道教传教方式具象化、神像化最有力、最直接的明证。据李淞调查，仅陕西关中一带北朝至隋初的道

1　陈国符：《道藏源流考》，中华书局，2014，第214~215页。

2　《洞玄灵宝千真科》，《道藏》第34册，文物出版社、上海书店、天津古籍出版社，1988，第373页a。

3　《元始洞真决疑经》，《道藏》第2册，第5页b。

4　《太玄真一本际妙经》，《道藏》第24册，第654页a、b。（唐）孟安排：《道教义枢·序》，《道藏》第24册，第803页b、c。

5　任继愈主编《道藏提要》，中国社会科学出版社，1991，第28页。

6　（唐）玄嶷：《甄正论》卷下，《大正新修大藏经》卷五二，第569页c。

教造像就有40余处。[1] 唐宋以来，全国各地更是有大量的道教造像流传至今。刘连香《美国波士顿美术馆藏中国道教造像》一文，图文并茂，展现了波士顿美术馆所藏我国北魏至明代的道教造像，道出了不同时代造像的内容和特征。[2] 多提一句，有人认为，道教造像产生是受到佛像的"冲击"而做出的"反应"。从汉末六朝时期佛道交融史的角度讲，此说不无道理。除此之外，道教内部在传教形式、方式上的方法论自觉，同样不可忽视。

一 全真教以像兴教的早期历史

全真教的神像塑绘模刻，是对南北朝以来道教以像传教、以像教化信众悠久传统的继承和延续。全真道士姬志真《滑州悟真观记》（撰于1257年）、彭志祖《浚州重修神霄宫碑》（撰于1264年）、王道亨《真常宫记》（撰于1311年）均称全真教为"像（象）教"。目前学界对这一个概念关注不多，不过这并不是一个难于理解的概念。像教的核心就是以绘图构像的方式，

吸引信众，弘道兴教，增进教团凝聚力、向心力和认同感。实际上，全真教各宗门对本门宗师的祠像之祭、五祖七真殿堂之祀，都是全真像教的重要内容和核心表现。考全真教以像兴教的历史，创始人王嚞有开端绪之功。《终南山祖庭仙真内传》卷上《史处厚传》记载，大定七年（1167）王嚞东赴海滨之前，曾为史处厚留下一幅三髻道者的画像。后来史处厚以之与丘、刘、谭、马四子相认。这既是王嚞预知未来事的体现，又是其以像传教的开端。

此后，全真教十分重视以祖师画像传教的传统。金世宗大定二十二年（1182）莱州丹阳观立"王重阳画象诗刻"，所刻画像"幅巾道袍，曳杖而行"。题有五言诗云："三冬游海上，六出满天涯。为访神仙窟，经过道士家。"[3] 金世宗大定二十八年，丘处机奉旨"塑纯阳、重阳、丹阳三师像于官庵，彩绘供具，靡不精备"。[4] 这可以视为金朝统治者接纳全真教以像弘道的一个标志。《重阳祖师之图》（见图1），原在户县（今陕西西安市鄠邑区）重阳宫祖师殿后露天放置，1962年移至该宫后院集中保护。除祖师像之外，还刻录了翰林学士张邦直撰

1　李淞：《一块北魏羌族的道教造像碑》，《中国道教》1994年第3期。关于南北朝时期道教造像的研究，还可参见张泽珣《北魏关中道教造像记研究：附造像碑文录》，澳门大学出版社，2009；肖晓《关中北朝道教造像碑研究》，硕士学位论文，湖南工业大学，2012；刘睿《北朝道教造像再考察——以造像碑为中心》，《考古与文物》2015年第4期；包艳、汪小洋《南朝长江流域的宫观碑刻与道教造像——南朝十三通宫观碑记的梳理与讨论》，《湖南大学学报》（社会科学版）2015年第6期；张方《略论关中地区道教造像碑的史料价值》，《中国道教》2009年第3期等。

2　刘连香：《美国波士顿美术馆藏中国道教造像》，《中原文物》2013年第2期。

3　《王重阳画象诗刻》，载陈垣编纂，陈智超、曾庆瑛校补《道家金石略》，文物出版社，1988，第431页。

4　（金）丘处机：《磻溪集》卷三，《道藏》第25册，第823页b。

图 1 《重阳祖师之图》
（出自刘兆鹤、王西平编著《重阳宫道教碑石》，第 29 页）

图 2 《玄门七真之像》
（出自刘兆鹤、王西平编著《重阳宫道教碑石》，第 30 页）

写的赞文，赞颂王嘉所创、马钰等弟子所传之道，得"道之真、之全"。[1] 该碑未注明刻立时间。张邦直乃金朝名士，官拜翰林学士，由此推断这通图像碑应是金代全真创教早期的作品。[2] 另外，该碑碑阴刻《玄门七真之像》（见图 2），刻立时间不详，额刻阴文篆书"玄门七真之像"六字，字高八厘米。碑面阴刻两株参天劲松，下刻七位真人立像，像高约四十五厘米。右上方竖刻"七真上仙"四字。保存完好。[3] "七真"作为一个概念组合在全真教内出现，经历了酝酿博弈的过程。[4] 因此《玄门七真之像》应该是后来补刻于《重阳祖师之图》碑阴的。这一做法体现了全真教以画像碑的形式对宗祖崇拜和宗祖认同一以贯之的构建。刘天素、谢西蟾《金莲正宗仙源像传》，以图像、传记、赞文并举的方式载录五祖七真的形象和传道事业，在金元众多全真教史文献中，因其有图像而别具一格。然从全真教发展史的角度讲，以像传教、以像示范并非刘、谢二人的

1　张邦直赞云："道之真以治身，而世之从事者多得其一，罕有得其全。自重阳子唱全真之道，马丹阳辈从而和之，然后，其教大行乎天下，而习他教者为衰。呜呼，其盛矣！故昔庄子休有云：'后世之学，不幸不见天地之纯、古人之大体，道术将为天下裂。'惜不及见此公。"《重阳祖师之图》，刘兆鹤、王西平编著《重阳宫道教碑石》，三秦出版社，1998，第 29 页。

2　据秦国帅研究，张邦直曾参与金元全真仙传早期代表作之一的《七真仙传》纂修工作。秦国帅：《七真仙传与全真历史：以台湾大学图书馆藏〈七真仙传〉为中心的考察》，《世界宗教研究》2017 年第 3 期。

3　《玄门七真之像》，刘兆鹏、王西平编著《重阳宫道教碑石》，第 30 页。

4　相关研究可参见张广保《蒙元时期全真宗祖谱系形成考》、马颂仁《七真各自的思想特色、活动的再评价——兼论四哲、七真说的出现过程》，载卢国龙编《全真弘道集：全真道——传承与开创国际学术研讨会论文集》，青松出版社，2004，第 91~125、250~257 页；赵卫东：《全真道"五祖"、"七真"的形成过程》，载赵卫东《金元全真道教史论》第七章，齐鲁书社，2010，第 183~270 页。

最先发明。二人的创作方式不排除受到张邦直所作王嘉像赞的影响。

《绎仙传存真訾仙翁实录之碑》记载马丹阳弟子訾仙翁（1153~1234）在金末环修弘道的事迹。据称，金宣宗元光年间（1222~1223），訾仙翁被征入朝。金哀宗正大元年（1224），"蔡州寮属请公赴千簪会"，府掾苏君舍果园为之创立玄真道院。正大四年（1227）久旱，訾仙翁应邀请祈雨，立获沾足。[1] 此人系金末早期全真高道，声望享誉朝野。研究其人的弘道活动，对于了解早期全真教的历史和教风具有一定的借鉴意义。《实录之碑》元宪宗元年（1251）立石。上半部刻訾仙翁像，下半部为碑传，载录訾仙翁的弘教事迹，实为大蒙古国早期全真教以像传教之一例证。《终南山全阳真人周尊师道行碑》称，金章宗承安三年（1198），马钰的另外一位弟子、全阳真人周全道在世时曾以神游显化的方式劝化洞虚子张志渊入道，并预言三十年后会有弟子与之相会。金哀宗天兴元年（1232），周全道弟子李圆明于东河县筑栖真观（位于今山西省永济市境内）。张志渊往之参见，李圆明出示周全道画像，师兄弟二人递相印可，应三十年前其师之谶。[2] 李圆明以先师画像增

进门众的祖师认同和宗系归属，与昔日王嘉留三髻道者像殊途同归。另外，山东长清五峰山洞真观存有一通题为《虚静真人像赞》的碑刻，上赞下像。赞文分别为神川刘祁、清亭杜仁杰、锦川散人沈子政题。其中杜氏赞文保存完整，兹录如下："其神莹然如秋江之水，其形枵然如槁木之枝，其韵翛然如辽海之鹤，其光晔然如商岭之芝。此所以礼法不能缚，矰缴无所施，而为玄门之大宗也邪？"虚静真人为谁，尚待考证。结合《戊申岁纪海众信士姓氏之图》，长清洞真观系马钰—崔道演一系法脉所在，因此虚静真人法脉渊源或与此系不无关系。[3]

刘处玄一系以像弘道者当推披云真人宋德方。金太宗六年（1234），他主持开凿太原龙山昊天观，"修葺三年，殿阁峥嵘，金朱丹臒"。[4] 其中刻有七真像，见图3。太宗十三年，主持兴复有道教第一洞天之称的王屋十方天坛大紫微宫，"泊诸圣殿室像设，焕然一新。复将七真仙景，塑绘于翼室"。[5] 他还曾率领门人在山东莱州开凿神山洞，"创修三清五真圣像"。乃马真后四年（1245）朝廷下旨，将山前侧佐一带无主荒地给付宋德方支配。[6] 由此推知，宋德方开凿神山洞的时间当不晚于该年。刘处玄四世法孙、洞阳显

1　《绎仙传存真訾仙翁实录之碑》，载陈垣编纂，陈智超、曾庆瑛校补《道家金石略》，第511页。

2　（元）李道谦：《终南山全阳真人周尊师道行碑》，（元）李道谦集《甘水仙源录》卷四，《道藏》第19册，第753页c。

3　《虚静真人像赞》，载陈垣编纂，陈智超、曾庆瑛校补《道家金石略》，第498页。

4　（元）李鼎：《玄都至道披云真人宋天师祠堂碑铭并引》，载陈垣编纂，陈智超、曾庆瑛校补《道家金石略》，第547页。更多内容，参见景安宁《道教全真派宫观、造像与祖师》，中华书局，2012，第236~273页。

5　（元）李志全：《重修天坛碑铭》，载陈垣编纂，陈智超、曾庆瑛校补《道家金石略》，第505页。

6　《神山洞给付碑》，载陈垣编纂，陈智超、曾庆瑛校补《道家金石略》，第484页。

道忠贞真人并德用曾居陕西耀州五台山静明宫多年，该宫建有其生祠。廉维方撰《静明宫瑞槐记》于至正四年（1344）立石。《续修陕西通志稿》称，此碑现存陕西耀州，高五尺七寸，宽二尺七寸。分两截。上截忠贞真人像，下截记。可见这种以画像碑弘道的方式一直延续到元末。[1]

图3　山西龙山石窟《七真中的三真人》
（出自〔日〕常盘大定《中国文化史迹图版》第1辑，法藏馆，1941，I-118）

丘处机一系弟子在以像传教方面亦不乏其人，继承了丘氏以建宫立观为"外行"的教义思想。《宗主宁神广玄真人像》碑交代，元太祖十八年（1223）张志谨在丘处机一行雪山论道归来的途中，投于其门下。乃马真后四年（1245）朝廷颁发圣旨，追记张志谨师从丘处机一事。和众多道像碑不同的是，《宗主宁神广玄真人像》除了刻有张志谨的画像外，还录有大蒙古国统治者颁发的圣旨，这一做法无疑是想借助最高统治者的礼遇护持抬高本门宗师在教内外的声誉。遗憾的是，碑记没有交代刻立时间。[2]另外，据司马德义记载，元太宗四年（1232）李志常弟子何志安创建彰德路汤阴县（今河南省汤阴县）鹿楼村隆兴观，"崇构圣宇，塑绘像仪"，塑三清、四圣、崇宁、里域、龙虎君、先师等，"以像数二十有奇"。[3]

郝大通一系擅长以石像传教的非栖云真人王志谨一脉莫属。《元一统志》收王鹗《重修天长观碑铭》（撰于1296年）记载，丘处机西行归来后，令王志谨兴复燕京会仙坊天长观（即后来的大长春宫），"垂二十年，建正殿五间，即旧额曰玉虚，妆石像于其中。层檐峻宇，金碧烂然。方丈庐室，舍馆厨库，奂然一新。凡旧址之存者，罔不毕具"。[4]按姬志真《盘山栖云观碑》记载王志谨重修天长观的时间为元太祖十九年，即"甲申正月，复还燕然，建长春宫"。[5]姬志真《大元国宝峰观记》记载王志谨女弟子、安真散人李守迁于至元三年（1266）之前创建林州（今河南省林县）宝峰观的历史。《道家金石略》载录该碑时称，碑高三尺七寸，广二尺二寸，正

1　（元）廉维方：《静明宫瑞槐记》，载王宗昱编《金元全真教石刻新编》，北京大学出版社，2005，第91~92页。

2　《宋披云道人颂》，载陈垣编纂，陈智超、曾庆瑛校补《道家金石略》，第484~485页。

3　（元）司马德义：《彰德路汤阴县鹿楼村创修隆兴观碑铭》，载陈垣编纂，陈智超、曾庆瑛校补《道家金石略》，第738页。

4　（元）王鹗：《重修天长观碑铭》，载王宗昱编《金元全真教石刻新编》，第110页。

5　（元）姬志真：《盘山栖云观碑》，（元）姬志真：《云山集》卷七，《道藏》第25册，第414页b。

书，篆额题"宝峰观记"。有像。可惜，未交代像者何人。[1]张道亨撰于至元十八年（1281）的《桃花洞记》称，王志谨再传弟子、慧通散人张惠全曾于覃怀西北河内宋寨村（位于河南省）小谷重阳观开凿桃花洞，开龛设像，中塑玄元圣祖太上老君，左右分别为西王金母元君、正□（阳）、纯阳三真君像。[2]大德八年（1304），李道元于昆嵛山东华宫开凿紫府洞，"斫白石为五祖七真像，祠其中"。[3]李道元（1245~1320），自号清贫子，卫辉路淇州朝歌（位于今河南省淇县境内）人。年逾不惑，出家礼武当山"□□□栖云玉真人门下袁先生为师"。"栖云玉真人"疑为"栖云王真人"之误。如此，李道元则为王志谨再传弟子。他一生曾先后在邓州、大都、云州金阁山、昆嵛山东华宫、莱阳、文登等多地传教弘法。大德三年晋王赐封抱元真静清贫真人。大德九年，李道元赴莱阳迎仙宫，参与马丹阳会葬大典，并为之雕凿石椁。此人弘道的一大特点是善于开凿石洞、石像。邓文原《大东华宫紫府洞记》并未交代他开凿东华宫紫府洞的具体细节。李道元道行碑记载，紫府洞开凿的时间是大德六年，"取玉石，于莱州镌五祖七真等法身一十七尊，竭坐洞中。供

案瓶炉，皆石为之"。元仁宗延祐元年（1314），李道元赴文登主持迎仙宫重修工程，凿石椁安葬任姓道士遗蜕，并"立抟阁及造玉石像，安奉于内"。又将马钰所度十界元（笔者按，恐为"十解元"之误）百仙图刻像，各镌姓名。延祐四年，奉旨护持文登迎仙宫。当年冬十一月，开朝阳洞。次年夏，建石殿奉太上圣像。李道元称得上是元代中后期全真教内屈指可数的以石洞石像传道的高道之一，堪与元朝早期宋德方在山西、山东等地开凿石像相比肩。延祐七年三月，李道元嘱托弟子耿道清来日兴复东华宫石桥后，无疾而逝，享年七十六岁。[4]耿道清继承其师遗范，除了修建东华宫石桥以外，还曾营造东华宫玉皇石阁，工程尚未竣工，耿氏羽化。后继者殷志和、韩道微、董道安在地方官的资助下，修成玉皇阁，并刻立白玉玉皇石像。[5]元代，栖云一系法脉繁盛，究其缘由，与该系注重宫观圣地建设特别是以像传教，应该不无关系。

通过上文的论述可知，全真道士在塑绘供奉本门宗师和以五祖七真为代表的内丹"小传统"神像的同时，还通过雕造三清、四圣、玉皇、太上老君、西王母等传统神像的方式，实现"小传统"向传统道教"大传

1　（元）姬志真：《大元国宝峰观记》，载陈垣编纂，陈智超、曾庆瑛校补《道家金石略》，第 609~610 页。

2　（元）张道亨：《桃花洞记》，载王宗昱编《金元全真教石刻新编》，第 177 页。

3　（元）邓文原：《大东华宫紫府洞记》，载王宗昱编《金元全真教石刻新编》，第 44 页。

4　（元）张仲寿：《抱元真静清贫李真人道行碑》，载王宗昱编《金元全真教石刻新编》，第 47~49 页。

5　（元）崔佐：《东华宫玉皇阁记》，载王宗昱编《金元全真教石刻新编》，第 59~60 页。

统"的回归。这是全真教神像崇奉的一个显著特点。除了教内徒众一直致力于以像传教外，全真像教传统还得到了教外政治精英和民众的广泛支持。据元好问《太古堂铭》，郝大通在世时曾在赵州（今河北省赵县）一带苦修。去世后，真定幕府参议赵振玉在赵州天宁观建太古堂，左司郎中贾道成立太古像于其中，令其弟子主领之。[1] 郝大通法孙李志柔于元太祖十六年（1221）重修顺德府通真观，工程开始不久，李志柔应掌教尹志平之请，赴终南山兴复楼观宗圣宫。志柔法弟李志雍、韩志久在郡守安国军节度使赵伯元的资助下，继续扩修通真观，"首建大殿于其东，以像三清，次筑祖堂于其西，以祀七真"，屋凡四十间，为像凡二十一躯，占地六十亩。不同于前后式的宫观神殿布局，通真观奉祀三清和七真的殿堂呈东西分布之势。通真观殿堂布局、以像传教的思想对李志柔一系的宫观建设具有指导意义。碑记谈到，李志柔"化行一乡，行孚一邑，自为方所者，若宫若观若庵，殆百余区，然犹以通真为指南"。[2] 元代中后期，仁宗对掌教大宗师孙德彧的礼遇，可谓将教外精英支持以像兴教的做法发挥到了极致。虞集《玄门掌教孙真人墓志铭》称，为表彰孙德彧祈雨之灵应，元仁宗亲自召见他并"命图其像，属翰林学士承旨赵公孟頫为赞，以玺识之"。[3]

《明胡松与乡中知旧书》云："又四十里至祖庵，元王重阳道场也。有石刻遗像与其手书，书亦飞动奇谲。"[4] 嘉庆《重修一统志》云："积金山在福山县西一里。《县志》：上有通仙宫，内奉王重阳、马丹阳遗像。"[5] 由此可知，金元全真教的像教传统一直延续至明清。

二　全真像教的宗教学意义

道教内部一般认为，道教起源于上古时期，全真教内持此说者代不乏人，不过并未形成相对统一的认识。例如，宋德方认为，全真教自古有之，渊源可以追溯至龙汉赤明之前："龙汉以前，赤明之上，全真之教固已行矣。"[6] 姬志真在《玄教袭明论并序》中亦有类似认识："原夫龙汉纪初，玄中道祖，三洞启关。赤明而下，众真垂训，异代殊时，师师相授，明明相袭，浩浩万古。源源而来，以及于今。"[7] 而王复初《兴真宫记》

1　（金）元好问：《太古堂铭》，载陈垣编纂，陈智超、曾庆瑛校补《道家金石略》，第483页。

2　（元）宋子贞：《顺德府通真观碑》，载陈垣编纂，陈智超、曾庆瑛校补《道家金石略》，第504页。

3　（元）虞集：《玄门掌教孙真人墓志铭》，载陈垣编纂，陈智超、曾庆瑛校补《道家金石略》，第767页。

4　（明）何镗辑《古今游名山记》卷七，《续修四库全书》第736册，上海古籍出版社，2002，第575页b。

5　嘉庆《重修一统志》卷一百七十三，《续修四库全书》第616册，第442页a。

6　《崇道诏书碑》，载陈垣编纂，陈智超、曾庆瑛校补《道家金石略》，第593页。

7　（元）姬志真：《知常先生云山集》卷五，《北京图书馆古籍珍本丛刊》第91册，书目文献出版社，1988，第143页a。

认为:"玄元之教,始立于轩黄,玄风之振,五帝三代,随时播化。"[1] 活跃于元代中后期来自茅山的全真道士朱象先提出,道教起源于黄帝时代,宫观发端于周穆王时期。其云:"自黄帝问道于空同,教之所由生也。宫观曷从而兴乎?自尹喜结草为楼,观星望气,此宫观之所由始也。"[2] 这是教内徒众为了凸显道教悠久历史,将其起源追溯至上古时代的一种理论自觉。关于道教的起源涉及道教的概念、边缘界定等一系列问题,近年学界的相关研究深化了对这一问题的认识。篇幅所限,兹不展开。

如同认为道教发端于上古时代一样,教内人士认为,道教像教之兴同样有久远漫长的历史。上文提到的王道亨《真常宫记》记述了通玄子杨志安、谷神子樊抱一等创建晋宁路解州芮城县下庄真常宫(位于今山西省芮城县境内)的历史。其中,将宫观像教的起源上溯至黄帝、周穆王和汉武帝分别供奉玉像天尊、金像道君、银像老君的时代。这就等于说,在教内人士看来,自道教兴起之日,像教就是道教信仰和传播的重要内容和方式。[3] 考道教发展的历史,至迟南北朝时期,宫观已经开始出现。宫观中的神像供奉也随之应运而生。对此,本文开篇已经有所交代。就本文主题而言,教内精英阶层看到了金元时期全真教大发展对道教像教传统弘扬的重要助推作用。王道亨谈到,丘处机西行归来以后,全真宫观像教大兴,远远胜于汉唐以来设像崇教的历史。[4] 这一点与丘处机立观度人的思想和实践完全契合。井道泉撰于后至元二年(1336)的《大元重修四真堂记》亦有"全真之学既辟,像设之教方弘"的认识。[5]

按照表现形式的不同,道像大体可以分为平面和立体两种,其中画像一般为平面像,多见于壁画、石碑、教史传记(如《金莲正宗仙源像传》)中。塑像、石像多为立体像,广泛分布于宫观殿堂、神山洞府之中。康豹(Paul R. Katz)以壁画和带有插图的仙传为例,指出可视性的介质有时候在传播宗教信仰和实践方面给人留下的印象更深、影响更大。[6] 于君方(Yü Chün-fang)谈到,以一些著名的佛教经典为基础刊刻的木版印刷品在加强观音崇拜和信仰方面发挥着非常重要的作用,"这些木版画吸引了众多朝圣者来此朝拜,它们还能告诉朝圣者应该往哪儿看和看什

1 (元)王复初:《兴真宫记》,载陈垣编纂,陈智超、曾庆瑛校补《道家金石略》,第808~809页。

2 (元)朱象先:《大元重修泾阳县北极宫记》,载陈垣编纂,陈智超、曾庆瑛校补《道家金石略》,第747页。

3 (元)王道亨:《真常宫记》,载陈垣编纂,陈智超、曾庆瑛校补《道家金石略》,第735页。

4 (元)王道亨:《真常宫记》,载陈垣编纂,陈智超、曾庆瑛校补《道家金石略》,第735~736页。

5 (元)井道泉:《大元重修四真堂记》,载陈垣编纂,陈智超、曾庆瑛校补《道家金石略》,第795页。

6 Paul R. Katz:"Writing History, Creating Identity: A Case Study of Xuanfengqinghuitu," *Journal of Chinese Religions*, 29(2001): 161-189.

么"。[1] 应该说以各种图像为核心内容的像教，在吸引信众、加强宗祖崇拜和凝聚全真信仰方面，发挥了不可小觑的作用。对此，金元时期的教内外精英阶层已早有认识。贞祐二年（1214）五月望日朝散大夫前中都左警巡使赐紫金鱼袋国侗撰《玉虚观记》，记载金章宗承安三年（1198）王处一辞别章宗后，门人为之创建昆嵛山圣水玉虚观的历史。落成之后的玉虚观，"凡所以尊奉经像，颐养高真，安方来，馆宾客，无不审处其当"。不过，碑记并未交代尊奉哪些经像。但有一点是非常明确的，即"使游礼之人，瞻像以生敬"。[2]

关于像教的宗教学意义，大体可以概括为教化迁善说、指导修行说、即妄成真说等几种。首先，关于像教的教化意义，教内人士论述的最多。海迷失后二年（1250）六月，洞真真人于善庆主持修建的祖庭重阳宫通明阁落成。他拽杖逍遥其下，曰：

> 吾焚修祖庭，经营是阁仅
> 十年，今始见成就，岂徒以夸其
> 壮丽为哉。盖常人之情，见其严
> 饰乎外者，而俨敬之心油然而生

乎内。夫上达之士，以清静无事绝虑修身者，固不在是。其于弘教度人，此象设崇构之缘，亦不可偏废。教之所以崇，道之以所尊也。[3]

他认为，建立宫观、构祠设像的意义在于教化常人。李邦献《陇州汧阳县新修玉清观记》引"西省郎中粘割公子阳"之语，从人禀赋各异的角度，指出塑像能够营造对神明的敬畏感，进而发挥教化本性非善之人的作用。其云："常善救人，故无弃人，老氏之微旨也……然人之禀赋各异，天资厚者，善由中出，而易入于道，薄者扦格而不能合，故假神明之像，使日知所敬，以畏其外，由之以厚其中也。师岂好为浮兮侈靡者哉。"[4] 井道泉撰于后至元元年（1335）的《大元重修聚仙观碑》，从假象明真、立言悟理、迁善远恶等角度阐释像教的教化意义："若夫假象以明真，立言而悟理，像设薰修之典，科筵肆席之仪，亲之者遏恶扬善之心生，敬之者正心诚意之道立。此先哲所以立观度人之本旨也。"[5]

其次，关于像教与全真修行的关系，陈致虚《上阳子金丹大要》云："复有得此

1　Yü Chün-fang: "P'u-t'o Shan: Pilgrimage and the Creation of Chinese Potalaka," in Susan Naquin and Chün-fang Yü, eds., *Pilgrims and sacred sites in China*, California University Press, 1992. p.220.

2　（金）国侗：《玉虚观记》，载陈垣编纂，陈智超、曾庆瑛校补《道家金石略》，第 442 页。

3　（元）李道谦：《终南山祖庭仙真内传》卷下，《道藏》第 19 册，第 539 页 a。

4　（元）李邦献：《陇州汧阳县新修玉清观记》，（元）李道谦集《甘水仙源录》卷一〇，《道藏》第 19 册，第 809 页 a。

5　（元）井道泉：《大元重修聚仙观碑》，载王宗显编《金元全真教石刻新编》，第 202 页。

《金丹大要》，不能明了于中奥旨，便可像绘祖师纯阳、重阳、丹阳三仙真形，晨夕香花，一心对像，诵念是此《金丹大要》一遍，乃至十遍、百遍、千遍，日积月深，初心不退，愈加精勤，自感真仙亲临付授，是学仙子顿尔开悟，理路透彻，心地虚灵，即时脚跟踏得实际。"[1]上阳子陈致虚（1290~？）是元代中后期全真教著名内丹理论家，是大力推动全真教南北二宗合流的代表人物。[2]从其对像炼心之法的论述来看，像教除了具有吸引信众、迁善远恶的作用之外，还有指导修行、提升修道者心性境界的作用。实际上，对像炼心的过程，亦是教徒增进祖师认同的过程。陈致虚提出面对纯阳、重阳、丹阳三仙真的画像炼心修行，不仅凸显了其对北宗宗祖的认同，更从"知行合一"的高度推进了南北合宗。

最后，即妄成真说的提出者是王志谨的弟子知常真人姬志真。他在《滑州悟真观记》中谈到，从存乎日用之间的大道的角度看，气象峥嵘之殿宇、金碧辉煌的圣像，皆是土木、彩绘为之，并非真实的存在。然而，从道俗每日上香礼圣的角度看，全真圣像又并非妄说，理由是信众至诚之心可以感动神明："从本降迹，即真成妄，摄迹归本，即妄成真，不即不离，非本非迹，亦造物者之无尽藏也。"他借用有无双

遣理论，认为像教非真非妄，唐代重玄学对全真教的影响或者说全真教对重玄学理论的吸收和运用可见一斑。在姬志真看来，唯有心怀至诚之意，感而神应，才能去妄成真。当悟真观徒众请其撰写创建碑记时，他化用《道德经》"大音希声，大象无形"之语，提出"真道无形，真理无言，真人无妄，真语无文"，认为追求外在的形迹、文字，与体悟真善之道性是无关的。[3]这一思想，和本文开篇谈到的原始道家和五斗米道对形象的认识相契合。不过，姬志真还是应邀撰写了创建碑记，即"不得已而应之"。与此形成鲜明对比的是，王道亨的观点更为贴合像教之于全真教发展的"地气"。在他看来，面对日趋浮华的社会，如果不建立高大的宫观，塑立庄严的圣像，就不能令世俗之人心生肃敬之心。只有构高堂、塑大像，才能使徒众反其本心，舍妄入真："夫道有本末，犹泉有源委。而世逐迷背觉，日趋浮伪，非高堂广宇，不能起其肃，非大像睟容，不能起其敬，故神圣密化，因其肃敬，返其良心，俾人舍妄入真，以造乎至善之地，兹像教兴行而宫观有尚也。"[4]两相对照，姬志真的观点更契合道家、道教出有入无、与道合真的形上之说。王道亨的观点则是在正视金元全真教宫观、圣像建设实际的基础上，对全真

1　（元）陈致虚：《上阳子金丹大要》卷一，《道藏》第24册，第6页b、c。

2　关于陈致虚的更多内容，参见何建明《陈致虚学案》，齐鲁书社，2011。

3　（元）姬志真：《滑州悟真观记》，载王宗昱编《金元全真教石刻新编》，第153~154页。

4　（元）王道亨：《真常宫记》，载陈垣编纂，陈智超、曾庆瑛校补《道家金石略》，第735页。

像教教化普通道众甚或世俗民众重要作用的充分肯定。形上之道、形下之教，共同构成了道教教义与实践的双重维度。从形而上的角度讲，过多地关注朝山礼圣，往往会只见树木不见森林，在某种程度上迷失修道者心性修炼的方向。从形而下的角度讲，缺失了必要的宗教仪式实践，则不利于修道者特别是初入道门者心灵的洗礼和净化。现在看来，姬、王二说，从全真教修行和教化的角度讲，并不存在此"妄"彼"真"之争。两说相得益彰，共同推进了徒众对全真像教意义的领悟和实践。

航海活动中妈祖人文事象的探析 *
——以民间《更路簿》中的"妈祖印"为例

■ 周丽妃（莆田妈祖文化研究院） 周金琰（莆田妈祖文化研究院） 黄少强（莆田学院妈祖文化研究院）

妈祖文化是海洋文化活动中的内容，尤其与"海上丝绸之路"活动密切相关。《更路簿》是过去航海活动中不可缺少的"工具书"，被人称为"航海经书"。它包含更路潮汛、山形海湾、岛屿暗礁乃至宫庙人文等相关内容，是人们在长期航海生产和生活过程中积累的成果，它通过长期的实践，把一些自然现象，以人们的思维加以想象并且给予命名。《更路簿》中关于妈祖宫庙和妈祖印的记录，从人文民俗事象的角度介入，其实是人文景观和自然景观的有机互动和结合的产物，更是一部妈祖在海洋文化发展史上的重要记录，也是妈祖与"海上丝绸之路"密切相关的见证物。

一　民间《更路簿》中"妈祖印"文献举隅

"妈祖印"，顾名思义，就是与妈祖相关的"印"，但它实际是一个比喻，是对航海中遇到的明、暗礁石阻碍，产生危险时，祈求妈祖保佑的描述，为了记住这个危险物，用与妈祖相关的物件形象化来命名。"妈祖印"一般是指位于靠近海岸边大陆架里的一些小暗礁，莆田方言称为"硓"，此字不见于历代字书，因字形独特，一些地名已改写为"哆"，如莆田涵江的"哆头"村、秀屿南日的"火烧哆"自然村、平海的"赤哆"湾等。被命名为"妈祖印"的这种"硓"，受潮汐的影响，退潮露出，涨潮淹没，成为航海者航海中的地标。历史上许多航海文献，特别是闽浙民间《更路簿》都对"妈祖印"进行过记录。民间《更路簿》中的"妈祖印"记载[1]，既是"海丝"活动海上特殊暗礁的现实记录，也凸显了妈祖信仰在航海人心目中的地位。关于《更路簿》，在过去福建沿海民间是广为流传的，如今随着科技的发达，《更路簿》

---

*　本文系中国海洋发展研究会 2018 年度重点项目阶段性成果。

1　《太平洋学报》副主编李国强在第四届"南海《更路簿》与海洋文化"学术研讨会的发言，《太平洋学报》2018 年第 6 期。海南渔民在航海指南中有《更路簿》《更路经》《水路簿》《顺风得利》《针路簿》等。韩振华在《我国南海诸岛史料汇编》中，认为《更路簿》是最准确的描述。

多已成为"历史文物"。现举笔者见到的几种《更路簿》文献为例。

1. 莆田《更路簿》中的"妈祖印"

莆田《更路簿》[1]，已被收录进 2014 年出版的《妈祖文献整理与研究丛刊》第 18 卷，是一本在莆田民间发现的《更路簿》。其中有多处记载与妈祖信仰相关的信息，特别是妈祖宫庙与"妈祖印"记载，摘录主要文字如下。

（1）食蛋呑

食蛋呑好抛，打水五六托，内鼻有拖尾，不可太倚。呑底有礁一块，名曰"妈祖印"，水退打浪。南北过呑底鼻头内有石，散然损桩索，抛船不可倚内。鼻蛋呑，鼻头内，白沙矻名曰贼仔呑，好抛船。食蛋呑北有屿仔，名曰金钟屿，内可过，敲船还流可抛。金钟屿南又内鼻头大山脚有礁一块，名曰大山力。北畔西面有一呑白沙湖……

（2）浮南桥呑

浮南桥呑鼻头南面，有沙汕一条，冲落南，看直山步北浮南桥可倒舵斩汕大山脚倚，山脚倚入，入汕不可倚大山脚大内，鼻尾有宫仔比口有"妈祖印"矻一块沉水，水退干出水，看直山步浮南桥北，白双乳入，浮南桥山

头可算起面，有沙汕甚浅，切点为妙，东面山脚内有网桁，东西山脚好寄流，倚桩打水四五托，是网桁西北内有呑一个……

（3）石浦呑

石浦呑，大门中不可逃台风，妈祖宫前倚有"妈祖印"礁，船驶倚可防，石浦好抛船，打水十一二托。水流甚急，对面是南花，好寄流上去，盐商前亦可抛之，或要出急水门，须候无流，甚妙也。

丑化屿尾有"妈祖印"礁，一烈三块，看横山步，称槌屿出，急水门南面鼻头倚比礁下过，正身看直山步兴屿，上下二门，扯门正身入，初三、十八礁顶流西尾，二托左右，水至二托半水，或是出入船者看称槌屿，不可出，急水门南面鼻，是礁下过就不防，连兴化屿坪，一尽不防，称槌屿出头入船者……

以上记录当中的食蛋呑、浮南桥呑、石浦呑的一些内容，具体描述了"妈祖印"所在周边地理环境和航行中需注意的事项，是闽浙海上航行交通的必经之路，地处沿海航线要冲，它们以"妈祖印"命名，因此，一般都与妈祖宫庙有一定的关系，其中还赋予一些民俗文化的内容，这些内容

1　妈祖文献整理与研究丛刊编纂委员会编《妈祖文献整理与研究丛刊》第 18 卷，海峡文艺出版社，2017。

口耳相传，不断地丰富了《更路簿》记录的内容，成为航海者海上生活和作业不可缺少的一个部分。

2.《乘舟必览》中的"妈祖印"

《乘舟必览》是一本航海的《更路簿》，为福建惠安县白崎地区渔民抄本，现为厦门大学人类博物馆图书资料室所收藏。该书内容十分丰富，包括我国沿海航海中的许多山川、河流、岛、屿、礁、矼，潮汐、洋流，白昼时差，航速快慢，停泊港口等相关内容，其中也有多处描述妈祖与妈祖印的地方，现摘录部分主要文字如下。

（1）北杞山，外打水十五六托，内打水十一二托。北杞吞好抛，北风打水十几托，烂地，要抛者可从外面屿仔脚。入内有小鼻头，不可太倚，一揽清石多抛东边也，惟有"妈祖印"矼在西北鼻头内，此石多不犯船，能损椗索，但不可对鼻头抛为要……

（2）丕山好抛，北风吞，车鼻头下有"妈祖印"矼，水退干出水，但船往大山边为要，丕山车南有浪觉屿，有门可过……

（3）磁头吞下有"妈祖印"矼一块，大退干打浪，看正山步姑嫂塔口六耳石，横山第一缺，俱正办。如是轻风出，船头

看挂橹可也，看广山与妈祖宫开门不防，纲尾矼看磁头鼻……

（4）平海吞打水三四托，好抛。北风吞东鼻下有"妈祖印"矼一块，直看大妈宫食密鼻正办，如是大妈宫出头是过横，看外面员山仔食密正办，如是员山仔出正鼻头，就离平海，出船看虎闸山，搭妈祖宫角……

（5）福州中沟有沙汕式条……欲入中沟，可看毕罗门内一个山尖，搭芭蕉山尖……如雨伞矼，平身再看毕罗门内山尖搭芭蕉山尖，北面开改直入横汕，再看毕罗妈祖宫树，出芭蕉南直入至毕罗圣妈祖宫口有"妈祖印"矼一块。沉水直山看，芭蕉白沙绪，出口斗鼻正办。横看三山仔尖，搭妈祖宫树正办……

（6）黄岐吞打水三四托，吞口有"妈祖印"矼一块，东边亦有沉水矼名印带，离印矼有三只船位，初三、十八退干打浪……

（7）三沙吞好抛，北风吞……龙目兜……牛屎湾…大山鼻尾，也有沉矼一块，水退干出水，不可太倚上去是一龟镇吞，吞口有"妈祖印"矼一块，水退干……

1　刘南威、李竞、李启斌：《记载郑和下西洋使用牵星术的海图》，《地理科学》2005年第6期，第749页。

（8）棕蓑吞大鼻头内有沉礁一块，名"妈祖印"，水退半出水，吞可等流礁……西北去……冬瓜屿……

（9）石浦江打水十二三托好抛船，倚山边。妈祖宫前有"妈祖印"礁一块，驶船不可太倚。对南是……兴化屿，屿南边有礁一块，名"妈祖印"。兴化屿门可过。如入急水门，流水直冲兴化屿并"妈祖印"礁，此是流东水对流水头，着观心为要。欲出此门须侯流头或流尾。

3.《湄洲针路簿图谱》中的"妈祖印"

《湄洲针路簿图谱》（以下简称《图谱》），莆田湄洲民间抄本共22页，内容以地图和文字结合形式描述，从福建莆田湄洲到浙江舟山群岛的航海线路。其中文字部分较古老，针路绘图部分则是近代所添加。《图谱》是旧时船舶老大的航海手册，是海上航行的经验记录和线路指引，虽然图标不准确，但依据丰富经验和坚强毅力，旧时船老大们却能在茫茫大海上按图航行，畅通无阻。《图谱》记载途经莆田、福州、宁德、温州、台州、宁波、舟山等沿海城市，跨越福建和浙江两省。书中具体地名标有吞、岛、屿、礁等，其中妈祖宫庙和"妈祖印"同样出现好几处。从福建湄洲至浙江坎门的"妈祖印"图标，更是十分清晰。具体说明如下。

（1）《图谱》第1页中，图1右边文字为：

龟内打水十八托。用甲庚取湄洲门，湄洲用寅申见林镇（令箭）西，西用艮坤见西寨，西寨用艮坤取林进（令箭）。

林进（令箭）外用甲庚寅申取湄洲门。林进（令箭）外用艮寅见北锭平海，用艮坤丑未见北锭，平海用寅申见湄洲门。

这是一张从湄洲北上往浙江方向航行的更路图，其中航线目标为平海吞。在图中所标的就是湄洲内海与大陆之间海域航线中暗礁的描图情况，从图中可以看出标上"菜瓜坪"和"妈祖印"之间，只有一小段距离，虽然图绘得不精确，但可以清晰看出"妈祖印"的具体位置。

（2）《图谱》第3页中，标图（见图2）的右边文字为：

在纺车礁，用艮坤丑未，见寅峙外；外用丑未见吉兆；吉兆用己亥，见分流峙；吉兆用丑未；离墓仔口，传艮坤寅申在，转丑未，见万安吞。南盘用癸丁丑未，离鼠尾；卯酉，见白牛万安；用丑未，

---

1 2012年田野调查发现手抄本，湄洲民间收藏。

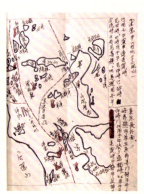

图1 平海岙和湄洲的马
（妈）祖印

图2 平海岙与平潭之间的
马（妈）祖印

图3 平潭观音坛岙与苏岙之
间的马（妈）祖印

图4 浙江玉环县（今玉环
市）坎门马（妈）祖印

见逢车礁；传单艮坤，见南盘。

这是从福建莆田平海向福建平潭方向航行
的海图，其中在万安岙北的几湾口就有
"妈祖印"，提醒人们注意航行。

（3）《图谱》第4页中，标图（见图3）
的右边文字为：

分流峙壬丙，见屿礁；屿礁
用子午，见四峙；四峙用子午，
见许峙门；许峙门用子午寅申，
离老鼠峙（注意牛山打水二十四
托水）。老鼠峙开转，用艮坤丑
未，见许峙门；许峙门用子午癸
丁，离猫峙；猫屿用子午，见四
峙赤礁。用单丑未，舟弄门转子
午壬丙，过东尽是外面。

这是福建平潭湾内与大陆之间的航海更路
图，在图中观音岙与苏岙之间也标有"妈

祖印"。

（4）《图谱》第13页中，标图（见图
4）的右边文字为：

异门用艮坤寅申，见大鹿门；
异门外用子午，见石神；石神用
甲庚寅申，见外风门；外风门用
单甲庚，见坎门。横峙用艮坤丑
未，见茹砻岙。异门用艮坤，见
四峙；四峙用艮坤寅申，见大鹿；
茹石多用癸丁丑未，见坎门；坎
门用癸丁丑未，见甲杯；甲杯用
艮坤寅申，见异门。

这是浙江玉环县（今玉环市）坎门外更路图所
配的文字，配图中的坎门外标有"妈祖印"。

（5）《图谱》第14页中，标图（见图
5）的右边文字为：

茹砻岙，用艮坤寅申，见鹿

生门；茹碗岙用艮坤丑未，见龙
目峙；龙目峙用艮坤寅申，见三
算。比用癸丁丑未，见吊帮；比
用艮坤丑未，见魁山门大鹿门；
用艮坤丑未，见三算大鹿门；用
丑未，见石塘；石塘用丑未，见
吊邦门；吊邦门用丑未，见魁山；
魁山门用艮坤丑未，见和尚头。
魁山门用单丑未见，吊邦门。吊
邦用丑未，见石塘。吊帮门用
癸丁丑未，见三算。比用艮坤丑
未，见大鹿。三算用单寅申，见
猫峙。石塘用艮坤寅申，见猫峙，
石塘用丑未，见大鹿门。

这是石塘湾更路簿的文字，在石塘山外大
岙配图中标有"妈祖印"。

4.《闽浙航行〈更路簿〉》中的"妈祖印"

《闽浙航行〈更路簿〉》是新近在民间
发现的一本航海《更路簿》，书为毛笔手
抄本，估计为民国期间，内容主要为航海
的《更路簿》，其区域北起天津、锦州、庙
岛等，向南一直延伸到厦门沿海等，在民
间被称为"舤公簿"。"舤公"即过去航海
船上的"船老大"，现称为船长，《更路簿》
为其必备之物。在木帆船时代，航行主要
靠《更路簿》和舤公簿来完成航行工作。
《闽浙航行〈更路簿〉》中有与妈祖宫庙和
"妈祖印"有关记录摘选如下。

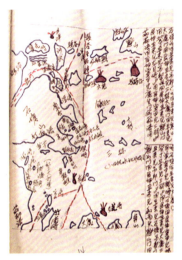

图5　石塘山外大岙马（妈）祖印

（1）牛头门妈祖宫口，好抛
船。岙口屿仔们中俱可过。屿鼻
下有沉礁犯船。出北面屿仔内河
抛船，寄流内面有碗出水，屿仔
们中可过……

（2）龙目碗二块，水退半
出水，东外大门中可过。东碗
是妈祖岙，好抛。东南为茶盘
大碗……

（3）石浦大门中可逃飓风，
妈祖宫前有"妈祖印"……倚可防。

（4）兴化屿尾有"妈祖
印"碗一块，三块模山看称槌屿。
碗化屿在舟山……

以上这些记录中的"牛头门妈祖宫"和
"龙目碗"，为福建境内的两处航海中与妈

祖庙相关的记录；其中"石浦大门"为浙江象山区域内的石浦岙，对岙中"妈祖印"描写十分明晰。在其他几种相关的《更路簿》中也有体现。如"兴化屿尾有妈祖印矼"，查阅资料可知，该处是在舟山群岛内，舟山有多座妈祖庙，是一个比较著名的地标岛屿。这些记录成为航海当中一个不可忽视的地方。

另外，清末民初福建莆田忠门吉了人李光荣汇编的莆田名胜古迹诗咏总集《兴安风雅汇编》中，也有"门夹十二景"之一"神妃印"记载。该书卷四收录有清代莆田诗人陈芳郊撰《神妃印》一首，此诗原文应为五律，现存三联六句，诗云：

> 吞吐沙中石，端方若印形。
> 清莹无杂乱，出没自珑玲。
> 合刻岣嵝篆，置为座右铭。

诗句描写的是位于莆田门夹（文甲）与湄洲之间的一处"妈祖印"。因妈祖也被文人尊称为"神妃"，所以"神妃印"实际也就是《更路簿》中的"妈祖印"。

二 "妈祖印"位置及其航海活动相关故事举隅

《更路簿》[1]中出现的"妈祖印"都是在航海作业中遇到突发情况，并用特殊的方式记录的，以避免再次发生。在闽浙海域发现的"妈祖印"，与当地的妈祖文化息息相关。

1. 湄洲的"妈祖印"与"菜瓜坪"故事

众所周知，湄洲妈祖祖庙是世界妈祖庙之祖，位于福建莆田湄洲岛，其历史文化底蕴厚重，影响深远。一些与妈祖相关的民俗传统与自然景观结合紧密，如"妈祖印"即为其中之一。"妈祖印"象征妈祖的"权力"与"灵应"受人们的推崇和喜爱，因而与妈祖、妈祖庙紧密结合，成为可见、可触的实物。一般情况下，以"妈祖印"为海礁石命名，都是由于附近妈祖宫庙的影响而出现的。湄洲的"妈祖印"就是在距离祖庙约2000米、离岸边约500米处一块形如"方印"的礁矼。这处妈祖印退潮时能露出水面，约20米见方，高约20米，处在与岸边连接的航线上。在距离妈祖印约700米处，有一处暗礁退潮时像"瓜藤与瓜藤之间联结"一样的多个小礁石，人们称为"菜瓜坪"。退潮时能露出水面，并且处在主要航道上，稍有不慎舰船就会触及产生危险。相传古时，有一外来船只航行至此，因不熟悉此地正好触礁，十分危险。正当危难时，求妈祖保佑后，果然风平浪静，并且触礁船自动随海流漂走，漂到一处与岸边相近的礁矼边，人员

1　杜颖、陈蔚林、金昌波、罗霞：《〈更路簿〉再不保护就来不及了》，《海南人大》2016年第4期。

2　2009年田野调查所听到的民间传说故事。

平安地上岸获救,船员称奇,询问当地百姓之后,感叹"多亏此一处方方正正的像印章一样的礁砣,才让我们平安脱险,应感恩妈祖的佑护……",其中岸边一位老者回答说:"就是这块像印章形态的礁砣使你们脱险,可能是'妈祖印'救了你们。"从此,"妈祖印"就应运而生。后来在《更路簿》中就出现"菜瓜坪"和"妈祖印"标记,每当人们路过此地都会留心"妈祖印"和"菜瓜坪"的存在而注意航行,充实了航海活动内容。

2. 三沙妈祖庙与"妈祖印"故事

三沙是福建来往浙江海上的必经之地,也是重要港口,过去南来北往很多船只都在此处停留避风,补充给养。三沙及附近有多处妈祖宫庙,有时为了航海安全,船员们还要上岸到三沙妈祖庙祈求保佑。在三沙妈祖庙门口附近的海里,有一块形状十分奇特的礁石,因其形状如"四方印章",人们称它为"妈祖印",当地信众也将其视为妈祖神物,与妈祖宫庙连成妈祖文化的整体部分,并且神圣不可侵犯。虽然现在被推毁,但至今还流传着一段催人泪下的妈祖印传说故事。传说旧时,在三沙的东澳天后宫西边的一片海滩周围,竖立着一块长方形的岩石,高度为7~8米,人们称之为"妈祖印"。有一则传说是千里眼和顺风耳经常在这一海域祸害民众,当地渔民祈求妈祖保佑。于是妈祖便与千里眼和顺风耳在此处进行了一场雷霆万钧的抗战,最终妈祖将二怪降伏,并留下了具有"镇海定浪"功能的"妈祖印",且这"妈祖印"上有一枚刻有文字的印组,用手

摸的话能明显感受到字迹,但肉眼却无法辨认,旁边有印盒。每当人们在海上遇到困难时,"妈祖印"都会给渔民预示。

到了20世纪60年代初,三沙村里为了建设粮站,决定将"妈祖印"旁边的印盒砸掉作为建设粮站的材料。妈祖信众一听到这个消息,便坚决反对,但当时的"积极分子"不顾民众的反对坚持己见。虽然有很多打石师傅不敢轻易接受这项工作,但还是有部分师傅承受不了"积极分子"的压力,前往爆破"妈祖印"。在印盒的洞眼填入炸药,点燃导火线后,隔了很长一段时间都没有声响,师傅便往前走近察看,不承想此时炸药爆炸了,打洞师傅当场死亡。这在当地的民众口中被传为"触犯神灵",此后便再也没有师傅敢接受这项工作。

数年后,村里为了修建大队部,村主任又叫浙江平阳人去打"妈祖印"的石头,由于石头坚硬,第一天打不下来。第二天,平阳人先是去点香祭拜,继而在"妈祖印"的石头眼里增加了炸药的量,妈祖印终于被炸裂。当时是下午四点钟左右,只见一阵狂风乍起,乌云蔽日,天昏地暗。当天就有一条木船在归航途中翻船,同船的11人全部遇难。从此以后,三沙每年海上都不平安,陆续有人死于海难。那位平阳人也在完工回平阳老家的时候,途经三沙境内的虞公亭附近不明缘由地死在半路上。

渔民们认为,这是因妈祖赐予的"妈祖印"被人为毁坏,玷污了神灵,是对神灵威严的蔑视,违背了妈祖信众的意愿,亵渎了信众的感情,所以必然遭到"天谴"。现在虽然这块石头已经被打掉,但是

那个地方还是被称为"妈祖印",并且作为海丝活动航海的地标。

3. 玉环坎门的"妈祖印"[1]信俗

玉环坎门"妈祖印"是浙江坎门妈祖庙门前海上的一块奇特礁石,人们称它为"妈祖印",它距离坎门天后宫不远,与天后宫相为呼应。

舟山群岛是我国几大渔场之一,每年全国各地的渔船都聚集在这个渔场进行捕捞生产,尤其是广东、福建的渔民,每年必经舟山进行渔业生产。而广东、福建很多渔民走到哪里,就把祭拜妈祖的习俗带到哪里,因而在前往舟山和返回福建、广东的途中,必定要到坎门祭拜妈祖,有的渔船在快到妈祖庙的时候,经过"妈祖印"都会小心翼翼,毕恭毕敬,有的船只经过时还会进行祭祀,他们认为妈祖庙中的妈祖会保佑人们平安,"妈祖印"是神圣不可缺少的部分,因为它是处在海底中的暗礁,涨潮时淹没了,退潮时成为船只航海中务必注意的一个航海点,不能小觑,是海丝活动中的一个重要环节。

4. 浙江石浦的"妈祖印"故事[2]

浙江石浦是靠近舟山渔场的一个重要港口,历史上曾经"万樯云集",是我国渔业生产最重要的基地之一。在石浦港的东门有一个妈祖庙叫东门妈祖庙,每年石浦港的渔民都会举行祭拜活动,著名的"开渔节"就诞生在这里。相传古时候,正值夏季休渔季节,渔民们都捕不到鱼。时年又逢天干旱,粮食歉收,又捕不到鱼,人们生活艰辛,大家无所事事。有一天突然村中有一个平常大家都认为是智障的人出来说,昨天妈祖托梦给他,赶快出海有大黄瓜鱼群。人们都认为他是一个智障而不予理睬。第二天这个人又出来说妈祖再次托梦,赶快出海大黄瓜鱼群可以打满仓,人们还是不理他。后来有一个渔船的老大也说妈祖托梦给他,赶快出海打鱼。他说:"妈祖既然托梦给他,肯定会发大财。"终于有一波人因为船老大发话,将信将疑,就跟着他出海了,果然打了满仓鱼,回来叫大家赶快出海。那一年,这个地方的渔民发财了,他们感恩妈祖,认为是妈祖保佑他们发大财,因此举行了大型的祭拜妈祖活动。这样就形成了一种习俗,每年休渔节过后,要出海之前都举行"开渔活动"。打鱼回来的时候又举行拜谢妈祖的活动。这样就演绎成今天的开渔节,开渔节所有的活动都围着妈祖庙来进行,船经过妈祖庙的时候人们会把"妈祖印"视为神物,并且将妈祖印写进了航海的手册当中,作为海丝活动中一个标志性的地标。

5. 广西北海涠洲岛的"妈祖印"[3]故事

广西北海涠洲岛是北海市与海南之间海上的一个岛屿,据历史相关记载,广

---

1 田野调查发现的《航海图谱》中记录。

2 在浙江石浦东门田野调查资料。

3 2012年田野调查的发现。

西的妈祖最早是由涠洲岛传播来的。广西的许多妈祖信众都把涠洲岛当作当地妈祖分灵庙的祖庙，每年都举行一些相关的妈祖文化活动，涠洲岛妈祖庙坐落在涠洲岛东南的海面上，坐北朝南，面向大海，在对着涠洲妈祖庙的海面上，距离妈祖庙约2000米的地方有一个小岛礁，当地人称为"妈祖印"，并把它视为神物，认为它是呵护涠洲岛平安的一个重要岛礁。据当地一位姓庄的老先生说，在抗战时期，有一队日本兵要袭击涠洲岛，当日本兵行进在接近涠洲岛海面的时候，漫天迷雾使他们迷失了方向，朦朦胧胧中船就触礁了，这处岛礁正是"妈祖印"。后来经过折腾，才脱离了妈祖印。而涠洲岛人已经发现日本兵要进攻涠洲岛，就做了相关的准备，从而渡过了一大劫难。当地人都认为这是妈祖显灵，借助"妈祖印"的神力挡住了日本兵，保护了涠洲岛一方平安。因此当地人把妈祖印与妈祖庙连成一体来信奉，认为妈祖显灵保佑大家，离不开"妈祖印"的功劳。这则传说现在颇有"爱国主义"意味。

三 "妈祖印"与妈祖文化传播的关系

"妈祖印"的产生与妈祖宫庙及妈祖信俗有密切的关系，一般情况下，妈祖文化传播过程中最具体的表现是妈祖庙的建设，妈祖印是妈祖文化传播过程中的一种载体和特殊信仰内容。

1. "妈祖印"与妈祖宫庙有关

"妈祖印"一般都与妈祖宫庙有密切的联系。这种联系在历史文献当中经常出现，从本文所引的一些文献中就可以看出很多相关联的地方。如磁头地理位置处于泉州外围，"磁头岙下有妈祖印砣一块……看广山与妈祖宫开门不防"，描述的是一个与妈祖庙相关的地理分界线。又如平海湾平海岙，"平海岙打水三四托，好抛。北风岙东鼻下有'妈祖印'砣一块……如是员山仔出正鼻头，就离平海，出船看虎闸山，搭妈祖宫角"，描述的则是一个与妈祖庙相关的航海者的停靠港口。再如"福州中沟有沙汕式条……再看毕罗妈祖宫树。出芭蕉南直入至毕罗圣妈祖宫口有'妈祖印'砣一块……"点出的是航海过程中以妈祖庙作为标志的航海转折点。还有"石浦江打水十二三托好抛船，倚山边，妈祖宫前有'妈祖印'砣一块……"。也把石浦的妈祖宫与妈祖印联系在一起。由此可见，"妈祖印"的海礁命名，实质也是妈祖宫庙和文化传播的一种反映，是妈祖文化与海丝活动紧紧联系的见证。

2. "妈祖印"见证妈祖文化的传播

妈祖文化传播促使妈祖庙的建立，妈祖庙的建立又带动了妈祖印的产生，为海丝活动增添内容。从湄洲妈祖印的故事看出妈祖印产生的客观背景，从三沙[1]妈祖印

---

1 魏如松：《三沙特刊·航海："南海天书"更路簿》，南海网，2012年7月25日，http://www.hinews.cn/news/system/2012/07/25/014685519.shtml。

的故事中可以看出，故事留下的因果报应观念给人们敲响了警钟。[1]虽然三沙"妈祖印"因故被炸掉，但因为妈祖庙的存在，"妈祖印"所在的地方还是被人们作为地标一直延续下来。《兴安风雅汇编》中吟咏的妈祖印，原为"门夹十二景"之一，因为附近有一个妈祖庙，文人就给予一个"神妃印"的雅称。《湄洲针路簿图谱》全书共22页中有4页标有妈祖印，这几处"妈祖印"附近都有妈祖庙，有湄洲祖庙、平海天后宫、平潭娘宫、玉环坎门天后宫，这些都与妈祖庙连成一体。有充分的资料证明，很多地方的"妈祖印"与妈祖庙的建设紧密连在一起，见证了妈祖文化的传播历史和范围。

3. "妈祖印"促进妈祖文化的传播和活动发展

"妈祖印"是妈祖文化传播的一个具体表现。妈祖印在长期演绎过程中产生了很多脍炙人口的故事。这些故事或载入史料文献，或经民众口耳相传，甚至不断被补充增加，丰富完善，促进了妈祖文化的传播。

磁头岙是福建泉州沿海的突出部，航船者有"过磁头鼻"之说，意为磁头是一个海上更路的地理分界线，这个地方风高浪急，过往的船只要考虑风力大小、浪涌高低、流速缓急、逆顺方向等因素，人们路过时心里忐忑不安，经常心中默默祈求

妈祖保佑，如愿以偿之后就以各种形式来感谢妈祖，有的时候还会演绎出一些与妈祖灵验相关的美好故事，这些故事促进了妈祖文化的传播。有"妈祖印"的地方几乎都是航海者的必经之路，有的地方气候恶劣，使航海者心里充满了敬畏感，他们寄希望于神灵一路的护佑，特别是海神妈祖的保佑，安然渡过危机之后，心里充满感恩而开展一些祭拜妈祖的活动，促进了妈祖文化的传播。而有些地方是重要的港口停泊地，如浙江石浦、玉环坎门、福建平潭娘宫、三沙都是良好的港口，是航海者航海遇到危险必须在中途停留候风的地方，也是他们暂时平静身心的港湾。他们在航海过程中，危机四伏，充满险情，初步到达平安的"彼岸"后，他们认为那一份欢喜心是在妈祖的保佑下才获得的，于是，妈祖信仰在人们心中打下了深深的烙印。所以航海者或遇险或平安都与妈祖结下了不解之缘，他们会以各种形式来表现，宣扬妈祖的灵验，这促进了妈祖文化的传播，为海上丝绸之路活动的成功提供了精神力量。

结　语

《更路簿》[2]能够深度了解渔民在航海行动中的历史，向人们展示曾经在风口浪尖

1　张茂：《省政协委员热议：用人文特色"点睛"海南画卷》，《海南日报》2016年1月26日。

2　张军社、祖新、孙樱：《〈更路簿〉：中国拥有南海诸岛主权的重要证据》，《文史知识》2013年第3期。

拼搏的渔民在航行中的路径，以及中国人对海洋的探测与经营，是研究航海活动的重要材料。妈祖文化是中国传统文化的重要组成部分，通过探究中国海域诸岛所发现的《更路簿》中"妈祖印"，能够更加有力地证明妈祖文化随着渔民传播到世界各地。本文重点以《更路簿》为切入点，以"妈祖印"为阐述对象，阐释了闽浙海域的状况，展现了中国海洋文化发展的轨迹。明代黄衷《海语》[1]一书是记录明代后期海上丝路的重要文献，对于研究16世纪的东南亚史地，以及中国南洋海上交通的关系有重要的参考价值。书中的"海神"条载："南海最灵验，敕赐庙宇，春秋二祭，国有六事，天子遣使进香……民间舟中所事海神不一，广琼有天妃祠，亦敕封王祭。"

妈祖文化的传播，从东南沿海拓展到南海海域，再到环中国海的海域，显示了中国渔民在航海活动中的聪明才智。在"海上丝绸之路"研究过程中，同样发现妈祖与航海活动密切相关。妈祖文化是"应海而生"，所以，历史上人们在长期的"海丝"活动中，形成了妈祖文化与海丝两者之间的密切相关，同样海丝活动也为妈祖文化的传播与发展发挥了重要作用。

历史上，航海活动涉及的海上丝绸之路沿线国家，在发展过程中写下了重要的一笔。在与妈祖相关的人文事象中，航海者将"妈祖印"用相关方式记录，彰显了中国普通老百姓以及妈祖民众的智慧。在《更路簿》中所记载的妈祖印，为世代渔民传承。在明朝时期有一位潭门渔民，能够识文断字，在茫茫的大海中，确定航行路线，根据自己的经验编写了一本手册，后经不同的人士修改和完善，指引了无数的后辈前往南海海域谋生。渔民的才智和勇气，使他们在航海中遇到困难时，能潜心祈求妈祖护佑，并将所遇到的礁石以妈祖印命名，显示了中国渔民对妈祖的笃信和智慧。

自然景观是客观的存在，它会以各种形态展现在各个方面，并都会在人们的生活中被演绎出一些民俗故事。中国人的万物有神论，注定人们会在不同的地域、不同的时间、不同的事件中造出不同的神灵，并且以人的思维来考量，赋予神灵各种功能，让神灵各司其职。神灵是由人创造出来并加以历史环境变化的演绎，存在于社会结构、社会生活和社会整合中，并控制和发挥多种多样的社会功能。"妈祖印"的产生和作用，是妈祖文化与人文民俗事象相结合的一个重要表现，符合民间信仰的发展规律。

1　段立生：《黄衷及其〈海语〉》，《东南亚南亚研究》1984年第3期，第48~52页。

《形象史学》征稿启事

《形象史学》是由中国社会科学院古代史研究所文化史研究室主办、面向海内外征稿的中文集刊，每年出版两辑。凡属中国古代文化史研究范畴的专题文章，只要内容充实，文字洗练，并有一定的深度和广度，均在收辑之列。尤其欢迎利用历史上流传下来的各类形象材料进练专题研究的考据文章，以及围绕中国古代文化史学科建构与方法探讨的理论文章。此外，与古代丝路文化和碑刻文献研究相关的文章，亦在欢迎之列。具体说明如下。

一、本刊常设栏目有理论探讨、名家笔谈、器物与图像、考古与文献等，主要登载专题研究文章，字数以 2 万字以内为宜。对于反映文化史研究前沿动态与热点问题的综述、书评、随笔，以及相关领域国外学者的最新研究成果（须提供中文译本），亦适量选用。

二、来稿文责自负。请提供 word 电子版，使用简化字（请参照国家语言文字工作委员会 1986 年重新发布的《简化字总表》）。如为打印稿，须同时提供电子版。文中附图须提供清晰的照片、底片或翻转片（图片大小应在 3M 以上），并确保无版权争议。

三、来稿章节层次应清晰明了，序号一致，不建议采用英文、拉丁文等字母（包括大小写）标列序号，建议采用汉字数字、阿拉伯数字。举例如下。

第一级：一 二 三；

第二级：（一）（二）（三）；

第三级：1. 2. 3.；

第四级：（1）（2）（3）。

四、中国历代纪年（1912 年以前）在文中首次出现时，须标出公元纪年。涉及其他国家的非公元纪年，亦须标出公元纪年。如清朝康熙六年（1667），越南阮朝明命元年（1820）。

五、来稿请采用脚注，如确实必要，可少量采用夹注。引用文献资料，古籍须注明朝代、作者、书名、卷数、篇名、版本；现当代出版的论著、图录等，须注明作者（或译者、整理者）、书名、出版地点和出版者、出版年、页码等；期刊论文则须注明作者、论文名、刊物名称、卷期等。同一种文献被再次或多次征引时，只须注出书名（或论文名）、卷数、篇名、页码即可。外文文献标注方法以目前通行的外文书籍及刊物的引用规范为准。具体格式举例如下。

（1）（清）张金吾编《金文最》卷一一，光绪十七年江苏书局刻本，第18页b。

（2）（元）苏天爵辑《元朝名臣事略》卷一三《廉访使杨文宪公》，姚景安点校，中华书局，1996，第257～258页。

（3）（清）杨钟羲：《雪桥诗话续集》卷五上册，辽沈书社，1991年影印本，第461页下栏。

（4）金冲及：《二十世纪中国史纲（简本）》上册，社会科学文献出版社，2012，第295页。

（5）苗体君、窦春芳：《秦始皇、朱元璋的长相知多少——谈中学〈中国历史〉教科书中的图片选用》，《文史天地》2006年第4期，第46页。

（6）林甘泉：《论中国古代民本思想及其历史价值》，《光明日报》2003年10月28日。

（7）Marc Aurel Stein, *Serindia* (London: Oxford Press, 1911), p.5.

（8）Cahill, Suzanne, "Taoism at the Song Court: The Heavenly Text Affair of 1008." *Bulletin of Sung -Yuan Studies* 16 (1980): 23-44.

六、来稿一律采用匿名评审，自收稿之日起三个月内，将通过电话或电子邮件告知审稿结果。稿件正式刊印后，将赠送样刊两本。

七、本刊地址：北京市朝阳区国家体育场北路1号中国历史研究院2号楼220房间，邮编：100101。联系电话：010-87420859。电子邮箱：xxshx2011@yeah.net。

图书在版编目（CIP）数据

形象史学. 2019. 下半年：总第十四辑 / 刘中玉主
编. -- 北京：社会科学文献出版社, 2019.12
　　ISBN 978-7-5201-5839-8

　　Ⅰ. ①形…　Ⅱ. ①刘…　Ⅲ. ①文化史 - 中国 - 文集
Ⅳ. ①K203-53

　　中国版本图书馆CIP数据核字（2019）第272185号

形象史学　2019下半年（总第十四辑）

主　　编 / 刘中玉

出 版 人 / 谢寿光
责任编辑 / 郑庆寰
文稿编辑 / 张金木

出　　版 / 社会科学文献出版社·历史学分社（010）59367256
　　　　　　地址：北京市北三环中路甲29号院华龙大厦　邮编：100029
　　　　　　网址：www.ssap.com.cn
发　　行 / 市场营销中心（010）59367081　59367083
印　　装 / 北京盛通印刷股份有限公司

规　　格 / 开　本：787mm×1092mm　1/16
　　　　　　印　张：15　字　数：293千字
版　　次 / 2019年12月第1版　2019年12月第1次印刷
书　　号 / ISBN 978-7-5201-5839-8
定　　价 / 88.00元

本书如有印装质量问题，请与读者服务中心（010-59367028）联系